国际物流论

国际物流论

1판 1쇄 인쇄 2011년 3월 4일
1판 1쇄 발행 2011년 3월 11일

지은이 朴明燮
옮긴이 朴宇 · 陈争辉 · 王倩
펴낸이 김준영
펴낸곳 성균관대학교 출판부
출판부장 박광민
편 집 신철호 · 현상철 · 구남희
디자인 김숙희
마케팅 장민석 · 송지혜
관 리 이승재 · 김지현

등록 1975년 5월 21일 제1975-9호
주소 110-745 서울특별시 종로구 명륜동 3가 53
전화 02) 760-1252~4
팩스 02) 762-7452
홈페이지 press.skku.edu

ISBN 978-89-7986-875-3 93320

国际物流论

作者 朴明燮

译者 朴 宇
陈争辉
王 倩

INTERNATIONAL
LOGISTICS

성균관대학교
출 판 부

| 作者序 |

随着全球经济一体化以及电子通信技术的发展，世界经济进入了一个只适合具有先进竞争力的国家和企业生存的“无限竞争时代”。企业以全世界为对象构筑生产、物流网络，通过覆盖全球的供应链管理(SCM)进行资源的调配以及产品的生产和销售。国际物流管理也由此成为提高企业竞争力的一个重要因素。

全球化物流(Global Logistics)将整个世界连接到一起，在不断发展的过程中出现了诸如：应用最尖端技术的IT物流(IT Logistics)，911事件以后实施更高安保标准的安保物流(Security Logistics)，京都议定书生效以后出现的亲环境、低碳排的绿色物流(Green Logistics)，改善了物流业众多规定的开放式物流(Open Logistics)，在物流基地内以及物流基地间如流水一样畅通无阻的无缝连接物流(Seamless Logistics)，集成了众多物流功能或多种运输方式的集成物流(Integrated Logistics)

等众多的形式。对这些多样的物流形式以及世界最新的物流动态应综合运用管理学、贸易学、经济学、商学、产业工学、法学以及政策学等众多学科的基础知识进行全面地研究。

随着中国经济的崛起，韩、中两国间的贸易量正在不断地扩大，预计在不久的将来两国间的年贸易量将会突破2000亿美元。贸易的发展促进了人才的交流，成均馆大学贸易学科研究生院作为韩国贸易及物流研究的排头兵，每年都吸引着40-50名的中国留学生来此求学，其中很大一部分学生都对物流显示出了极大的兴趣。近年来的教学过程中我接触到了许多的中国留学生，从他们身上我实际了解到了中国经济发生的重大变化，看到了未来韩、中两国贸易及物流发展的希望。

《国际物流的理解》这本书2003年出版至今已经经过两次再版，现在作为韩国成均馆等大学物流学科的教科书得到广泛地使用。一本好书对培养学生的兴趣，激发学生的积极性有着不可估量的作用，在同中国学生的交流中我深切地感受到一本中文专著对于提高中国学生的理解力、想象力的重要性，这也成为了翻译这本书的初衷。

中国现代著名画家李苦禅有云："鸟欲高飞先振翅，人求上进先读书"。希望这本书能对广大的中国学生在学习物流知识方面提供帮助，并在此对为翻译此书作出帮助的成均馆大学贸易学科研究生院的中国学生表示感谢！

2011年 1月

朴明燮

| 译者序 |

当今世界是一个经济完全开放的世界，各国具有一定实力的企业都力争在全球范围内进行资源调配、产品生产和销售。现代企业为了在其经营领域内占有一席之地，增强竞争力，不得不在全球经济环境中进行资源共享和经营管理方式的整合，也正是如此，企业从最初的原材料采购到最终的消费者供应，要经历比以往更加错综复杂的物资流动的过程。

物流作为一种产业，其发展历史还并不长，但是它作为企业的“第三利润源”，越发的被人们所重视。特别是对于有国际性交易往来的企业，物流不再局限于在某个特定的国家内部发生，而是随着经营战略的需要发生在不同的国家。然而，各国的地理、文化、政策、法规、经济发达程度等种种差异给国际物流设置了各种各样的障碍，降低了物流的速度，增加了物流的费用。因此，如何有效管理国际间的物流活动，从物流活动中节省时间和资源，减少不必要的支出，从而为企业带来更多的利润是很多企业面临的难题。

韩国物流业的发展起步比中国早，在过去的发展过程中有不少理论知识和实践经验的总结值得我们借鉴和利用。而且中韩两国在经济发展中有着千丝万缕的联系，韩国企业的发展与中国的对外贸易发展有着密切的关系，在中韩的物流方面韩国业界也有着较为丰富的管理经验。

本书的原著作者朴明燮教授，作为韩国物流领域的权威学者，从事物流研究已有近30年，并出版了众多有关物流的著作，韩国语原著《国际物流的理解》作为其中最为畅销的一部有关物流基础知识的著作之一，被韩国成均馆等大学选定为物流专业的教科书，得以广泛地应用。

翻译这本书的初衷在于：将韩国语原著《国际物流的理解》这本优秀的物流基础知识教材介绍给中国学生，使在韩国学习的中国留学生能够更为方便、快速的学习有关物流的知识，当然本书的使用也并不仅限于韩国，预想不久之后这本书在中国也会受到广大师生的肯定。

韩文原版《国际物流的理解》在翻译后中文书名定为《国际物流论》。本书全面系统地介绍了在全球化的经济形势下国际物流的特征、形式，以及相关的设施安排，并从经济学的角度对各种运输方式进行了分析。为我们从事国际物流活动提供了理论基础和操作指南。

本书在翻译的时候受到了成均馆大学贸易学科研究生院众多中国研究生的帮助，在这里谨向这些中国学生表示感谢，对于翻译上的不足也希望广大读者能够给予批评和指正，特此感谢！

2011年 1月

译者

| 目 录 |

第二部 国际物流和国际运输

第四部 国际物流和经营信息

第一部
物流的意义与管理

第一章　物流的概念

第一节　流通的作用与活动

1. 流通的作用

在原始社会，生产地就是消费地，消费地也就是生产地。也就是说，在自给自足的经济条件下生产地与消费地是完全一致的。

然而在现代社会，一般来说生产地与消费地是分离的。生产地与消费地之间存在着空间、时间上的差异，而且生产地的生产量与消费地的需求量之间也存在着差异。

流通就是用来填补生产地与消费地之间的空间(场所)、时间、数量上的空缺。一般来说流通有如下3个方面的社会功能。

① 场所调节功能

② 时间调节功能

③ 供求调节功能

场所调节功能就是调节生产地与消费地之间的空间与距离上的差异的功能。场所调节就是由运输来调节生产地与消费地之间的差异；为了调节产品被制成与被消费之间的时间差，往往也可以将商品进行储藏。因此，可以说场所与时间的调节是物质性的流通功能。

供求调节可以调节生产量(供给量)和消费量(需求量)之间的关系，因此可以说它是具有经济性质的流通功能。例如由自然条件决定生产量(供给量)的农产品及相关产品，可以通过操纵批发市场上的价格，来增减产品的需求量。

流通如果不具备供求调节功能，那么就会造成商品价格的起伏波动，以及供不应求或者供大于求(过剩)的经济现象。因此，也可以说流通对于经济平稳的循环起着非常重要的作用。

不仅仅是从这类社会条件(宏观)的观点可以看到流通的重要性，甚至从我们的日常生活中也可以感受到流通的存在。我们日常生活中最不可缺的商品莫过于食品，家庭中所需的大部分食材一般都是从附近的食品店或者超市中购得。

不单是食品，其他的生活必需品也一样是非常方便就可以买到，这都是流通在其中起着重要的衔接作用。这样的供求结构渐渐在我们身边成型，可以说现在的社会就是一个流通机构，而这个流通机构在维持我们日常生活的稳定上是不可缺的。

2. 流通的构成

流通(Distribution)是将制造产品、创造价值的生产和使用产品的消费连接起来的活动，它是为了使生产出来的产品到达消费者手中而进行的。那么这种活动在现实中是怎样形成的呢?

一般来说，生产商通过向批发商出售保管在自己仓库中的产品，将产品交付给批发商；然后被临时保管在批发商仓库中的商品通过销售活动的进展进入零售业的仓库或者卖场；最后在卖场中商品被销售给消费者。流通活动的基本特征就是这种三次分工系统，有时候也会仅限于生产者与零售商的两次分工。在美国，经常可以看到没有批发商而仅限于两次分工的系统。

无论是三次分工系统还是两次分工系统，它们都大致可分为以下两类:

1. 与交易、销售有关的活动(商业流通)：销售、市场营销、购买、促销、接单等

2. 与商品的物理性移动和管理有关的活动(物的流通)：保管、运输配送、包装、装卸、库存管理等

从前，这两种活动各自为营，只是作为各自的体系而展开。以销售为主的商业流通活动结束之后，再根据销售部门的指示展开物流部门的活动。物流活动只是像销售活动背后的影子一样存在着。

但是目前关于物流的这种陈旧观念最近发生了很大的变化。商流活动(销售)与物流活动这两个原本各自独立的整体现在成为了一个有机结合的系统。换句话说，作为一种企业的流通系统，物流系统的概念出现了，这是比流通系统更全面的一个概念。

能将这些活动进行系统管理的程序就是基于电脑的信息系统。信息系统的发展促使商流活动与物流活动成为了一个完整的流通系统。[1)]

第二节 物流的定义和目标

1. 物流的定义

企业的物流包含了从材料调配(调配物流)到产品销售的所有活动，根据企业的经营管理范围不同，也有仅局限于制成品送抵消费者的活动。

我们通常所说的“物的流通”或者“物流”是由美国 Physical Distribution (PD)字面翻译的。对PD的解释大致有下面几种：连接供给者与需求者之间的、包括废弃和还原等过程的一切有形和无形的财物活动，它是通过

---

1) 宮下正房・中田信哉，物流の知識，日本經濟新聞，1996，pp.11-17.

克服时间的差异和空间的转移以及部分的性质形态转变来产生效用的一种物理性经济活动。具体指运输、储存、包装、装卸、流通加工、物流信息等。

在美国所使用的物流用语除了PD以外还有business logistics，physical supply materials management，market supply，logistics of

(图 1-1) 物流渠道

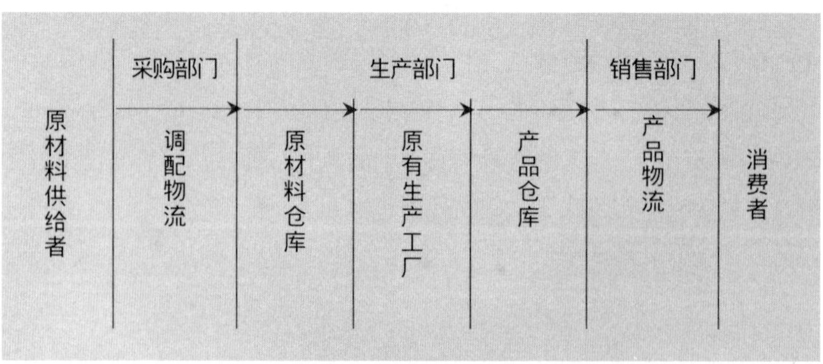

distribution, rhochrematics 等。[2)]

PD原指为调整市场营销中的物流费用(physical cost)所做的努力。从物资购买者的角度来考虑，常常使用materials logistics一词。

Rhochrematics是华盛顿大学Brouwer教授在上世纪60年代提出的新用语，是表示物的流通管理的科学(Science of the Management of Material Flows)，包括了 materials management和 physical supply全部的范畴。

Logistics作为文献上的单词最早出现在1897年，由法语logistique派生而来，语源是loger，这是与英语中quarter、lodge一样具有“宿营”含义的单词。英语中很久以前就把军队中准备宿营地或者负责运输粮草的司令官叫做quartermaster，其中的quarter表示宿营。[3)]

随着武器的发展和战争的大规模化，从19世纪开始与补给相关的业务逐渐扩展到后方建设、补给线的新设与防御、医院建设等方面，能够有效地对其整体进行管理就显得越来越重要。因此，原有的quartermaster已不再适应事物发展的需要，最终为“logistics(后勤)”这样的词语所代替。

作为比兵器、军服的运输以及监视更高级的概念，在战场后方为前线部队供给、补充必要的物资，担任保卫后方联络网的责任，这就是供给。“后方”这个词就是这样出现的。后来，二战时在美国陆军中广泛使用的“logistics”在战后的企业里也开始逐渐被采用。

Business logistics要求对调配、保管、运输、配送等所有物流的问题有一个既有体系又有逻辑的思维模式。在当代社会，与原先的“陆军补给长官”相对应的则是物流经理。

物流的第一个目标就是最快地将物品送达目的地，但是从物流发展的方向可以看出，并不是快就一定是最好的。举便利店的例子，为了使卖

---

2) 日通綜合研究所，物流の知識，东洋经济新闻，1994，pp.1-3.

3) 古光太郎，ロジスティクス，同文書院，1993，pp.8-9.

场中的库存减到最小，对于卖方来说，比起“最快地”运送更好的是“恰当的时间”运送。

“恰当”与“快”都是时间层面上的服务，因此可以说，当今物流的主要目标就是如何更好地在时间上做文章。

当今物流还有另外一个重要的目标，那就是尽可能地削减费用。这里所说的费用是指保管商品、包装与装卸以及运输所产生的费用，这也是物流过程中所产生的所有费用。这些费用的重心是运输与配送费用，也就是发货时的费用。

物流服务按照卖方对速度和时间的要求在时间层面不断得到改善，相应的卖方所负担的送货费也在增加，尤其是在最近的卖家有着“少量而频繁发货”的倾向之后。因此物流虽然不能不以改善服务为其发展目标，但是如果以高标准服务为目标的话，越是提高物流的服务质量相应的费用也就会越高。对于卖方来说，费用的增加只会使自己的利润减少。

物流费用的日渐增加使得节约物流费用成为一个迫在眉睫的问题，这就是当今物流发展的大环境。像这样，物流服务的改善与费用的节约在物流革新的道路上成了两个相互矛盾的目标，同时也是当下物流革新中的难题。

2. PD与logistics的差异

1) 三种解释的差异

PD与logistics的差异经常被拿出来讨论，很好地理解二者的区别对学好物流有着很大的帮助，因此本书在这里将会重点说明。

一般来说关于PD和logistics的差异的解释分为如下3种。

〈第一种解释〉“差异不大，只是把物流换了个近义词来解释”。这种解释虽然是错误的但是现在有着相当大的市场。如果读者有这样的想法，不仅不能理解logistics，甚至连PD都无法认清。

〈第二种解释〉“logistics是比PD范围更广的一个概念”。这个解释的信奉者也很多。简单来说，这里的PD就是工厂把制成品或者卖家把商品送抵消费者手上的过程，而logistics就是上述过程再加上原料、零件的调配或是商品的买进。

也就是说，logistics就是从原材料、零件、商品的调配到交货给客户一连串的过程。第二种解释并没有错误，遗憾的是这个说法并不能很好地解释为什么人们对logistics有着这么大的关心。这就为第三种解释的登场做了铺垫。

2) 市场不和谐造成的大量浪费

现在在企业与客户之间,也就是与市场的连接点之间发生的销售亏损与费用增加问题在企业的经营上是无法忽视的，这个问题的温床就是库存。

企业在产品制造或销售中发生的库存和市场中需要的库存之间有着很大的差别，也就是说，市场需要的库存是缺货状态，而市场不需要的库存成了过剩状态。虽然库存有余的话还可以再销售，但是库存不足时因无法销售商品就会造成销售亏损，同样的如果无法销售掉库存中的商品又会造成保管费用的增加。

3) 和谐的市场变化与生产购买

上文所述的浪费会在企业不看市况随意进行生产或者购入的情况下发生。因此人们开始按照市况进行生产、购入和管理物流，这就形成了基本的logistics。

为了顺应市场的供需情况，需要掌握市场的销售动向，没有这一点就无法掌握市场行情。为了按照市场动向进行生产与买进，在实际操作中可使用“维持适当库存”的方法。

市场销售动向可以通过观察发货，即库存的减少来具体地掌握。同样，生产与买进也可以通过库存的增加来掌握。所以在市场运转过程中，形成了补充库存减少的部分来进行生产和购入的市场规律。虽然还有生产设备以及与货源有关的交易条件等方面的制约，以及市场上不可预测的变动等障碍因素，使得算出适当的库存不能做到十分精确，但至少可以把损失降到最低。

4) logistics是PD的高级概念

当今社会所讨论的logistics是这样一种管理模式，它力求生产、购入与市场变动同时进行。这就是第三种解释。

在这里，将logistics与与PD混同起来说的做法是错误的，在logistics管理之下才有生产、购入和PD的概念。如果不能理解logistics是PD的高级概念，那么整个观念都会倒转过来。

第三节 物流的负责人和产品价值

1. 物流活动的负责人

物流活动有很多人分别负责，但是大致可以分为如下两个物流活动的单位组织。

① 货主单位

② 专业物流单位

所谓的货主单位是指拥有商品所有权的生产者(制造商)、批发商和零售商，而专业物流单位是指接受货主委任的卡车运输公司、铁道公司、船公司或者航空公司之类的运输企业，以及接受货主委托保管货物的仓储业。

物流活动一般由货主独自完成，或者完全委托给专门的物流企业，或者以独自完成和委托并用这两种方式进行。

运输业或仓储业都接受货主的委托，因此他们是"物流代理行为者"。在这里，物流功能的实行者是货主，运输业或仓储业是接受货主委托的物流直接行为者。因此从功能上说，货主是物流的实行者，而从行为上说，运输业是物流的实行者。

从货主的角度来说，流通的功能一般由制造商、批发商以及零售商三者共同来行使，所以物流就是由这三者分工来负责的。

制造商对批发商、批发商对零售商、零售商对消费者各自行使着物流功能。具体地说主要是在各个阶段负责保管和运输(配送)，再根据第三方对保管和运输(配送)的细分将产品送抵消费者手中。

有的超市或者便利店会行使配送的职能，有的没有配送职能，但是他们的共同特性是都有保管的职能。这是因为在卖场内的商品，在货架上陈列的同时也就是超市或便利店在行使保管的职能。而百货商场分为店内销售与配送两种形式，在配送的情况下，百货商场行使保管与配送两种物流职能。

但是，比起百货公司使用自己的车辆和职员来进行配送来说，物流大多是由接受百货商场委任的配送公司来完成。也就是说，百货商场的物流职能实际上是由百货商场委任的配送公司来执行的。

小规模的零售业一般是以己之力行使物流职能，但是像百货商场之类的大型零售业一般则是委托给物流公司来执行。这与制造商和批发商的情况相同。特别是从大型制造厂商仓库往批发商仓库中运送产品的物流活动，大部分是由接受委任的、签订长期合约的运输业来完成。另外，大型制造厂商在保管职能上，即使使用自己仓库保管货物，往往也向仓储业主委托进行保管。像这样，大型企业将物流委托给运输业或仓储业的情况是为了使物流更加有效率的进行。[4)]

2. 物流与产品价值

产品的价值只在工厂里产生的思维模式已经是过去式了。(图1 - 2，Ⅰ)表明为企业创造利润的仅仅是生产部门。

根据这种模式，销售部门和物流部门仅仅只是消耗成本的单位，不仅不可以创造价值，而且也无法直接对企业的效益做出贡献。但是如果对物流活动进行合理化改进，削减物流费用的话，那么减少的部分就可以看作是利润增加的部分。

这就是物流中“第三利润源”说法的根源。这种说法是从非常消极的角度看待物流的。

(图1 - 2, Ⅱ)是更进步的模式。在模式Ⅱ中，物流活动不仅仅只是消耗物流费，也可以创造价值从而为增加企业的效益做出贡献。前章所说的物流的定义有如下的记叙：“连接供给方与需求方的克服时间、空间以及一部分形态上的差异，从而创造价值的具有物理性质的经济活动。”

---

4) 宫下正房外，前书，p.21.

(图 1-2) 重新认识物流费

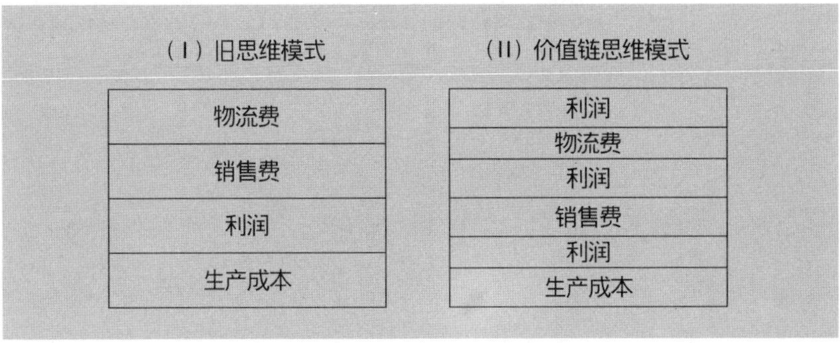

物流克服场所上的阻隔(运输的业务)，或者时间上的阻隔(保管的业务)从而达到创造价值的目的，另一方面，克服一部分形态上的差异从而创造价值指的是流通加工业。流通过程中重新进行包装或者进行稍许的加工，以满足顾客的需求，从而创造附加价值。

像这样，因为物流的价值创造主要存在于克服空间和时间的阻隔上，所以这个说法也叫做"隔离理论"(gap theory)。而且，这与按原材料→半成品→产品→批发商→零售商→顾客的顺序生产产品、通过流通业将产品送抵消费者手中的整个过程中价值逐渐提高的学说有着相同的根据。像这样价值逐渐提高的过程被叫做价值链(value chain)。[5)]

---

5) 阿保荣司，物流からロジスティクスへ，税务会计协会，1996，pp.87-90.

第二章　物流活动的构成要素

第一节　运输·配送活动

物流节点间商品的移动一般被称为运输或配送。一般长距离、大批量商品的移动叫做运输，短距离、小批量商品的移动叫做配送。我们常用距离和输送量来区分运输和配送这两个概念，但是没有准确到用多少千米或多少公斤来划分。一般也可以把地区间乃至城市间的商品移动称作运输，某一地区或城市以内的商品移动称作配送。

运输或配送所使用的工具是汽车、铁路、船舶、飞机中的一种或其中两种以上的结合。地区内的配送大多数利用汽车完成，而地区间的运输一般根据企业物流节点的布局、被运输商品的特性、单位、合同条件等的不同选择使用不同的运输工具。

运输货物时怎样选择运输方式从物流合理化的观点来看具有十分重要的意义。因为每种运输方式都有它们各自的特点。充分的掌握运输服务的特色和内容，选择最佳的运输方式，另外有效地把这些运输方式综合起来是使商品流通保持通畅的前提条件。

运输方式的选择根据每次运输具体条件的不同需要考虑研究的方面很多，因此在选择上很难制定统一的标准。但是一般来说各种运输方式优缺点如下所示。

1. 铁路运输

1) 优点

① 适合大量商品的一次性运输。

② 适合量大且单位运费负担能力较低的商品进行中长距离运输，运费低，经济实惠。

③ 不受气候影响。

④ 轨道运输，事故发生的可能性小，安全度高。

⑤ 由于是节点间的直通运输，对节点及周围地区更有利。

2) 缺点

① 近距离运输时运费比较高。

② 紧急情况时由于车辆调度问题容易造成无法运输等情况的发生。

2. 汽车运输

1) 优点

① 适合门对门的一站式服务，是一种随时可以利用的及时性和灵活性较高的运输方式。

② 更适合少量或中量商品的近距离运输，运费低，经济实惠。

③ 运输途中几乎不需要装卸，运输中所受撞击轻微，所需的装卸包装较简单。

2) 缺点

① 不适合大量运输。

② 远距离运输时，运费一般较高。

3. 船舶运输

1) 优点

① 适合单位运费负担能力较低、量大的商品远距离的运输，运费低，经济实惠。

② 大量原材料等散装货物的运输，可以使用特殊货物船，以促进运输和装卸的合理化及成效。

2) 缺点

① 运输速度比其他方式慢。

② 港口装卸费较高。

③ 装卸或航行易受气候的影响。

④ 运输的安全性和准确性不如铁路运输和汽车运输。

4. 航空运输

1) 优点

① 运输速度快。

② 适合单位运费负担能力较高的少量商品的中·远距离运输。

③ 包装比较简单。

2) 缺点

① 运费高，不适合低价商品的运输。

② 有重量限制。

③ 离机场距离较远的地区不易使用此方式。

为提高货物运输质量、提高装运效率，各种运输方式近年来都有了不少的变化和发展，如下表所示(表2 - 1)。

(表 2-1) 运输工具的现代化趋势

	专用运输	多式联运	其它
铁路运输	分种类运输 · 专用火车的增多（谷物、水泥、汽车、钢铁、海鲜食品等） · 设立各种物资园地（石油、液体化学制品、水泥、钢铁、汽车、造纸、谷物、肥料） · 专用线的增加	集装箱运输 · 集装箱的增加 · 设置集装箱专用车 · 设立集装箱基地 · 调整铁路运输系统，使之利于输送海运集装箱 托盘运输（造纸、玻璃板、机器、氯乙烯、化学工业品） · 设置专用货车 建造近港铁路	高速运输 · 集中货物营业结点 · 急·直行列车 · 地区间的直行列车 · 高速货车的开发（时速110km/h） 货车的大型化 建立货物信息系统
汽车运输	特殊用途汽车的增加（液体车、翻斗车、凝土搅拌汽车、冷藏·冻车） 设立专用集散站	调整汽车运输系统，使之利于输送海运集装箱 设立普通货物集散站 设立物流园区	汽车的大型化，拖车化
海上运输 (远洋运输) (内陆水运)	专用船运输（石油、钢铁、煤炭、谷物） 设立专用码头 设立石油运输基地 专用船运输的驳船运输（石油产品、LPG、煤炭、水泥、钢铁、汽车、化学药品）	海上集装箱运输 · 集装箱船的增加 · 设立远洋运输集装箱专用码头 · 内陆集装箱运输 · 渡轮	船舶的高速化、大型化、自动化
航空运输		航空货物的集装箱化 · 设立机场货物接收基地	飞机的大型化 货物专用机

※ 资料：日通综合研究所，物流的知识，东洋经济新闻社，1994，p.113.

5. 运输方式的选择

怎样选择合适的运输方式最关键的决定因素是货物本身的特征。有关货物特征的主要内容如下所示。

1) 直接特征

① 商品寿命、酸腐性、腐烂的速度

② 密度或它的倒数

③ 商品价格

2) 间接特征

① 每日的销售量和营业额

② 季节性

③ 顾客的规模和位置

④ 市场的占有率和竞争对手

3) 对于特征的具体说明

① 商品周期、酸腐性、腐烂的速度

快速而且更可靠的运输方式适合运送寿命短、酸腐化速度快或容易腐烂的商品。现今，需要温度管理等特殊管理的商品正在急剧增加。

② 密度或它的倒数

重量、容积和容积/重量的比率是重要的因素，很多时候它们决定着运输方式的选择。船舶运输中常用密度的倒数容积比来作为积载因数。例如用运输经济学的观点来比较煤炭、沙子和制造品时，它们具有截然不同的特性。

③ 商品价格

价格可以影响两方面的因素。商品价格越高，人们维持库存的欲望就越低，这就要求加快商品的周转，此时会选择更快速可靠的运输方式。

运输高价值商品时要求承运人对商品高度注意。像电脑一样的高科技商品需要特别的货物管理服务。

一般来说，价值/重量比率越高就越容易选择高运费的运输方式，这从航空货物的种类来看就可以知道。

④ 每日的销售量和营业额

周转频率高的商品需要多频率送货，而且货物的大量运输也渐渐增多。但是在选择运输方式时也要满足严格的服务条件，例如不遵守配送时间的话就会对销售造成损失。

⑤ 季节性

诸如冷冻食品或罐装食品一年四季都要消费，但是它们的制作却往往只局限在一定的时期。再比如说，巧克力通常在早春的情人节前后被集中消费，那么它对运输的要求是显而易见的，它会在这段时期集中买卖和加工，因此为使时间延误最小化，就要求使用快速频繁的运输服务。巧克力从工厂到储藏仓库需要冷藏运输，然后再配送到客户的仓库，到各家零售店常常需要紧急配送。

另外，为维持海鲜品和花卉的新鲜程度以较高的价格出售，从原产地到销售地选择航空运输比较好。

⑥ 顾客的规模和位置

如果顾客较密集，可以利用大型运输工具进行运输；如果顾客较分散，营业额相对少，就会产生一些问题。向地方运输一般费用比较高，因此制造商首先会选择一些提高最少订货量的措施，然后研究运输方式和制度上的对策。下面将仔细分析这些方案。

A. 利用物流分公司：可以有效混载，降低运费成本。

B. 和批发业联合：批发业不与制造业对立，通过一些互补措施，发展共同化业务，适当调节运费。

⑦ 市场的占有率和竞争对手

市场垄断性商品与竞争激烈的商品相比，面临着较低水平的物流服务。这说明运输与市场竞争的性质有着密切的关系。

在决定选择某一运输方式时，通常会进行费用上的分析以求选择的准确性。即在考虑一定的运输方式的影响时，不可忽视它对物流其他要素的影响。运输的加快能使流通中的库存保持在较低水平，快速的存仓补充可以减少远距离市场的库存量，这些都说明运输工具的选择对系统内库存水平有很大的影响。同样，运输工具的准确性越高，顾客的库存量就会越少。最后，运输工具的选择可以影响到仓库和配送中心的条件和物流标准化的实现。在考虑到所有这些因素的同时依据对费用的分析，就可以找到费用最小化的运输方式。

第二节 储存

1. 意义

生产和消费(或者销售)间或多或少存在着不可避免的时间差，在供需之间时间方面的调整就是储存活动的主要功能。另外，提高商品时间效用的功能也是储存活动的功能之一。储存不仅能调整时间差，还与价格有关联。因此，有人认为以调整供需为目标的储存活动具备“时间调整”和“价格调整”两种功能。

储存活动一般大多在仓库进行，当然在诸如营业处等仓库以外的场所也可以进行。在仓库还可以进行储存以外的活动(例如包装、拆卸)，因此储存活动和仓库活动不一定一致。在大量生产、大量消费的今天，在科学的预测需求下进行生产活动的同时，为向顾客加强促销和强化服务，在迅速配送的基础上，仓库的功能也有很大的变化。即对按计划生产的产品进行临时保管的同时，还可以进行包装或简单的加工等所谓的流通加工，为响应顾客需求及时出货和配送货物。

前者是主要进行储藏活动的老式仓库，被称为“储存仓库”(storage warehouse)，后者为与物流近代化一起出现的仓库，被称为“流通仓库”(distribution warehouse)。流通仓库具有商品储存时间短、进出库频繁的特征，这就是在物流近代化的今天仓库功能变化的一个例子。而且可以进行商品适当的库存管理、配送活动，随情况的不同进行流通加工活动，作为商品流通过程中重要的结点、服务顾客的基地，其重要性逐日增加。为此修建仓库的场所或布局，都要作为流通结点选择有效的场所。它们也被称作流通中心或配送中心。

随着规模经济的扩大、物流量的增加，具有符合商品特性(大小、重量、温度等)的专用仓库明显增多。因此专用化也是仓库功能变化的特征之一。

现代仓库管理为发挥流通仓库的功能，附加了商品的进出库信息、配送信息、储存信息等与流通相关信息的电脑处理功能。作为流通结点，流通仓库的角色显得越来越重要。而且以电脑信息处理技术和进出库自动化机械作业技术为基础的自动化仓库也在不断增加。[1] 传统的仓库业务如今不但包含储存公司原材料、半成品、成品的作用，还具有辅助制造和营销的作用。由此可见，仓库的功能除了仓储还满足了其他的公司需求。

---

1) 日通综合研究所编，物流的知识，东洋经济新报社，1994，pp.69~84.

由于最近经济动向的变化(运输费增多、利率上升、设备的扩张费和替代费用的增加等)，不对公司的运输网和运输政策进行评价和调整是不行的。迄今，物流管理者们一直都是只停留在对运输和库存管理的经济性追求上，但是最近一部分管理者自发地意识到综合物流的重要性，他们认为仓库业务是物流系统必不可缺的一部分，与其他业务一样提供一些改善机会是很重要的。

2. 仓库的功能和库存管理

1) 仓库业务的进化

自古以来，工厂大都设立在离原材料比较近的地方(例如谷物和水产品的加工工厂)，这是因为出于每季生产的需要，要在离工厂比较近的地方修建储存仓库。但是随着铁路基础设施的扩张，出现了单独在远离工厂的地方或者在消费人口集中的城市附近设立保管仓库的方式；而且随着干线道路网的普及和汽车运输能力的增强，仓库也时而出现在通往主要市场的高速道路附近，但这种倾向不是绝对的，例如某些地方企业(批发业或零售业)会把仓库设立在主要大城市的销售市场中心地；有的合并后的企业常会继续保留原有的仓库及设施。因此仓库网络常常变得很复杂。

一直以来销售和经营管理基本上支配了企业的发展方向，买卖现场会提供储存和装卸服务，有关仓库业务的战略性决策都是由物流管理者单独制定的。但是后来物流管理逐步发展成一门单独的学问，物流支出也成为了企业的一大主要支出项目，并且这种支出是可以进行管理和控制的。特别是随着人们对物流支出认识的不断提高，出现了在确保销售和市场渗透力最大化的同时，又要考虑到仓库和配送中心的选址，压低运输费用和库存维持费用的变革。如今，从多种目的(打入目标市场和混载货物等目的)出发来决定仓库的布局成为现实性问题，企业为实现最佳的仓储业绩正在不断地努力。

2) 仓库的功能

仓储费是成本中重要的部分，但是它也是可以避免的，因此企业应重视了解仓库业务的必要性及实施方法。

(表 2-2) 配送方法对成本上升的影响

例一		例二	
使用工厂仓库和配送中心	单位费用	直接配送到消费者	单位费用
	(单位：元)		(单位：元)
原材料供方		原材料供方	
原材料 进货运输	2,000	原材料 进货运输	2,000
工厂仓库 原材料	1,000	工厂仓库 原材料	1,000
制造流程		制造流程	
工厂仓库 成品	1,000	工厂仓库 成品	1,000
设施间 运输	3,000		
配送中心	3,000		
发货运输	1,000	发货运输	3,000
仓库费和运输费合计	11,000	仓库费和运输费合计	7,000

在配送网延伸到的地方设置仓库会使成本上升，因此可终止一部分

仓库作业来精减成本。同样，将成品从工厂直接配送到消费者手中(表2 - 2)，可以精减中间过程的仓储费。除此之外，为填补某些地区库存的不足，要进行仓库间的移送，这也会产生较高的产品装卸费。因此变更配送渠道时，一定要明确仓库的功能。

仓库的重要功能如下所示。

① 储藏

② 混载

③ 生产物流

④ 配送

⑤ 应对不可预测的情况

仓库业务可以被认为是从为产品入库而进行的移动和储存等所需的入库处理过程开始，到产品出库过程结束所进行的一套物理性的系统。在这一系统中，通常要做到以下三点：① 管理商品的物理性流动，② 避免在入库和出库的移动中商品的遗失，③ 记录仓库内发生的所有活动。这里所指的仓库活动如(表2 - 3)所示。[2)]

(表 2-3) 仓库活动摘要

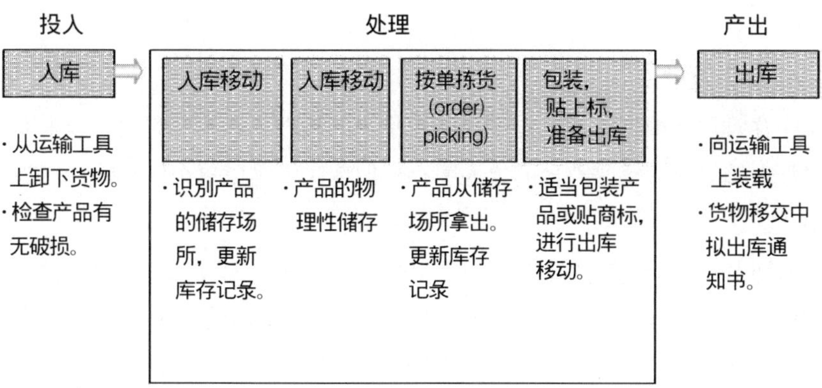

2) 西泽修，保管费的会计与管理，白桃书房，1987，pp。9~13.

3) 仓库的种类

仓库是储存活动中的主体，其种类多样，以营业为目的储存他人委托物品的仓库叫营业仓库。仓库是一种储存和保管物品的设施，它可以是建筑物、空地、水面或其他船舶、车辆等。船舶、车辆虽然是运输工具，但在任何地方停靠时它们都具有仓库的保管作用。仓库可以根据用途、构造、储存的物品、选址等不同方面进行如下分类。

① 依据用途分类

私家仓库、营业仓库、公共仓库、保税仓库

② 依据储存的物品分类

原料仓库、产品仓库、冷藏仓库、定温仓库、危险品仓库、农业仓库、露天仓库

③ 依据构造分类

平屋(单层)仓库、多层建筑物仓库、自动化仓库、储存谷物的筒仓

④ 依据选址分类

港口(码头)仓库、内陆仓库、车站仓库、集散地仓库、城市仓库、工厂仓库

4) 库存管理

库存管理一般指流通过程中商品数量上的管理。原本在流通过程中库存管理的对象应该是整体的流通库存，但现实中是以每个结点的管理为中心的。

流通节点是指制造商的库存(工厂、仓库、流通仓库)，批发商的仓库，零售商的仓库或卖场等。零售业卖场里摆放的商品也是一种库存，对卖场商品数量上的管理也是一种库存管理。由此而见，零售业的库存管理不但是物流上的问题，也是商品营销上的一大问题。

制造商根据生产计划和销售计划决定库存的投资，根据一定的库存政

策进行库存管理。批发商业主在根据零售商的订货和销售计划进行采购时，对产生的库存进行库存管理。因此，制造商和批发商的库存管理都与商品的储存活动密切相关，是物流活动必不可少的一环。

而作为流通业主的批发商和零售商充分地发挥库存功能是社会的一大要求。流通业主有效的库存管理是避免消费者物资不足的前提条件，它在调整供需和确保物价稳定方面也具有重要的意义。

为了充分发挥库存功能，常常需要确保充分的库存量，这是库存管理中的一个重要条件。但是确保一定量的库存会产生库存资金，这会导致流动资金受限或承担资金利率风险，而且在空间费用和装卸等过程中，库存量越多经济性越差。

从这种支出层面上看，库存量越接近零就越明智。但是太少的库存量应付不了顾客的突发订货，此时会产生缺货或销售计划的损失等问题，而且无法充分实现供需调节等社会功能。

因此"确保合理数量的库存"是十分重要的，这要求对库存进行科学周密的管理。现今电脑被广泛应用，使用电脑进行库存管理不是单独的处理库存管理问题，而是在一个连接着订货、发货、配送等其他活动的信息系统中进行的。依据电脑进行库存管理的目的是通过电脑管理控制每一个商品的库存，使其达到高度化水平。

这一过程也被称为单品管理系统，例如超市等大型零售业采用的POS[3]系统等都是单品管理系统。采用单品管理系统的大型零售店的目标是维持最少的库存量，但这往往会造成相反的批发商库存管理困难或交货费用上升等问题。尽管这些问题时有发生，但是库存管理不仅仅停留在掌

---

3) Point of Sales的缩写，翻译为"销售点"。 POS的典型例子是超市及便利店的收银台。识别贴有条形码商品的同时，发出 "嘀嘀……." 的声音，这就是使用POS系统的现场。在同时销售3000余种乃至4000余种品目商品的超市里基本不保有库存，决定何时采购是十分重要的。可靠性强的POS在流通中可以称作是一种实时管理(JIT, Just In Time).

握商品的库存状态，随着电脑库存管理的高度化进程，这种管理将会活用在各种战略计划和合理化计划当中。

第三节 装卸活动

所谓装卸是指随物品运输和储存而附带发生的搬运作业。具体说来，例如批发商从制造商那里运来货物，到仓库后从车上“卸货”，再向仓库内指定的场所“搬运”，接到零售商的订货单时“搬运移货”、“分类”、“整理货物”，然后“装载”到配送车上的一连贯作业都属于装卸活动。

装卸活动根据场所的不同分为“仓库装卸”、“港口装卸”等；根据运输工具的不同分为“货车装卸”、“船舶装卸”等；根据货物状态的不同分为“散货装卸”、“纸箱装卸”、“托盘装卸”、“集装箱装卸”等。装卸采取形式多种多样，它发挥着与运输、储存及流通加工的衔接作用。

最近，随着现代物流中心的高度发展，装卸活动特别是“分类”或“拣货”的重要性逐渐提高。分类是指对已入库的商品根据形态、重量、已定的储存场所进行不同的“入库分类”，还有根据订货及配送情况的不同进行的“出库分类”。

“拣货(picking)”是指随订货或其他作业指示信息的不同把商品从储存场所搬出，进行货物整理的作业。

过去，装卸是依靠人

力劳动进行的，很多年来对怎样达到装卸的合理化・机械化・省力化的研究一直在进行着。为提高装卸活动的效率，最好的方法是实现托盘化(palletization)和集装箱化(containerisation)等单位载荷法(unit load)，提高装卸活动的机械化和省力化。

下面将简单介绍一下单位载荷的目的。

① 扩大货物处理单位提高作业效率。

② 提高搬运的简便性。

③ 谋求货物处理单位均一化和标准化作业。

④ 降低对个别货物的损坏，增强对物品的保护效果。

第四节　包装活动

包装是以保护物品、方便装卸、单位载荷、区分标记商品为目的而进行的活动。很多制造流程中包装是生产的最后一个阶段，这之后就是物流活动，因此包装是生产和物流的结点。

包装分为个装、内装和外装，下面将依次进行介绍。

① 个装

个装是指单一物品的包装，为提高物品的商品价值或保护物品而在物品外部添加适当的材料或容器。也可以看做是一种通过商品标记而进行信息传递的媒介。

② 内装

内装指货物内部进行的包装，是为保护物品远离水、湿气、光热、冲击等，在物品上添加适当的材料或容器。

③ 外装

外装指货物外部进行包装，是把物品或包装用品放入箱子、袋子等空间里(不放入这种空间的情况下可以直接扎捆)，添加记号或火印。

包装除了以上介绍的分类方法以外，还可以分为商业包装和工业包装。商业包装相当于上面的个装，为体现商品的魅力和唤起消费者的购买欲望而进行的包装。因此，商业包装比起保护商品的物理性作用更重视营销作用。

工业包装又称为运输包装，从生产地到最终消费地的过程中整理商品，为安全准确的配送而进行的包装。相当于上面的外装，内装也可以被称作是工业包装的一部分。

物流上说的包装一般以工业包装为中心，这种包装需要达到以下几个条件。

① 不能损伤商品的外形及质量，确保商品到达零售店。

② 需要储存容易、装卸方便、移动便捷的包装。

③ 不占有仓库大量空间(提高储存效率)、能够进行合理有效地装载、最终达到尽可能的减少物流费的包装尤为重要。

为减少物流费，应当尽可能的采用小型、轻便、便宜的包装材料，但是无法保证对商品的保护和运输上安全的包装是不可取的。

因此，物流包装为了尽量满足这些矛盾条件，一直进行着技术革新和包装材料的开发，并向着以下几个方向发展。

① 在商品的筹划阶段就要考虑物流的合理化，使每一单位商品的形状和大小具有标准的规格，以适应工业包装的需要。

② 在包装技术和材料的革新方面，开发研制出热收缩包装(shrink packing)[4]和伸展包装(stretch wrap)等包装方式。

③ 追求包装的简朴化和无包装化，这也被称为无包装运输。它是指在商品处于半成品状态时不进行包装，制成成品后只进行商业包装

(个装)的物流活动。液体和粒状商品可以使用液体槽(tanker)、简易软包(flexible container)、筒仓(silo)等；固体可以使用箱子(box)、托盘(pallet)、各种集装箱、筒形箱等。

在此作为物流合理化基本要素的单位货载系统(unit load system)发挥着它的促进力。单位货载系统是指把商品统一成一定的单位，例如托盘单位或集装箱单位，进行门对门的多式联运和储存的系统。这一系统的引进可以精简包装成本和人工费支出，从而降低物流费。

另一方面，包装活动中也要充分地考虑到报废和回收问题。进行不必要的过度包装或使用不合理的包装材料不仅会产生额外支出，还会造成环境污染。因此应该不断开发和积极选用可再利用的容器和在自然环境中容易还原的包装材料。

第五节 流通加工

流通加工是指在流通阶段中进行的对产品的简单加工或组装、再包装、订货调整等作业。例如屠解肉禽、鲜鱼，组装家电产品,给陈列的医疗品粘贴价格标签，挂放衣架等都属于流通加工。

除了这种日常生活中常见的作业以外，在生产方面的流通加工也是一种重要的作业，例如根据订货要求切割不锈钢或玻璃的作业。

流通加工活动是为了更好的满足顾客需求而进行的，通过这些加工作

---

4) 集合单个或者多数物品后用热收缩薄膜蒙裹，然后加热使薄膜收缩而紧贴物品，这是将物品加固保存的包装方法。将整个托盘进行热收缩包装的方法称为托盘热收缩(pallet shrink)包装，这是防止托盘货物垮塌的有效方法。

业可以增加商品的附加值，为顾客提供更多便利，也正因为此流通加工与企业的销售活动有着深刻的联系。

有人认为流通加工是对商品形态进行加工，它属于生产活动而不是物流活动。但是作为物流系统设计中的一大要素，一般将它划分在物流的构成中。

流通加工原本是在零售店和批发商等离顾客比较近的场所进行的。但是随着大型零售连锁店的登场，流通加工慢慢地集中在物流中心，而且开始了机械化作业。

原本的流通加工一般主要是手工作业，是物流活动中产生支出的活动之一。尽管如此，这种活动也在不断的增加，因为流通加工活动具有提高商品价值和为顾客提供便利的优点，顾客对其需求很大。

另外，传统的在生产流程中所进行的加工也可在流通过程中进行。例如个人电脑一般会根据顾客的要求在物流园区进行组装。

企业之间的竞争日益激烈，从产品的生产流程直到销售店供应网物流模式正在进行不断的整合改编，而流通加工是这一变化的核心。流通加工的目的、种类及作业地点如下(表2 - 4)所示。[5]

(表 2-4) 流通加工的目的、种类及作业地点

目的	① 促进销售 (顺应顾客的需要) ② 提高生产效率 (计划，辅助大批量生产) ③ 物流合理化 (运输路线化、时间调整、附加识别信息)
种类	商品分类、粘贴价格标签、粘贴商标、挑选、贴商标、组装分离、安装、配置电路、切割、表面加工、热处理、加热、冷却等
作业地点	流通中心、运输中、店铺、销售店等

5) 中田信哉，物流的结构，日本实业出版社，1997，pp.56~61.

第六节 物流信息

物流信息(Logistics Communications)是根据企业物流活动而产生的，保持物流活动中运输、储存、装卸、包装及流通加工等诸功能顺利进行的必不可缺的重要功能要素之一。

物流信息(Logistics Communications)根据在物流活动中的作用不同，可以分为以下五种。

① 订货信息

② 库存信息

③ 生产指示信息(采购指示信息)

④ 发货信息

⑤ 物流管理信息

下面回顾一下订购的商品在到达顾客手中之前的一般过程。

首先，营业员通过电话或者传真方式接收发送到营业所的订单。在营业所通过电脑查询库存情况，确认库存后，发行售货单、交货单、账单、收货单，同时发送出货指示书。依据出货指示书进行商品的分拣和检验，然后将商品连同交货单、账单一起装载到运输货车上，运往顾客。另一方面，商品一旦发出库存就会减少，因此为避免商品不足的情况，应及时进行库存量管理，根据所需及时订货。这些业务都是以从订货为出发点的商品流通交易及物流业务。

一般来说，企业的物流活动是从回应顾客订货开始的，因此订货信息是所有物流活动的基本信息。接到订货信息后，根据订货信息核对现存商品的库存信息。商品库存不足时，或者向厂商发送生产指示信息进行生产，或者向批发商发送购买指示信息及时采购。另外，将以确认库存的商品移送至发货区以做好发货准备。物流管理部门为了管理和监控物流活动，有必要收集交货完毕通知、物流费、仓库车辆等物流设施及器械的运转率等所谓的物流管理信息。

物流信息(Logistics Communications)具有以下的特征。

① 信息量大。

② 物流需求量大和需求量一般时的信息量差异较大。

③ 信息的来源、处理场所、传达区域分散较广。

④ 要求货物和信息流动的同时性。

⑤ 与商流等其他部门的关联性较高。

企业的物流系统与企业活动，即采购·生产·销售时伴随的物流作业系统和对其管理的信息系统是具有连带性的。所谓的物流信息系统(Logistics Information System)就是指这种信息系统，是为促进企业的交易活动，对从订货到发货的所有物流功能进行管理以提高其效率的系统。

原来的物流信息系统(Logistics Information System)是企业内部的其他信息系统，即与销售管理和生产管理的信息系统相似的信息系统。因此物流信息系统的目标与销售管理的信息系统的目标是一致的。

现代的物流信息系统(Logistics Information System)主要有以下两个目标: 第一，提高顾客服务质量。即迅速准确的发送订货商品。第二，精减总物流费用。这是指排除与物流活动相关联的费用浪费，运用灵活有效地物流系统，精减总物流费用。

但是这两个目标中包含着相互排斥的要素。即，提高顾客服务质量和精减费用间的二律背反(trade - off，又称效益背反)关系。如果注重精减费用，就不得不在顾客服务质量上有所牺牲；相反，大幅地提高顾客服务质量会增加物流成本，在物流管理中常常出现这种此长彼消，此损彼益的现象。

(图 2-1) 物流渠道

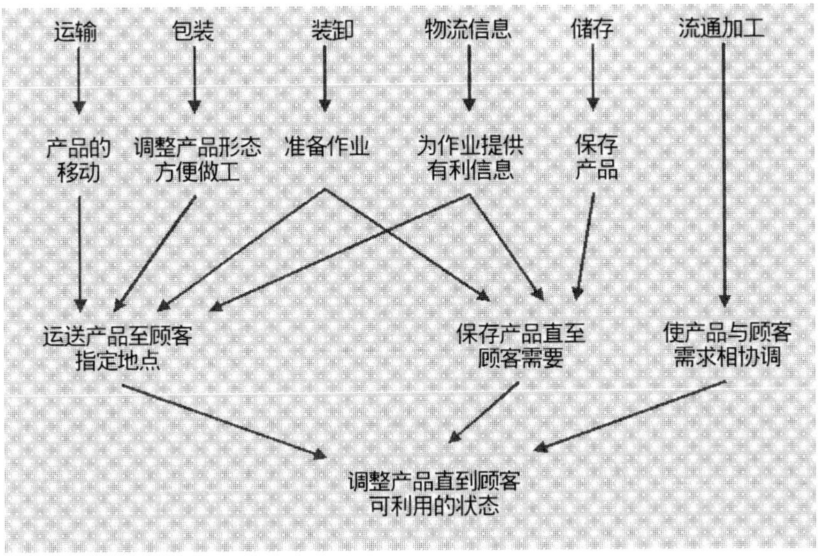

以上，我们分析了物流活动的六大构成要素。运输、储存、包装、装卸、流通加工及物流信息这六大构成要素在物流活动中各自发挥着各自的功能。把这些功能相结合，就能够得到物流中所要求的整体功能。整体功能其实是一种"顾客可以利用的商品状态"。运输、储存、包装、装卸、流通加工及物流信息都是为达成物流的目的。[6)] (图2 - 1) 显示了物流功能的整合。

---

6) 阿保容司，物流からロズスティクスへ，税務經理協會，1996，p.33.

第二部
国际物流和国际运输

第三章　物流管理

第一节　物流管理的意义

企业实施物流管理(Logistics Management)的目的是为了精减其物流费用。但是降低了物流费用，并不代表物流管理到此结束，因为物流管理的首要作用是正确无误地向顾客提供物流服务。

最近，在物流管理中常常看货物出纳率来衡量物流服务的质量，出纳率作为衡量顾客订货处理情况的指标，它是计算约定完成配送的商品在订货商品总量中所占的比率。

出纳率降低的原因之一是商品不足或缺货，有订货却没有商品，是不能够按计划进行配送的。另外操作上的误差也是造成出纳率降低的一大重要原因之一。对商品及交货数量的错误掌握也会造成商品不能按照原计划进行配送。当然准备配送的商品如果有破损也会影响配送。

如上所述，物流管理的重要作用就是给顾客提供事先约定好的物流服务，因此需要进行必要的仓库管理，作业管理和配送管理。

物流管理(Logistics Management)的第二个作用是提供相同质量服务的同时最大限度的降低费用，在不会造成商品不足的情况下，尽可能的降低库存，实现作业误差为零的高效率化运营。

为实现低成本物流的目标，本书提出了物流化及物流系统化等理念，这都是与提高作业效率相关的内容。

因此，在提供的物流服务水平一定的前提下如何降低物流成本，这便是物流管理人员面临和要解决的实际问题。

第二节 物流系统

物流本身是一系列与物流相关活动的组合。这些活动发生在流通过程中的各个地方，例如工厂、分店、批发商的仓库、零售商的商品中心、小型卖店等。进行和管理这些物流活动的主体也随着流通渠道的不同而不同。另外，各个活动间的关系既有互补性又有相冲性。调节这些活动使之构成一个经营功能体，这就是物流系统(logistics system)，仅仅单纯地组合这些活动，不能算作是物流系统。

物流方面的问题主要有“怎样布局物流结点”，“怎样组成物流管理组织”，“怎样掌握物流成本，管理物流费用”，以及“适合经营战略和市场战略的物流应该怎样定位”，“制定什么样的物流服务水平”等。

这些问题都是解决“怎样调节和实施物流活动”这一疑问的前提条件。在物流现场，也的确是在这些前提条件的基础上调节和实施各项活动的

物流管理大体内容可以分为三个方面。

① 运用怎样的体制开展物流活动。

② 按照怎样的标准开展物流活动。

③ 怎样对动态的物流进行整体性的管理。

物流管理组织或物流渠道、物流结点的布局等都属于问题①。依据生产、采购和销售的需求“决定物流服务的程度”和“物流费用的成本计

算”，“物流预算管理”或“物流效率管理”等都属于问题②。

因此，物流系统的狭义概念是指对物流活动进行的管理，但广义的概念中是把物流体系、物流标准、物流活动的全部都当做物流系统的构成要素。对于这一广义上的物流系统整体进行的管理就是物流管理。它的构成如图3－1所示。[1)]

(图 3-1) 物流管理模型

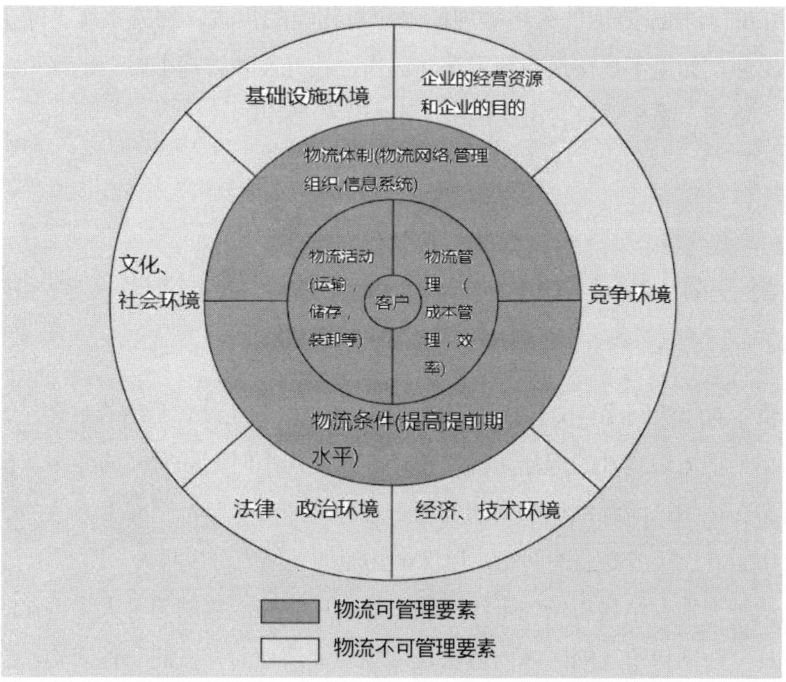

※ 资料：官不正房，中田信哉，物流知识，日本经济新闻社，1996，p.41.

1) 官不正房 · 中天信哉，物流的知识，日本经济新闻社，1996，pp.39~42.

总结物流系统这一用语广范使用的背景如下：

① 各种曾经单独发挥物流功能的机械和设备，最近明显变得更加复杂，设备转向高度化发展。随着技术的进步和环境条件的变化，设备和机械逐渐老化，因商品迅速变化而导致的物流系统的寿命周期变短等现象出现。

② 现今借助通信技术、调控技术、电脑技术，机械设备相互连接，比以往单独发挥作用的机械和设备更快地向着高度化、规模化、广域化，最优化阶段发展。

③ 面对物流园地的集约等规模效应对物流的需求，物流系统不断更新，如果不尽快适应新系统的运作，在开发和管理上就会出现很多难题，整个系统会出现混乱，影响运作效率。

第三节 物流网络

至今对物流网络(logistics network)这一概念还没有明确的定义，但它却是物流最基础的部分。因为它能填充供需上时间和空间的差距，使商品在从生产地到销售市场的过程中进行功能分工，把空间上分散的结点(node)连接成必要的网络，以保证物流的功能充分发挥。

从生产地到销售市场的干线运输一般利用铁路或船舶等可大量运输的工具，而销售市场的区域内运输是依赖经营活动而存在的一种活动。然而，当物流的各种功能加强整合，物流系统得以发展之后，“商物”[2)]分

2) 从物流合理化的观点来看，指商流途径和物流途径的分离。商流和物流是表里一体的关系，因此向来被视为以同一途径而进行。但是对于批量化货物来说，最短途径的运输对物流有利，复杂多样的商流途径常常被认为阻碍合理化的原因。为排除这

离将得到进一步促进。当然物流结点和经营结点也会进一步分离。此时需要考虑的问题就是怎样以物流中心为核心形成一个物流结点。

随着高速公路网逐渐发达，运输方式逐渐转向卡车运输，干线运输，“门到门(door to door)”式的运输逐渐得以实现。卡车运输方式和其他公共运输方式不同，因为它能够极大的反应出货主的意愿，自由度高，因此在与物流结点形成的关系中，它是物流网形成的决定对象之一。正因为如此物流网络的概念逐渐被人重视起来。

物流网络包括物流程序和结点位置两方面的内容。通常顾客分散在各个地方，而为了在顾客所要求的交货期内将商品发送到顾客那里，一般要在市场的区域内分散配置一定量的库存，这叫做前方物流结点布局。接下来就是连接生产结点和前方结点。因为一个生产结点很难满足市场需求，因此连接附属的生产结点和附属的前方物流结点时，在它们之间

种物流合理化上出现的商流方面的障碍，商物分离就是一种解决方案。

设立少数的集中性结点，这样可以更有利于提高效率。这里把这些后方结点称为仓库(depot)。

物流中心和仓库在物流中所起的作用是不同的，这是从物流过程的角度得到的结论。另外，从位置的角度看，物流中心或者仓库都分散设立在一定的区域内。连接这些结点构成的网络就是物流网络(logistics network)。

这些结点形成的本质原因是存在不同的库存分配。物流网络的本质一方面是为满足与顾客交易的条件，另一方面在积极地精减库存的同时进行合理的库存分配。[3)]

然而，物流网络不仅仅指狭义上的产品物流，结合广义上的物流概念，物流网络包括连接采购、生产、销售等结点的网络。如下所示：

① 原材料等在什么地方采购，为此结点应设立在什么位置?

② 生产在哪里进行，为此结点(工厂)应设立在什么位置?

③ 市场设置在什么地方，为此物流结点应设立在什么位置?

据此，所谓的物流网络就是"采购网络"，"生产网络"和狭义的"物流网络"三者结合起来的网络。当然他们不是孤立存在的，物流网络是由这三种网络整合完成的。

在这种整合中最基本的是跨过原材料・零配件・产品的流动途径，对库存进行合理的分配。这是提高整体效率的基础，又是市场战略和各个企业战略得以实现的前提。

在此，以汽车厂商为例做一下具体说明。首先，汽车的相关设计、开发在A国进行。汽车零配件的组装在B, C, D等国进行，然后组装好的零配件运往E国，在E国完成汽车组装。汽车的主要销售市场是F国和G国，因此要利用专用船将汽车成品从E国运往F、G国。在F、G国计划和管理

---

3) 中田信哉，物流的知识，日本实业出版，1997，pp.64~65.

库存，通过国内(狭义的)物流网络，向市场发货。这个物流网络的开端在A国的本部，依据本部的计划和指示在各国采购原材料。市场上的库存计划和制定的生产计划、采购计划都是依据以A、B、C、D、E、F、G国相结合的网络整体而制定的。由此，采购结点和生产结点在整体计划中相互结合，形成物流网络。[4)]

第四节 物流费用管理

1. 物流费用的意义

要把物流置于管理学中，将诸多营销活动作为一个整体来进行管理的话，它们的共同标准就是费用。因为原本物流这一概念成为一般原理的契机就是“利用物流的合理化・现代化来削减费用”。

物流管理这门科学最初就是打着“精减费用”或者“费用最小化”的旗号登场的。但是，改善物流并不仅仅是为了削减费用，最近主要以“提高顾客服务质量”或“支援企业战略”，“作为扩大市场的手段”等目标进行。

起初的目的是单纯的追求费用的精减。即通过改善作业形式实现省力化、采用大量运输手段、调整运输路径、精简包装等，在各个环节中考虑减少费用。尽管个别环节的改善存在着一定的界限，有时减少一种环节的费用，反而会引起其他环节费用的增加，但是总的效果是达到精减物流系统的整体费用。

在此，“整体的物流费用是多少?”成为一个重要的问题。从企业的财务来看，物流费不仅仅是指支付的运费、仓库费、物料费等，这些只是总

4) 中田信哉外，物流战略的实际，日本经济新闻社，1995，pp.191~193.

物流费用的一部分。对物流活动的所有费用支出进行的计算叫做物流成本核算，它是分环节将每项费用支出进行的计算。依此可以得知真正支出的总物流费用和各个环节之间的明确的关系。也可以对物流费的预算进行控制，对物流改善成果进行评价。

先进企业一般都进行这样的单独的物流费用核计。然而在此会出现一些问题。第一，所谓的物流费用核计事实上是比较困难的，所需的时间较长、费用较高，因此在一般的中小企业很难实现。第二，因为一般它是依据各企业独自的标准进行统计，因此不可能进行企业间的比较。

物流费用的核计是物流管理的根本。根据物流费用的核计可以得知物流在企业中的位置如何，物流活动是怎样进行的，而且通过改善物流可以得知整体的物流成本可以降低多少，也可以得知在物流的哪一方面可能导致人工费和运输费的增加。

体现企业物流费标准的重要指标之一是“物流费占销售额比率”，它指运输・装卸・储存・包装等物流活动中支出的费用在销售额中所占的比率，它能够充分的显示企业的物流活动是否合理地、经济有效地运营。美国国内企业2005年销售额的7.5%作为物流费用被支出，这表明企业销售价值1000美元的产品时，支出了75美元作为物流费用。

根据大韩商工会议所对全国923家制造・流通企业所做的“企业物流费实态调查(1987年第一次调查后隔年进行调查)”，2005年的物流费占销售额的比率为9.7%，比2001年的11.1%降低了1.4%。这是随着经济的活跃，企业销售额持续增加，政府对社会间接资本的投资不断扩大，企业物流管理革新上不断努力的结果。但是韩国9.7%的数值仍然比日本(4.8%)和美国(7.5%)企业高出很多。

这种高物流费用的结果导致了国家竞争力被削弱。从企业整体上来看，为达到高效的物流乃至所有物流活动的整合，需要建立一个有效的物流费用管理系统。物流费用根据产生形态的不同分为自给物流费用和支付物流费用；根据领域的不同分为采购(调配)物流费用、企业内部物流费用和销售物流费用；根据功能的不同分为包装物流费用、运输物流费用、保管物流费用等；根据管理目的的不同，分为可变物流费和固定物流费等等。

目前在韩国对企业物流成本进行周期性调查的机构有商工会议所、韩国贸易协会及韩国银行等。最近根据韩国交通研究院的调查结果显示如表3 - 1，韩国物流费用按功能分类，运输费用占总物流费用的比率最大，今后为削减国家物流成本，首先应减少运输费，关键取决于公路运输费能否进行有效的节减。

(表 3-1) 物流各项功能所占的物流费用比重(2007年) 单位：十亿，%

		国内	包含国际
国家物流费用		100 (117,112)	100 (151,748)
	运输费	76.25	80.90
	仓储费	18.20	14.05
	包装费	1.95	1.50
	装卸费	1.70	1.31
	物流信息费	1.42	1.10
	一般管理费	1.48	1.14

※ 资料：韩国交通研究院，2007年国家物流费用评定与动向分析，2009.12.9.

无论如何对于费用方面的管理是物流管理的根本。对于改善物流的某一特定目标，可以做出针对这一目标的物流费用的计算，以便于在物流活动操作前后对改善效果进行评价。除此以外，物流预算制度的实施可以使物流管理的周期缩短为每天。如今采用电脑模拟技术和借助管理会计法进行复杂的物流费用管理及物流管理。

如果能掌握物流费用，那么就可以制定一个标准成本，在此基础上进行细分化管理和再利用，并将实际成本与标准成本进行比较以作参考，进行相应的预算管理。我们可以将物流费用数据活用到预算管理中，减少不必要的经费支出，在此基础上改善物流服务质量。物流费用管理不仅仅是从个别企业营销管理的微观角度出发，从宏观的社会角度出发，也具有其重要意义。

物流在企业经营上的重要性不被认知的原因之一在于没有真正的把握物流费用。物流改善需要很多部门的共同努力，这是一定的，因此有必要先使最高经营者认识到它的重要性，因此要从“整体的总费用”的把握物流费用。

预算管理也是一项重要环节。根据今年出入库的次数及货品的数量，我们可以计划明年仓库所需货量和出入库次数，预算出大概的经费。预算要与实际的业绩进行比较，从其中了解到费用是怎样变化的，有了预算，还要能够对预算和实绩的差距进行说明，这样才可以更进一步详细的掌握费用支出，这样才能对出现的问题有更深地了解，进一步改善物流服务。

另外我们还要遏制“服务过剩”的问题。不清楚物流上所需的服务种类和服务量，仅仅追求销售量，所以产生了“服务过剩”。这会使企业的物流费用上涨，成为经营上的一大障碍。

(表 3-2) 物流费用核计项目

<table>
<tr><th colspan="5" rowspan="2"></th><th colspan="6">物流流通费</th><th rowspan="2">信息流通费</th><th rowspan="2">物流管理费</th><th rowspan="2">合计</th></tr>
<tr><th>包装费</th><th>运输费</th><th>储存费</th><th>装卸费</th><th>流通加工费</th><th>合计</th></tr>
<tr><td rowspan="11">企业物流费用</td><td rowspan="9">公司物流费用支出</td><td rowspan="7">公司内物流费用</td><td>材料费</td><td>材料费
燃料费
耗能工具·器械·零配件
其他</td><td></td><td></td><td></td><td></td><td></td><td></td><td></td><td></td><td></td></tr>
<tr><td>人工费</td><td>工资·薪水·津贴
福利费
其他</td><td></td><td></td><td></td><td></td><td></td><td></td><td></td><td></td><td></td></tr>
<tr><td>劳务费</td><td>电费
燃气费
水费
其他</td><td></td><td></td><td></td><td></td><td></td><td></td><td></td><td></td><td></td></tr>
<tr><td>维持费</td><td>修理费
耗能材料费租税金
租借费
保险费
其他</td><td></td><td></td><td></td><td></td><td></td><td></td><td></td><td></td><td></td></tr>
<tr><td colspan="2">一般经费</td><td></td><td></td><td></td><td></td><td></td><td></td><td></td><td></td><td></td></tr>
<tr><td>特别经费</td><td>折旧费
公司利息</td><td></td><td></td><td></td><td></td><td></td><td></td><td></td><td></td><td></td></tr>
<tr><td colspan="2">公司内物流费合计</td><td></td><td></td><td></td><td></td><td></td><td></td><td></td><td></td><td></td></tr>
<tr><td colspan="3">委托物流费</td><td></td><td></td><td></td><td></td><td></td><td></td><td></td><td></td><td></td></tr>
<tr><td colspan="3">本公司物流费用支出合计</td><td></td><td></td><td></td><td></td><td></td><td></td><td></td><td></td><td></td></tr>
<tr><td colspan="4">其他公司物流费用支出</td><td></td><td></td><td></td><td></td><td></td><td></td><td></td><td></td><td></td></tr>
<tr><td colspan="4">企业物流费用总计</td><td></td><td></td><td></td><td></td><td></td><td></td><td></td><td></td><td></td></tr>
</table>

注：公司内物流费用合计=材料费+劳务费+维持费+一般经费+特别经费，本公司物流费用合计=公司内物流费用合计+委托物流费， 企业物流费总计=本公司物流费合计+其他公司物流费支出

资料：宫下正房，物流的知识 日本经济新闻社，1996，p.49.

(图 3-2) 对物流费用的确切把握

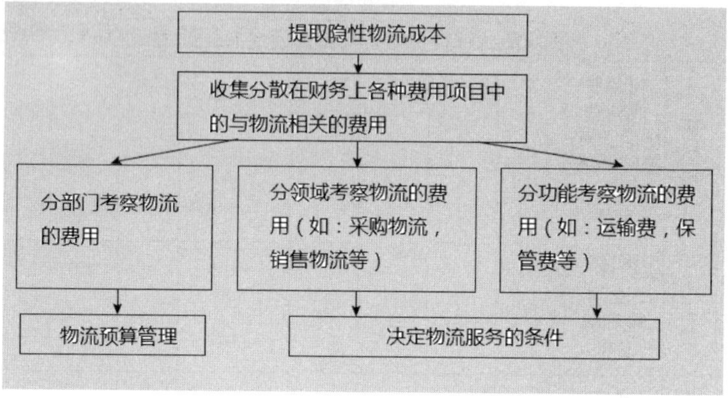

2. 物流成本核算

确切掌握物流费用的实际状况是物流费用管理的基础。为了掌握物流费用的流向，计算物流成本(logistics cost)是必需的。物流成本的核算方式主要有两种，管理会计方式和财务会计方式的物流成本核算。

管理会计方式的物流成本核算，是以提供有助于控制与有效的物流管理相关的活动所涉及的人力、资金、设备等计划的会计信息为目的，其基础是按照功能和适用对象进行业务评价或计划。管理会计方式的物流成本核算从物流活动管理及制定决策时所需的会计信息入手，根据物流管理目标的不同按功能分类核算物流成本，然后将不同功能活动的物流费用合计起来得出总物流费用。在这里，按照功能和适用对象分别支出的费用被称作物流费用。

管理会计方式的物流成本核算其优点是对各个功能活动支出的物流成本进行合计，可以掌握各个功能业务的支出，预算比较明确。因此，可以进行有效的管理控制，更明确地掌握物流活动改善项目及方法。

管理会计方式的物流成本核算其缺点是：要想将各个功能的物流费用

流向详细明确记录下来是很困难的，这需要较多的业务流程。

财务会计方式的物流成本核算，是明确地把握企业活动的损益和财务状况，提取出其中物流活动所消耗的费用，定期把握物流费用。财务会计方式的物流成本核算是将各种形态的支出费用项目中物流活动的费用按照每个费用项目的分配标准进行核计。总计各个支出费用项目中的物流部分，就可以算出这个财务核算期内的物流成本总额。

现在众多企业采用财务会计方式进行物流成本核算，它的优点是可以掌握各种支出费用项目下的物流费用。它无需制作物流成本核算的新程序，便可直接掌握所需的物流成本支出。财务会计方式不用另外制定物流成本核算制度，因此适用于处在物流管理初级阶段的企业或尚未具备物流成本核算系统的企业。但是它的缺点也正在于此，它无法像管理会计方式掌握物流成本那样分功能进行详细记录，因此很难树立具体业务评价体系及改善目标。

无论哪种物流成本核算方式，操作起来大概可分以下几个步骤。第一阶段，依据企业物流费管理目标明确物流成本核算目标。就是说明确为什么要进行物流成本核算，怎样活用物流成本核算中得到的信息，以此明确物流成本核算的需求。

第二阶段中，为进行物流成本核算，对物流活动中产生的基本费用成本按照成本核算对象的不同进行识别。在这一阶段，以会计核算资料为基础，从与物流活动相关的各种费用发生形态或支付形态入手，需要搜集物流部门业务量的相关资料，物流人员在各种物流功能活动中在各种产品上的作业时间，及各种产品、各个地区的运输距离，根据地域的不同仓库的各种产品进出库的次数，装卸作业人员数及其它会计部门的支援等各种相关资料。

核算出各种形态的物流成本后，在第三阶段中要选定物流费用的分配标准和方法，用以核算不同成本计算对象的物流费用。为了分领域、分功能、分产品、分地区的核算不同成本，计算对象的物流成本，首先要区分物流成本是直接费用还是间接费用。直接物流成本可以直接按成本计算对象进行定额计算；间接物流成本依据适合的配付标准和配付方式，按成本核算的对象进行定额配付。

第四阶段中，在第二阶段中计算出的不同发生形态的物流费用中，直接物流成本可直接做为成本计算对象，间接物流成本则根据制定好的配付方法和配付标准定额配付，然后进行汇总核算。

为把如上所示的物流成本核算体系化，并使之适用于整个企业，最好的方法是采用与企业物流活动特性相适合的物流成本核算标准，并使这种物流费用的核算标准制度化。[5)]

3. 物流成本的二律背反

在物流活动中有时会考虑到总物流费，这种情况下不得不考虑二律背反的关系。所谓二律背反(Trade - off)一般指像物价上涨和失业率的关系一样，追求一方，就得牺牲另一方的二难推理。某一部门的费用降低，就需要其他部门的费用相应增高，彼此之间存在着效果相抵的作用，因此要依据单方的选择，衡量综合的最佳化。按照二律背反的思考方式，我们谋求的是物流活动相互间的合理化，就是说在互相连接互相影响的物流活动之间，企业活动和外部影响因素之间，谋求总物流费用的节省。

物流活动中存在以下的二律背反现象。[6)]

① 物流服务和物流费用间的二律背反

---

5) 物流杂志，1997年7月号，pp.81~83.

6) 山上徹，交通----------成山堂，1989，pp.89~93.

② 构成物流服务的各种功能(运输、储存、装卸、包装、流通加工、信息)间的二律背反

③ 构成物流费用的各种费用间的二律背反

④ 各种功能和各种费用间的二律背反

图3 - 3把二律背反(Trade - off)的模型进行了简单化处理。对于物流管理者来说，总费用的管理主要以减少作业费、使系统简易化、减少库存费、改良包装、寻求最佳处理方式作为其中心任务。作为物流管理者，增加某种供给活动的费用，就必须相应的减少其他活动的费用，使之相抵消。

(图 3-3) 运输费、仓储费和发货处理费用的二律背反

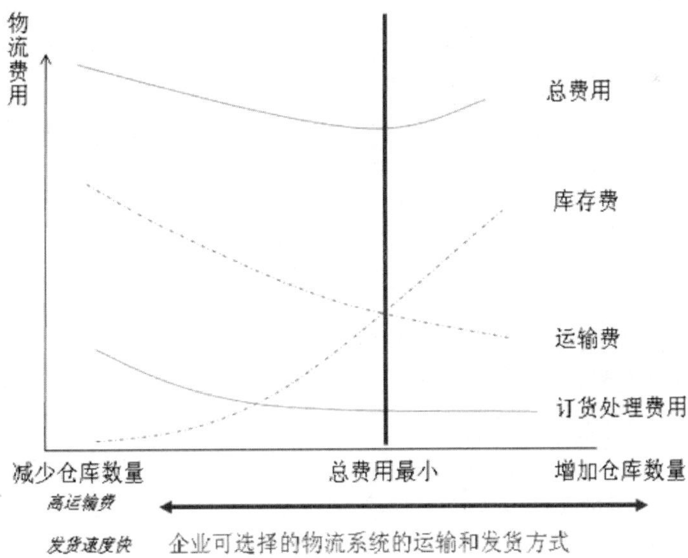

※ 资料：Larry J. Rosenbery, Marketing, Englewood Cliff, N.T. Prentice Hall, 1977, p.25.

图3 - 3右侧显示库存费高，运输费用低廉的情况，这时订货处理会延迟，左侧显示相对低廉的库存费、高运输费，订货处理费用较高但是处理迅速。总费用最少的系统是处于中间，由适当的仓库数量和适当费用的运输服务相结合而构成的。就是说储存、库存的分散化使得总运输费降低；反之则会引起储存、库存费的增多。

4. 最佳订货量和库存

企业订货及货物在仓库的存放会产生订货费和储存费。订货费和储存费两方面整体的最小化决定了最佳订货量，二者之间存在着如下矛盾：

① 订货次数增多会引起订货费用的上涨，因此要力求大批量的订货；

② 提高库存的平均水平会引起库存维持费用的增多，从这个角度考虑时小批量的订货更经济。

因此，我们力求库存维持费和订货费用两者之合达到最小化的订货量，这种订货量又叫做“经济订货批量(EOQ: Economic Order Quantity)”，经济订货批量又叫做经济批量模型(ELS: Economic Lot Size)。[7]

要计算经济订货批量，首先有必要知道“库存维持费用”和“订货费用”。

---

7) 在此设定以下假设：

(1) 需求率已知,为常量

(2) 一次订货量无最大最小限制

(3) 采购,运输均无价格折扣

(4) 订货提前期已知,为常量

(5) 订货费与订货批量无关

(6) 维持库存费是库存量的线性函数

(7) 补充率为无限大,全部订货一次交付

(8) 不允许缺货

(9) 采用固定量系统

通过下面的方程式能计算出全年库存维持费用。

库存维持费用 = 年平均库存量 × 单价 × 全年库存维持比率

其中，年平均库存量 = 订货量 × $\frac{1}{2}$，

因此公式可以变成

库存维持费用 = 订货量 × 单价 × $\frac{\text{全年库存维持比率}}{2}$（公式①）。

下面看订货费用，通过下面的方程式能计算出订货费用。

订货费用=每次的订货费用 × 全年订货次数

其中，全年订货次数 = $\frac{\text{全年使用量}}{\text{订货量}}$

因此公式可以变成

订货费用=每次的订货费用 = $\frac{\text{全年使用量}}{\text{订货量}}$（公式②）。

依据上面可以画出下图。

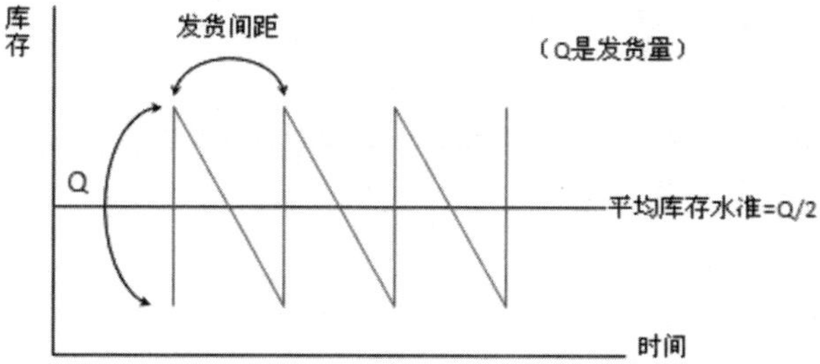

此时,年平均库存量=发货量x1/2

如上所述，所谓的经济性订货量(EOQ: Economic Order Quantity)是库存维持费和订货费用两者合达到最小时产生的订货量，即库存维持费=订货费[8)]，因此库存维持费的计算公式①和订货费的计算公式②相等。即：

$$\text{订货量}\times\text{单价}\times\frac{\text{全年库存维持比率}}{2}=\text{每次的订货费用}\times\frac{\text{全年使用量}}{\text{订货量}}$$

整理这个式子可以得到如下的公式从而计算出经济性订货量。

$$\text{经济性订货量}=\sqrt{\frac{2\times\text{全年使用量}\times\text{每次的订货费用}}{\text{全年库存维持比率}\times\text{单价}}}$$

在此，全年库存维持比率一般是20%~30%，其中利率占13%~20%，陈腐消耗占5%~8%，储存经费占1%~3%等。

---

8) 依据最佳经济批量模型所示的订货费用和库存储存费相关的公式，可以求出平均值。在这里假设全年平均库存量是全年销售额的$\frac{1}{2}$。

X: 订货数量
A: 订货费　　　　P: 全年平均库存量（X/2）
S: 全年销售额　　　　N: 全年订货次数（S/X）
i: 每个货品的全年库存维持费（=全年库存维持比率 × 单价） TC：总库存相关费用
这时 TC=AN+iP

$$=\frac{AS}{X}+\frac{iX}{2}$$

在这里把此公式用X微分，与零相等时，总费用最小，可以由此得到最佳订货量。

$$\frac{dAS}{dX}==\frac{AS}{-X^2}+\frac{i}{2}=0$$

$\frac{AS}{X^2}=\frac{i}{2}$（在这里两边都乘以X，则 $\frac{AS}{X}=\frac{iX}{2}$ 即，订货费用和库存维持费用相同）结果$X=\sqrt{\frac{2AS}{i}}$

(图 3-4) 经济订货批量

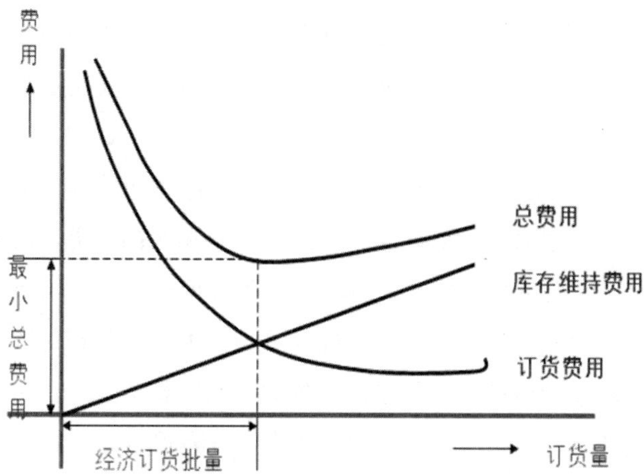

第五节 物流管理组织

1. 物流改善的方法

企业物流与企业内部诸多部门的业务有关联，因此物流改善不是通过单一的物流部门所能进行的。

所谓与物流有关的组织，是指负责物流活动的部门。当代物流，随着物流系统的高度发展，物流相关部门也逐渐增多。作为物流部门，首先要提到的是专业物流部门。专业物流部门的作用主要是促进物流活动顺利有效地进行。而物流的高效发展，需要借助信息系统的力量，物流系统(logistics system)的构建必须具有程序设计及系统应用等特殊能力的信息系统部门的协力。

营业是发货业务的先决条件。接受订单的方法、物流服务的设计、与顾客之间的交流、促销特卖活动的企划等都会对物流有影响，生产部门和采购部门的业务则直接影响到库存量，这些活动都会影响到物流作业的效率，例如库存量的增多会导致储存费用上升，生产部门即工厂的选址也大大影响到物流，因为如果结点远离消费地区，就要支出更多的运输费。

开发部门与物流也不是没有任何关系的。产品在包装容器及包装大小等方面的限制，也会影响到物流作业的生产率和保存效果。汽车、家电产品等制造业为削减物流费用，尽量使零配件标准化，尽可能的减少零配件的数量。另外，物流系统的构建及改善，也会涉及到财务部门，因为能否投资以及投资的金额都是由财务部门来判断决定的。总之，在物流高效化的改善过程中各个部门的相互协作极为重要。

2. 现代物流组织[9)]

最初的物流组织是以与生产和销售相对独立的形态存在的，但是现代物流组织则力求与生产一体化。

早期的物流组织是直线型管理组织，也是最简单的管理形式。它的特点是物流处于生产和营业的下方从属地位，企业各级管理者按照直线从上到下进行垂直领导，不另设置专业职能机构。

随着物流合理化的促进和发展，物流的地位也随之而改变了，物流渐渐的从生产和销售部门分离出来，成为一个独立的部门，这就形成了职能型管理组织。职能型组织将生产、营销、财务、物流等活动划分为企业的单个职能或部门，各职能部门的调整全部由最高经营层决策。

另一种形式就是事业部组织。事业部制是一种分权式的管理方式，每

---

9) 中田信哉，物流的知识，日本实业出版，1997，pp.56~61.

一个事业部一般都是自治的，由事业部经理对全面绩效负责，同时拥有充分的战略和运营决策的权利。其中，对物流活动的管理也被分配到各个事业部单独进行。[10)]

矩阵式物流组织结构是1972年由美国学者提出的一种物流组织管理形式，它的设计原理是将物流作为思考问题的一种角度和方法，而不是把它作为企业内的一个功能。在矩阵式结构下，物流"项目"经理在一定时间、成本、数量和质量约束下，负责整个物流项目的实施(水平方向)，传统部门(垂直方向)对物流项目起着支持作用。矩阵式物流结构具有三个优点：第一，物流部门作为一个责任中心，允许其基于目标进行管理，可以提高物流运作效率。第二，这种形式比较灵活，适合于任何企业的各种需求。第三，它允许物流经理对物流进行一体化的规划和设计，提高物流的整合效应。其缺点是：由于采取双轨制管理，责权关系受"纵横"两个方向上的控制，可能会导致某些冲突和不协调。

现代物流(logistics)就像前面的章节里所提到的，是顺应着市场的销售动向供给商品，避免缺货的业务管理，生产物流和采购物流是发挥商品供给职能的关键。从组织管理的角度来说，它们需要归拢到同一个体系中进行管理。就是说，它们不是按照各自的价值尺度运转的，而是按照一种综合性标准来进行管理，保证物流活动的正确性和高效率。这种标准强调的是"及时反映市场的动向"。因此我们考虑在物流部门建立生产、采购、物流、顾客服务等与商品供给有关的职能体系，物流部门的管理者对各个职能进行控制。

---

10) 张艳阳，企业物流组织变革探析，经济管理，2002年11期.

第四章 国际海上运输(Ⅰ)

第一节 海运的意义和功能

1. 海运的意义

海运就是在海上以船舶作为运输工具输送人或货物，并且获得运费收入的一种商业活动。海运作为商业活动而存在的前提是作为船舶的这种搬运手段只能限于商船，并且要与通过江、湖运输的河运和水运区分开来。当今的海运与陆地运输相连接，在朝着多式联运与综合物流的方向发展。

2. 海运的功能

1) 促进国际贸易的发展

当今世界所谋求的经济是分工与交换高度发达的流通经济。海上运输作为生产过程中的一部分，在行使生产性职能的同时促进了流通经济的发展。

分工的发展以市场的发达作为必要条件，而市场的发达又是以交通的发达为前提，特别是现代市场是以实现商品流的大量性、连续性以及远距离性为特征而发展的。因此站在国际分工的角度来说，作为国民经济相互间的交换现象而出现的国际贸易，是以海运的大量运输、连续运输以及远距离运输功能的极大发展而成长起来的。换句话说，海运担任着创造和扩大国际市场的角色，并且对国际贸易的发展有着深远的影响。

2) 为国民收入的增加做贡献

作为一种服务业，海运业所获得的运输费收入是国民收入的一部分，并且作为一种直接的资本和劳动投入可以为增加国民收入做出贡献，如果使用本国船舶运输，还可以节省外汇支出，达到节约外汇的目的。

3) 改善国际收支

海运不仅可以创造外汇收入，还可以通过增加进出口达到间接获取或节约外汇的效果，从而达到改善国际收支的目的。这是因为此时若使用本国船舶进行运输，不仅节约外汇，还可以通过船舶租赁获取租船费。

4) 培养相关产业

海运的发展与造船业、保险业等相关产业密切相关，因此发展海运在增加就业和增加国民收入等方面有着很大的影响。

5) 提高国防力

培养海运业提高造船水平，不仅对经济有好的影响，在危急时对国防力的提高也有很大的意义。战争时期将客轮或普通商船投入军队的后勤部门运输军需品从而提高后勤能力，特殊情况下还可以改造成特种船舶参战，达到提高战斗力的效果。

6) 增强国际竞争力

尽管海运是贸易的派生需求(derived demand)，但是贸易和海运却有着相同的发展方向。在国际贸易中为了提高国际竞争力而削减流通经费，而被削减流通经费的部分恰恰是通过国际贸易中占很大比例的海运来实现的。因此可以说，削减海运经费可以切实地提高海运和贸易在国际上的竞争力，进而提高海运的获利，最终达到提高海运生产效益的目的。

3. 货物和船舶的分类

将海运按承载货物和船舶种类来分可绘出如下分类图。

(图 4-1) 海运货物的分类

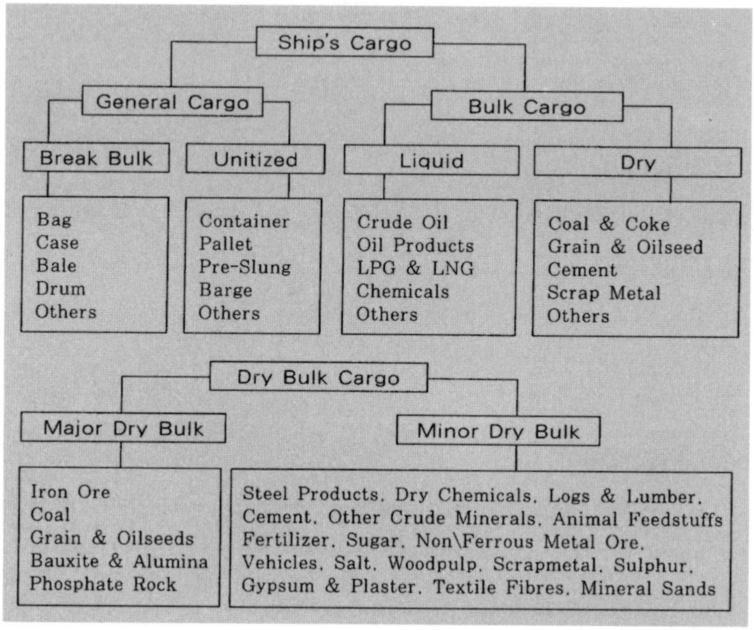

(图 4-2) 商船的分类

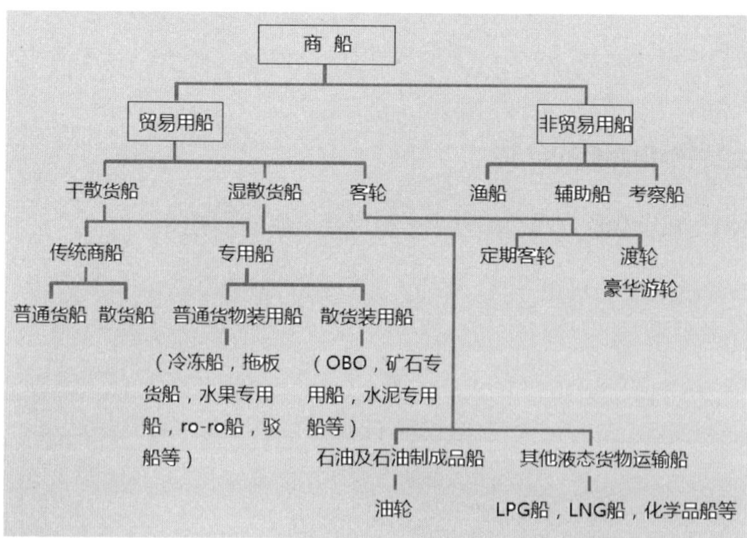

第二节 海运服务的特性

1. 服务在生产上的特性

海运服务的生产通过船舶和乘务员等有形要素的参与来实现。根据海运服务特有的无形性，大部分的货主在接受海运业提供的运输服务之前无法了解该海运公司的服务质量。也就是说，海运企业很难了解货主对其所提供的海运服务的质量到底是怎样评价的。

即使服务被生产出来，对海运服务这种无形物质也没有一个明确的尺度去衡量，所以利用被运输对象的数量、重量、容积、运输距离以及运输时间等综合的单位来计算。

另一方面，当服务按照人的标准(people based)和装备标准(eqiupment based)来区分的时候，海运服务按人的标准来看属性范围很低的同时，在装备标准下的属性范围却很高。

2. 服务在需求上的特性

因为海运服务不可以储藏，因此对于未进行装载的集装箱船内未使用空间或者尚未被租出处在停驶状态的不定期船的容积来说，无法得到补偿。未被使用的船舶和乘务员只是生产手段和潜在的劳动力，不能说它是海运服务。运输服务则是从它被生产出来那一刻开始行使供给职能，同时也是被消费的过程。从这点上来说，运输业可被称作即时产品。因此，按规定的日程进行航运的班轮之间的揽货竞争日益激烈，而按照货物单位进行航运的租赁船只的经济性也得到提升。

因为海运企业要首先满足产业活动在旺季所需的服务量，所以在淡季就不可避免地会发生机器闲置或者不完全开工的情况。海运产业中存在着像这样较高闲置比率的原因是因为需求在时间上的不均等差异或者场所上的不规则性而导致的。

3. 服务在行为上的特性

一般来说，服务在生产过程中有顾客的直接参与，在提供服务的期间内有物理性质的服务人员为顾客在指定的场所内提供服务。这种情况下，地理位置和便利的日程就成了很重要的因素。但是在海运中服务组织与顾客有着一定的距离，顾客无法看到服务设施(这里指的是的船舶)，执行服务的船公司的工作人员也无法与乘务员面对面。

当今，新的电子流通渠道通过EDI的作用省略了托运的中间部分，而与运输有关的文件也可以迅速地通过电脑完成，服务提供者即使不与顾客面对面也可以持续地为顾客提供服务。

4. 与货主之间的持续性交易

货主既有可能间断地，也有可能持续地购买海运服务产品。一般可以把海运服务看成是海运企业和货主在非正式关系层面上的持续性交易。在非正式服务中，海运企业并不十分了解谁是他们的顾客。而且，因为无法提供持续性的服务，也无法对服务价格做出一致的定价，这在使用不定期船运输的情况下表现的尤为明显。反过来，班轮因为通过班轮公会在一定程度上可以使自己拥有固定顾客，继而也可为顾客提供持续的服务。如果海运企业和货主之间是会员关系的话，海运企业就可以事先知道货主是谁，继而很容易地得到详细的市场信息。

5. 预定性和判断范围

海运作为一种特殊的服务行业，其服务过程没有货主的直接参与，设施的标准也不以货主的意志为转移，因此在海运过程中被提供的服务在形态上几乎没有什么变化。特别是规定了航线和日程的班轮航运，它的服务形态在某种程度上都是统一的。在这种情况下，海运企业的工作人员对个别货主的作用除了直接回答货主的质疑以外，对于改变所提供的海运服务的特性来说几乎不起作用，他们对海运服务的改善影响很小；相反，并不直接参与向顾客转达信息任务的管理层却对服务的提供有着斟酌决定权。然而不定期船则不同，它们以租船合同被散货货主垄断使用，其预定性比较强，因为货主(租船者)总是租用最适合自己的船只。此时，海运企业从事实务的工作人员就要对服务的特性以及如何针对个别货主提供服务来进行判断，这时工作人员就成为海运服务生产的一部分，并且决定如何为顾客提供海运服务。[1)]

6. 海运服务的产业特性

海运服务的需求特性可以分为：根据需求形态上的多样性产生的个别需求(individual demand)；具体出现的个别需求集合而成的集合需求(collective demand)；从根本需求中派生的派生需求(derived demand)；还有结合港口、公路、铁路等运输设施而成的结合需求(combined demand)等。

海运服务的供给特性可以分为：生产的同时也在消费的即时产品(instantaneous goods)：若在回航时没有货物就成为了空仓；出航和返航共存的结合生产(joint Production)；同时满足多个个别需求的复合生产(multiple production)，此外海运的价格比其他任何一种运输方式都要低廉。

---

1) 金永模《关于海运营销中服务质量认知的研究》，韩国海洋大学经营学博士论文，1995，p.34.

第三节 海运生产率

1. 海运产品及其质量的认知

首先我们也许会问：叫做海运的经济活动就一定是生产吗？如果叫做生产，那么海运的产品又是什么呢？

根据高田保马博士和 O.Ely的见解，使用船舶运送人和物的海运活动与物质的生产活动有着显著的区别。佐波宣平教授也只是说这是运输劳务的供给，并没有提及到这是运输劳务的生产。但是从谋求效益的增加这一点上出发，A. Marshall 认为既然运输是价值的物质性效益，那么也就是生产或生产行为。

O.Ely的见解
创造形态的效益(form utilities)…………………………制造业
创造时间的效益(time utilities)…………………………商业
创造场所的效益(place utilities)………………………运输业

像这样讨论海运到底是否属于生产的说法有很多。如果不把生产局限于价值的物质性效益（物质的形态变化），那么为满足人的欲望而克服空间限制所发生的活动，也就是站在价值转换的形成也属于生产的角度上来看，海运无可厚非的被定义为属于生产或者生产行为。[2)]

海运的产品是海上运输服务。但是仅仅凭海运服务本身并不能测定海运的生产率，要把海运服务量化为物质或者价值。价值生产率的测量可以用运费总收入来计算;而把运量作为产量来测量物质生产率时，还

2）佐波宣平,《交通概论》，1962（李显钟译，交通经济学，檀国大学出版社，1981.19-20.）

要考虑用到运输距离的吨·英里单位，这样测量出来的生产率才会更准确。

货物运输需要多少舱位不能仅仅根据吞吐量来决定。即使海上贸易量很大，但是如果是在运输距离较短的情况下，一定期间内因船舶的航海次数(周转率)增加，船舶的数量也不用太多。相反，如果是在海上贸易总量少而运输距离长，一定期间内因船舶的航海次数(周转率)较少，船舶的数量也要随之增加。

因此，当在讨论海运的生产率的时候，仅仅把运量(ton)作为产量来谈是不够全面的，还应该采用考虑运输距离的吨·英里单位，这样才能将海运活动反映得更加准确。另外，统计上吨·英里实际上只计算运输货物的航海里程，这样依然存在着在不定期船、散货船、油轮等的航行中不可避免地会将上述船只空船行驶的里程忽略不计的问题。[3)]

主船上的作业、集装箱堆放作业、保管(warehousing)和分类(storing)等都是港口的功能，这些港口活动与单纯的物质生产活动比虽有区别，但是从价值的转化效益来看，依然可以被看作是生产或生产行为。

2. 海运生产率的测定

一般来说，生产过程是通过技术方面的支持将诸多生产要素组合变形而获得产品的活动，在这个过程中投入的各种生产要素对完成产品的贡献程度叫做这些要素的生产率。如果把劳动的投入看做L，资本看做K，根据这两者的投入可获得的产量为Q，那么投入产出关系就可以用生产函数Q=f(L,K)或是Q=M(aL+bK)来表示。这里Q表示产量(output)，L、K

3) 国领英雄,《输送力からみた海运の生产性》,《海运经济研究》, 日本海运经济学会, 1982，8.

代表生产过程中的投入量，a、b代表在整体投入量中L和K各自占的比重，M代表生产率(productivity)。

我们可以根据上面的公式算出投入的生产要素的生产率，即劳动生产率或资本生产率。但是为了生产产品或者服务，只有劳动和资本是不够的，还需要其他很多要素。这里就有了总要素生产率(total factor productivity)的概念，但是测定这个的方法不是很容易，实际在测定生产率时，只局限于一个或者几个生产要素对比部分产量而得出的部分生产率。

同样海运生产率(shipping productivity)也可以算出其部分生产率。海运中货船的产量按吨·英里的单位，客船的产量按人·英里(passenger·mile)的单位来计算，投入品则按照舱位数量(或者运输能力)或者投入费用为单位来计算。因此，海运生产率按每个单位船舱或每个单位投入的费用来计算，单位用吨·英里来表示。

第四节 海运费用和船东经济

1. 海运费用模型

构成海上运输费用成本的项目大致可分为：①与保有或支配船舶相关的资本金费(capital costs)，②在特定的航线上为了配船所使用的航行准备金(running costs)，③在特定的航线上配船航行所发生的航程成本(voyage costs)，④经营海运业所必需的一般管理费(administration charges)。

海运费用模型有Johnson & Garnett模型、Svendson模型、Oi模型、Marcus模型以及Foss模型等。本章我们将使用Johnson & Garnett模型来说明集装箱船的海运费用。

套用Johnson & Garnett模型，可以把海运成本的构成要素大致分成如下几个类别：①事务管理费、船员费、利息、折旧费、修理费、保险费：根据船舶的大小会有所增减，但不会发生比例的变化，②可以反映船舶在港时间[4]的港口经费(port cost)，③反映船舶的大小、速度、航行时间的燃料费，④根据货物量、货主的位置和陆地运输形态(mode)的不同产生的内陆运输费。

用于此模型的基本构成要素和假设如下：

R:船舶大小

θ:船舶停靠所需时间

V:航海速度(节)

d:从港口到顾客的平均距离

J:航海距离

r:港口当局对船舶在港时间所征收的费率

c:每艘船承载的货物量(吨)

μ:货物卸载所需时间

α:每英里陆地运输所需的平均费用

π:燃料价格

z:全年船舶未营业日数(laid - up time)

设w、x、y、α、β、ε、γ、δ为常数

t:航行时间($=\frac{J}{24V}$)

4) 船舶的在港内时间分为船舶的停靠时间卸货时间两种。前者按照的大小来计算，后者则按照货物计，二者均与港口的生产率成逆函数。

n：每年航行差异数 = (365-Z)/ $\{\frac{J}{24V}+(\frac{R}{\Theta}+\frac{C}{\mu})\}$

使用这些基本构成要素和假设来计算本模型中的海运成本，会得到如下的费用项目。①船员费和事务管理费为 αR^w 和 βR^x 时，折旧费、修理费、保险费等可以用 εR^y 来表示。假设 x=y=w= $\frac{1}{2}$ 时将其带入算出本费用的和是(α+β+ε)√ R，② 港口经费用向港口当局支付的费率和在港时间相乘之值rn(R/θ+c/μ)，③燃料费是nπ(δRV3 t)，④内陆运输费为ncad将①、②、③、④各项合起来计算可得出全年总运输费TSC(Total Shipping Cost)。

$$TSC = (\alpha+\beta+\varepsilon)\sqrt{R} + \gamma n(R/\theta + c/\mu) + n\pi(\delta RV^3 t) + nCad$$

2. 港口和船东经济

1) 港口的地位

作为与物品流通(physical distribution)有关的理论，华盛顿大学的Stanley H.Brewer提倡把Rho/chromatics作为物品流通的管理科学。他在论文中提到，为了进行生产，首先要考虑“物品流通的循环”。与物品流通相关的费用在过去的10到15年时间里，比大多数的材料生产费都要增加了很多。为了削减与物品流通相关的费用，有必要将物品流通的周期—也就是时间进行缩短。

流通费的削减以获取市场份额为参数,为了顺利地可持续生产，特意在运输方面进行的革新就是海陆联式运输。海陆联运借助发达的集装箱船、船舶的大型化、专用化、兼用化、高速化以及自动化等特点取得更大的发展。海陆联运可以说是一大革新，它按照普通产业资本(主要是重化学工业)提出的削减流通费的要求来减少海运资本。

上文提到集装箱运输的发展加快了海陆联运的发展，作为海陆联运合理性发展的必需条件，可以拿作为海陆联运的集散港的港口功能合理化来进行说明。

另外，从物品流通方面考察港口功能的话，港口就是以顺畅地连接海运和陆地运输两个不同的交通手段为目的，也就是作为海陆运输的结点(node point)而存在。这种生产是通过码头岸壁、码头前沿(apron)、仓库、装卸工具等设施和设备，以及与港口装卸劳动力的合作而完成的。而且从上述均是由港口管理者或是港口运输业者来提供这样的生产要素的意义来说，港口是一种复合型的流通机构。

海运的发展不可能仅仅依靠海运产业的努力而实现，还要有港口的平衡发展作为前提。所谓平衡发展，就是港口为了满足海运和贸易的需求而进行的合理的现代化发展进程。而作为海运制约方的港口，反过来在这种发展的规模和内容上受到海运和贸易的制约。像这样，港口功能与海运活动直接相关，与经济的生产和流通间接相关，如果不能不断地对其进行改善就会带来损失。

2) 港口的生产率和船东经济

海运费约50%是船东无法控制的港口费用，当船东的努力只局限于不受港口影响的船舶经费时，港口就成了削减海运成本道路上最大的障碍。在这种船东经济体制下，港口经费的一半以上用在船内装卸上，而且考虑到这部分的费用中大部分又用于支付工资，因此谋求装卸构造的合理性和使用其他手段提高港口的生产率是非常重要的。

港口生产率与港口滞留时间或停泊时间成逆函数关系。比起按每吨的港口资产额来算的金额单位，港口生产率实际是使用港口设备来处理的单位货物量。作为港口设备的单位，一直是沿用装卸码头的长度(M)单位；随着集装箱的出现也不再使用原来的长度单位，而开始使用面积(KM)单位。这是由集装箱货物的装卸要使用很宽的堆场而决定的。

不过这并非最为准确的方式，因为很长一段时间以来，大家一直都不是很重视港口活动—也就是装卸能力。港口一年的装卸能力由一年内港口开工日数、装卸设备、船内人员等要素来决定，因此在集装箱运输盛行的今天，港口生产率可由集装箱的日处理量来计算。

港口生产率的提高对海运费用，包括降低或是遏制运费上升有着极为重要的作用。港口生产率还对船舶的盈利有着重大影响。例如当船舶在港口停靠时，因无法产生运费收入，年内在港口停靠的时间越长就越影响船舶盈利。传统的班轮因年内开动日数的几乎一半都用在港口停泊，所以它的获利的能力也低。而集装箱船不仅有着节约集散港费用的效果，而且有着装卸方式新颖，利于提高船舶的周转率，从而增加盈利的内沾。因为如果有着充分多的货物待装，那么年内航海日数就成了决定船舶获利的主要因素。

特别是在集装箱运输中，为了提高港口生产率，港口除了一定要完成的主船作业和集装箱堆放作业以外，还要把保管功能和分类功能从港口转移到不是很受空间限制的内陆地区。所谓内陆港(inland port)的内陆集装箱基地(inland container depot：ICD)的开发就是因此而来。

海运并不只靠船舶运输来完成。船舶承载货物并且到港后从船上卸下货物，这两个过程必须合二为一才可以说海运已经完成。这种说法还没有被广泛的接受，很多人还是按照传统的思维方式认为海运就是船舶运输，把港口认为是独立的个体。原始的海运业船舶是小型船甚至帆船，那时不要说低下的海运生产率，就连港口也几乎只是最原始的自然状态，因此那时的港口并不显得重要。不仅在理论上，在实际海运的发展中，也是将港口作为海运业之外的行业，或者作为一种海运的连带行业发展过来的。

尽管在现代海运中港口的重要程度越来越突出，但是对港口认识的传统思维模式仍然把港口作为海运以外的设施，并且这种思维模式根深蒂固，因此海运与港口经历了数次分道扬镳的轨迹发展而来。虽然把港口作为海运的条件或者看成海运的一部分只不过是理论或概念的问题，但是对海运生产率来说港口问题是很重要的。港口不应只局限于一个个体，而应与海运结合起来考虑，在制定相关政策时也是如此。而且港口与海运分离的经营方式存在着问题，在这种情况下的海运生产率想要得到提高很难。现在，发展符合于海运生产率的港口生产率已经成了一个很大的问题。[5)]

5) 朴燮，《有关海运生产率的问题》，〈韩国海运学会集 创刊号〉，1984，pp.132 - 15.

第五节 海运发展的测定和海运政策

1. 海运发展测定的必要性和标准

海运政策的制定毫无疑问地首先要掌握清楚本国的海运处在摇篮期、发展扩张期、构造变革期、萧条期、消退期中的哪一个阶段。判断这个的标准就是海运发展指标。当然，所谓海运的发展只是一个抽象的概念，这个指标没有具体的定论。

以韩国为例，韩国常常按国籍的概念考虑以舱位持有量以及韩国籍船的装载量作为其发展指标。但是参照国际海运的构造而制定的海运政策不可能就是万全的，因此要对大量的发展指标—也就是不仅是舱位持有量、运行的舱位量、出口货物和运费收入，也包括海运企业的收入、吨·英里单位以及海运产业的附加价值等赋予其各自的意义，综合观察这些因素之后才可以对海运的发展做出较为正确的测定，也可为将来制定较好的政策做铺垫。[6)]

1) 舱位持有量

海运中最平常的模式就是以所持舱位的增加作为测定标准的方法。本方法立足于过去的船舶政策，从国家所持有的船舶也就是潜在的军事实力，且为了维持并改善国际收支而创汇，以及外汇的节约等的基本能力的观点来考虑而得出的方法。但是只考虑船舶的持有量时不可单纯地将吨位相加，而是要在考虑船的质量，也就是船龄和船型的同时进行计算。

---

6) 岗庭博，海运发展理论，p.10.

2) 运行舱位量

无论是从国民经济还是私营经济的角度，方便旗船(在低税国注册的船只)都是最经济的。在韩国，取得国籍的光租船的出现，改变了运输能力的标准，不是“持有”而是“支配”的概念得到了强化。尤其除持有的舱位量之外根据租船合同运行的舱位量也要计算在内。

3) 出口货物和运费收入

从国民经济的角度来看需要考虑运输货物量，但是从海运业经营的角度来说，要把重点放在运费收入上。[7] 而且算出的运费收入对于测定营业规模是很有效的。

4) 吨 · 英里单位

在货物的运输中，仅仅看吞吐量是无法决定需要多少舱位的。即使海上贸易总量很多，但是如果是在运输距离短的情况下，一定时间内因船舶的航海(周转率)次数增加，船舶的数量也不用太多。相反如果是在海上贸易总量少而运输距离长的情况下，一定时间内因船舶的航海(周转率)次数较少，船舶的数量也要随之增加。

因此“海运(舱位)需求”主要就是由海上贸易量和运输距离来决定的。从这种意义上说，我们一般使用吨 · 英里的单位。

5) 营业收入

如果海运企业的营业收入为负数，那么不管海运业如何发展都算不上是真正的发展。所以作为发展标准，不可忽视未扣除折旧和利息的海运总收入。

---

7) 织田政夫，海运业，p.10.

6) 附加价值

这种方法在企业经营中经常被提及，通常计算附加价值的方法是从总生产值中间去原材料价格。但是在海运中这种方法却不是被使用的那么广泛。在海运业，单纯计算附加价值是很困难的。

岗庭博认为把海运的附加价值看成航运利润[8)]是不对的。不仅是航运利润，国内船东在国内造船厂造船的情况下，关于国内造船业的总附加价值中总建造费与内需船订货量的比率就是海运业的附加价值。

当然，海运的附加价值确实主要是由航运利润构成的，但是也要考虑到海运业与相关产业的波及效果，这样算出的数值才是正确的。

2. 海运发展测定上的问题

上文就海运发展的测定标准做了讨论，现在我们要开始研究何种标准能够更进一步反映海运发展的尺度。韩国从海运摇篮期进入发展扩张期时，海运产业构造方面存在着种种矛盾，也是我们无法回避的一个严重问题。

从战争时期或者非常时期因持有本国拥有的船只而确保运输顺畅的角度出发，增加本国船队的数量是可以接受的。但是这其实应该看做是一种舱位政策，而非海运政策。

从国际收支的角度来看，不仅要持有本国船只，还应包含国外租船。因此这样就可发现，只鼓励持有本国船只的思维已经过时。希腊船东的发展与希腊国籍毫无关联。即便是世界上有着最多的保护政策的美国，他的商船队也有一半以上是方便旗船。方便旗船只是一种形式，实际上这些船舶都属于美国海运业。

---

8) 岗庭博，前书，p.10.

如果只是执着的追求舱位持有量，持有的舱位量与运输需求相比过分地增多时，过多的舱位持有量反而会使海运业的收入降低。因此只凭舱位量的增加无法断定海运的发展。使用运行的吨数来测定海运规模应该说是更进一步的标准。

在海运数千年历史中唯一不变的就是为了提供海运服务就一定要有船舶。但是随着时代的发展，船舶的航运技术以及支配方法都发生了变化。船舶支配的方法可分为船舶的新建、通过购入二手船而持有(共同持有)以及租船三种。[9)]

与别的产业不同，海运业有二手船买卖市场这样的为租船活动提供的市场，并且有组织的发展着。像这样有组织的租船市场使对船只的支配(租船)变得更加容易。

自己持有舱位需要固定资本，而租船需要的是流动资本，它的流动周转率比前者的流动周转率更快。而且如果签约预付运费的运输合同，就可以用运费支付租船费用，这在理论上其实就是用无资本的方式进行海运经营。[10)]

但是这种方法存在一定的问题，在旺季租不到令人满意的船舶，特别是在定期租船的情况下有雇用不到优秀船员的短处。特别是在自己所拥有的舱位没有达到一定的水平的时候，就会过分地依赖租船，这就会动摇海运经营的基础，使海运无法安稳地发展。

这样思考的话，把实际输送的货物或者获取运费看成是海运发展的标准也是有一定意义的。舱位只是代表运输能力，而输送的货物量和获得的运费则是海运活动的实际业绩。但是它也是有缺点的。因为运输货物的种类或者运输距离不同，用单纯的运输量的和就无法把握实际情况，将运输量和运输距离一起考虑的吨 · 英里更为恰当。但只是考虑运输量

---

9) 地田和平，海运产业论，p.14.

10) 前书，p.16.

不能测定出最有效的海运活动，用运费这一经济概念来表示则更好一些，即使这样还是存在着问题，有待于我们进一步的研究。[11)]

运费收入也只是把吨数换算成金额，本质上和舱位标准没什么大的相悖。这样不得不考率运输效率，也就是利益的概念。使用大量的人力并以低廉的运费运送的话，运送货物量会增大，但是却存在运输效率的问题。也就是说，不考虑设备投资资本或者生产费用，只是极力追逐生产量增加的方式是行不通的。

当然只把利润当做发展的标准是不恰当的。根据卡特尔垄断的理论，定较高的运费和确保高百分比的利润并不能被看成发展的标准。

因此，出现了考虑所谓附加价值的思维模式。而这种方式的问题在于在经济变动剧烈的海运行业中，作为附加价值核心的航运利益会随着运费的变动而变动。如果可以调整这一点，附加价值的发展测定方法可以说是最适当的。[12)]

第六节 海运政策的种类

1. 海运政策的概念

所谓的海运政策是超越经济政策和社会政策的概念，在国家政策的范畴，为使海运业的产业成果达到最高水平而制定推行的政策体系。[13)]

---

11) 比如3个国家之相互通，所获得的运费就是货价实的外汇。但是如果因低运费造成赤字航运，那么就不能对国民经济做出贡献。再举一比较极端的例子，租用外国船的公司在个国家之间进行赤字运航，那无论对国民经济还是企业经来都绝对不是盈利的表现。因此不能把运费当发展的指标。

12) 岗庭博，见前书，pp.107 - 110.

13) 继田正夫，海运政策论，p.15.

(图 4-3) 海运政策体制

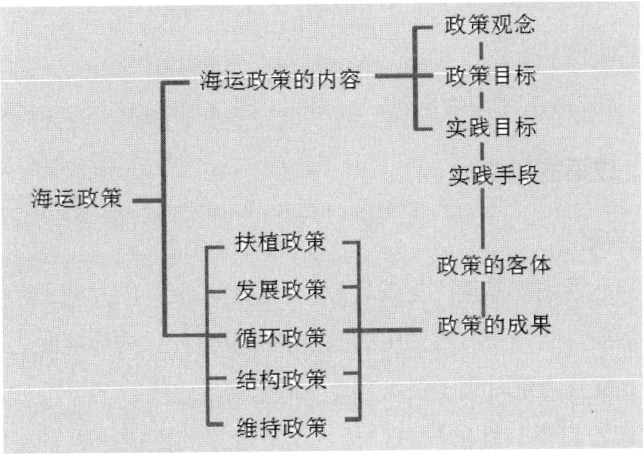

如果海运业的实际状况与国民经济对本产业的期待差距变大，就会形成一种政策观念来克服这个差距。当这种矛盾扩大到国家无法容忍的程度，这种政策观念就会升华成具体的政策目标，引入政策作为抑制这种矛盾的手段。[14)]

在这种情况下，首先应当从上述的海运发展的标准着手，把握本国海运业发展到哪个阶段。

在这种背景下推行一国的海运政策，为使本国海运业在国际市场上维持竞争力和发展，把整顿内外环境立为主要的实践目标。海运政策体制可以用图表4 - 3表现出来。

在海运政策体制中，商船队的形成、扩充或者维持，海运业的经济安全、国际经济力的强化和维持在海运政策体系中是实践目标，而不是政策目标。

14) 继田正夫，方便旗船世界海运市场.11.

根据H. Heckhoff的理论，[15] 政策目标可以分为国民就业、促进贸易，收取运费、国防军事的需要、心理契机等五个方面，但这也根据国家和时代的变化而变化。[16]

2. 海运政策的种类

1) 扶植政策

它是在海运业的摇篮期产生的政策，将来有发展性的并处于产业初期阶段的海运业，它源于海运强国的竞争和面临多样化的环境变化，直到在拥有自立发展力量时为止引入有力的国家支援政策。

这个政策没有港口性的约束，接到扶持政策的支援，积累发展能力后，实现自立发展，与处于衰退期的海运政策有着根本性的不同。[17]

2) 发展政策

海运业在发展扩张期中引入的政策，应该是在海运业扩大发展的过程中，排除阻止发展的各种障碍性矛盾因素，维持持续的扩大发展的政策。[18] 单凭经济主体的努力克服不了财政的困难，调拨资金的不足和固有观念中持有本国商船的封闭式船舶登记制度，以及船旗差别化规定等，这些因素都会使发展不得已停滞下来。这些矛盾持续存在着，因此政策主体要寻求有效政策来维持和促进海运的发展。

由此引入的海运政策常常带有对内的环境整顿性质，暂定而迟缓的调整措施是很常见的。例如，韩国撤销国旗差别化的例子可以诠释海运开

---

15) Heckhoff, Die Schiffahrt in der Aussenwirtschaftspolitik, K In, 1938 ss.19 - 2.
16) 佐波宣平，海运理论体系，有裴阁，1949，p.20.
17) 继田正夫，海运政策论，p.19.
18) 见前书，p.19.

放政策。

3) 循环政策

在海运萧条期引入的政策。它是在资本主义社会下不可避免的市场的经济变动或者称为经济循环的有周期性的波动现象，为了克服在与某国海运业的关系中产生的国家性矛盾而制定的政策。所以这种政策的基本特征是它只是一种短期的使命。

4) 结构政策

在结构变革期中引入的政策，始发于海运业中被称为市场结构的变化和市场的扩大变化的外部压力，以及国际竞争力衰退的内部压力中产生的海运现状的变化。

但是这里有一种矛盾关系。克服外部压力的结构政策带来舱位构成的变化或舱位扩充计划的变更，这只是一时的，以此为动因的政策只具有短期调整的使命。与此相比后者的内部压力所引发的矛盾就是恢复国际竞争力是个相当复杂的问题，它具有持续性的特征，克服这个问题的政策也需要长期的实践过程。

5) 维持政策

它是对处在停滞或者衰退期中海运业的政策。本政策根据港口的原因以及在可以预想的将来国际竞争力下降且没有发展可能性的海运实际情况而引发，也包括与此相关的与国家需求相背离等原因。作为这样的矛盾要素，引起政策性的实践必然会持久并具有强烈保护主义政策色彩。[19]

---

19) 见前书，pp.197 - 19.

综上所述，海运政策可定义为对本国海运业的培养、发展、安全、调整、改善和继续的政策。

3. 海运扶植政策的转换时期

作为政府干涉的一种形式带有保护主义色彩的扶持政策，它能为所扶植的产业带来怎样的利益是不言而喻的。比如说支付补贴可以使运费降低，在市场中它可以展开有利的竞争。另外差别化规定，限制贸易货物只能利用本国保有船舶运输，这使国内船东更容易揽货，有效利用舱位。这些扶植政策对产业的扶植和发展效果是一目了然的。

但是另一方面，保护主义政策引起效率低下产业的继续存在，不努力改善经营、垄断等不妙的现象出现。支付补贴的方式可以使效率低下的船东在市场中仍然继续存在，而且造成船舱过剩、竞争加剧和运费收入的减少。[20]

剥夺货主对船舶的自由选择权的船籍差别化规定，对于国内船位不足或者对于想使舱位增加的发展中国家来讲比较适合，[21] 对于海运业发达国家来讲不太适用。船籍差别化限制形成了排斥外国船东的封闭市场，由此缓和了国内船东的竞争环境，这使得经营主体的合理化、现代化的发展步伐迟缓。

这样看来，达到了一定的水平并且进入了发展扩张期的时候，国家有必要果断的从扶植政策转变为附加结构改革政策的发展政策。扶植政策在当海运业可以发挥其自主发展的潜力时，就竭尽了它的使命。但是，现实中判断海运的实际发展状态是否处于扶植政策应该被撤销的状态是很难的。

---

20) Sturmy S.G. Shipping Economics: Clooected paper, London, McMillan Press, 1975, 19.
21) R.O.Goss, Advances in Maritime Economics, Cambridge Univ. Press, 1977, p.3.

第七节 海运保护政策的手段

以上是从国家的角度来区分的海运政策的分类,而从国际贸易角度来看，海运政策分为海运保护政策与海运自由政策。一直以来大部分国家都在正式或非正式的实施海运保护政策，下面将详细介绍海运保护政策。

过去的海运保护政策是以对国内外船舶的差别对待为主要方向的，詹姆斯·克伦威尔航海条例(navigation law)[22]的颁布正是这种船旗差别对待(flag discrimination)达到巅峰的标志。1849年，在废止航海条例的同时海运保护政策的主旋律一度转移到补贴形式上，而在第一次世界大战结束后，一个国家的海运保护政策包含补贴与货物留存两种形式。二战后传统海运国家与发展中国家各以补贴与货物留存为其海运保护政策的主要内容，也就是说当时两种方式共存。当时签定的多国协定--《班轮公会行动守则公约》(Code of Conduct for Liner Conferences)现在仍发挥着效力。

全世界所有的港口都对各国籍的船舶开放，因此看似世界海运市场是在进行着纯粹的自由贸易，其实不然。为了保护并发展本国的海运业，大部分国家都实施补贴或货物留存政策，因此导致舱位量过多，这也成了今天海运业不景气的原因之一。也就是说，由于保护措施，原本立足于比较优势的海运的国际分工被歪曲了。

要制定正确的海运政策，首先必须了解货物留存与补贴等政策对本国经济的影响。在此目的下，我们用海运保护政策中被用得最广泛的货物

---

22) 若要了解详细，请参考以下文Adam Smith, An Inquiry into the Natuer and Causes of the Wealth of Nation. R.H. mpbell and A.S. Skinner Todd. Clarendon press, Oxford, 1976, pp.463 - 465 and pp.595 - 599，堀江保藏，海事经济史研究，海文堂，1967，p.21.

留存与海运补贴的部分均衡分析法，并套用马歇尔的剩余概念来研究，并试图定式的分析货物留存与海运补贴对海运需求的影响效果以及他们对外部的影响效果。因为政策措施与政策目的关系的解释对政策措施的选择及海运政策目标设定起至关重要的影响。

与海运自由原则[23)]相反的海运保护政策内容大可以分为三种：补贴、旗帜差别(flag discrimination)或优先承载制度，以及政府为确保本国船舶的参与而进行同盟介入。具体由以下实施手段构成。

i 补贴[24)]

① 对建造、购买、改善的直接补贴

② 航运费直接补贴

③ 间接补贴：低息或无息融资、免法人税收以及其他税制上的特别待遇(返还航运费、收税费、运河通行费等)

④ 邮寄费用补贴

⑤ 对运送政府物资货船的优惠

ii 旗帜差别或优先承载

① 在港内优先对待

② 货物留存

③ 外汇管理中的优惠

④ 沿岸贸易的限制

---

23) 若要了解详细，请参考以下文地田知平，海运产业论，千仓书房，1978，pp.16 - 1. 柴山刚分，海运自由的原则，日本海运的立场，海运第636号，p.1. 高梨正夫，海运自由的挑战，海洋的自由，海运产业研究所报185号，pp.9 - 1.

24) Hans Bohme,Restraints on Competition in World Shipping, Trade Policy Research Center, London, 1978, p.1.

iii 政府不顾运输要求或过剩舱位的存在，为确保本国船舶的参与运营而介入同盟。

其中海运补助政策的主要措施是补贴和货物留存，以下内容为这两种措施的详细介绍。

1. 海运补助

GATT和UN都对补贴下了定义[25]，其中UN对补贴下的定义为：补贴是国家政府为达到特定的经济目标而采取的①支付(payment)②减少费用 ③提供低于成本价或市场价的商品及服务的行为。附言说明为：如果无政府的支付或费用的减轻，在大部分情况下商品及服务可以以较高的价格供给于普通市场。[26] 据此定义，海运产业可以把所有类型的政府支持都归于海运补贴，其类型正是前面所提到的。

补贴是传统的对本国海运业的支援方式。它虽然在为提高本国的竞争力方面鼓励只用自国船等政策上看似是一种差别化的措施，但名目上是一种顺应市场的(market conform)政策。相对货物留存而言海运补贴的限制更少一些，因此偏向于对待世界海运秩序以市场经济为中心的国家基本采取海运补贴措施。偶尔也有一些国家为军事目的或补偿专为政府出航的船东采用补贴制度。

补贴的支付形态对其效果影响很大。例如干燥船舶费用补助的主要目的在于支援国内造船业，而不是海运。如果不分国籍，给所有在本国内

---

25) GATT第6条，补助金的定义是：可用国直接或者间接地增加商品出口或者减少商品进口，而且为了维持这个状况所支付的特形的所得或者价格补助。

26) United Nations, A System of National Accounts, New York,1982(参照李基东，补助金习惯与国际贸易，产业研究院，1987，pp.4 - 5.

干燥船舶的船东发放补贴将不会影响海运的国际分工。反之，要是只对本国船东补助，则会影响海运的国际分工。航运补助一般只针对本国船东，所以航运补助具有国内外船舶差别对待的效果，这使海运业更加脱离具有相对优势的国际分工。这同样适用于税制上的特别待遇、低息融资、会计处理等内容。但是要对海运补助对国际分工的歪曲影响进行评价还是有一定难度。因为有些国家采用的补助方式不仅非常复杂，而且相互对消的部分很多。[27)]

补贴对降低成本费用(提高供给能力)或增加收入有直接帮助。由于这种作用在海运市场的内部发生，因此可以把它称为直接效果。根据市场供给状态的不同，补贴等保护措施的直接效果也有所差异。保护措施的选择受其目的与市场供给状况的影响。

---

27) Hans Bohme, op,cit,. p.2.

2. 货物留存

过去，大多数国家的海运补贴都为货物留存所替代。比起来海运补贴，货物留存对海运的影响更加直接。货物留存通过对货物的流动产生影响，并通过海运服务的需求和船舶的可使用性或竞争力，对海运服务的供给产生影响。货物留存是政府为了让本国船舶运载本国贸易运输量的特定配额或全部而采取的政策措施。

货物留存是通过两国之间进行保留全部或部分的贸易交易量的协商而制定的。上世纪50年代以来，50:50的留存形式是最典型的划分比例。现在依然有效的《班轮公会行动守则公约》(Code of Conduct for Liner Conferences)可以说是货物留存的多国协定。货物留存适用于单向的出口货物，单向的进口货物或者所有货物。除几个国家以外，本国船舶的货物留存限度是特定货物的100%，沿岸海运也适用。[28)]

政府通过规定进出口商的装船条件来管理货物的流动。通常来说，装船条件的问题属于交易程序上的业务，经交易当事人的协商而定。但是个别国家为使交易的货物装载到本国船舶上，就强行实施一些譬如进口使用FOB条款、出口使用CIF条款等规定以达到货物留存的目的。

货物留存对海运的直接影响如下。[29)]

① 货物留存增加高成本的被保护船队的货物占有率

② 海运市场完全封闭，被分割为范围较小的"按船旗划分的细分市场"

---

28) 但本国海运业开放的话沿岸海运货物留存限度几乎达不到100%。这是根据本国海岸线长短来决定的。南美各国在LAFTA条约框架下于1966年9月30日签订了Convenio de Transporte por Agua de la Asociasi n Latinoamericana de Libre Comerico。该条约包含了南美各国的商船队可以垄交易商品的运输权。因此该条约可以看成是一种扩大了的沿岸贸。

29) Ibid，p.2.

(flag bound segment market)。

③ 尽管第三国的船舶具有相对优势，但是50：50比例的交易国间的货物留存排挤了非交易国船舶的市场介入。

④ 海运服务的提供者被费用高、效率低的提供者代替。

⑤ 班轮市场中细分市场的封闭阻碍货物的流动。由于货物留存导致的货物量减少，因此单位价格低的大型货船无法满足货主频繁的需求，进行频繁的正规航行。

⑥ 在不定期船方面很难实现高效率的船舶航运。两国贸易中的货物留存会增加空船航行(ballast shipping)的比率。空船航行的比率太高，会导致大规模船队的资源浪费。[30)]

⑦ 货物留存使整体的承载率被认为控制。

⑧ 货物留存使船东避免国际竞争的同时，剥夺了货主的船舶选用权，强制他们使用费用高、质量低的海运服务。

⑨ 总而言之，货物留存妨碍国际海运的发展，导致世界海运市场出现剩余舱位，会因背离海运市场竞争的均衡状态而产生损失。

---

30) 1787年美国模仿英国制定航海条例的时候，美国船刚以空船横跨大西洋抵达英国，英国船就满载上美制谷物、棉花、香烟前往英国，到了英国港口后反过来美国船满载上英国产品前往美国，同时英国船只以空船前往美国。高梨正夫，航海条例海运自由原则，海运1962年12月号，p.55.

第五章 国际海上运输(II)

第一节 散货船运输

国际贸易海上运输按照船舶的经营方式主要有班轮运输和散货船运输[1)]两种。但这两种运输方式在经营上存在许多不同之处。班轮运输是按照班轮公会制定的制度来运行的，而散货船运输则是依照船东和货主自由协商而签订的合同来运行的。因此可以说这两种运输方式在经营方面有本质的区别。

散货船运输经营都是依靠这种自由签订的合同，但实际运行中的商业习惯分为产业运输(Industrial Carriage)和遵循海运市场规则的运输。

1. 产业运输

石油、石油化工业、钢铁业、电力业等大规模制造业，一年之中连续不断地通过从国外大量进口原材料和燃料来进行生产，这些企业为了保

1) 本书将不定期船、专用船、兼用船及油槽船主要大宗干散（dry cargo）和液体货物运输船统称为散货船运输。将负责运输这些类货物运输的产业集合起来称为散货运输。

证生产的经济性和安全性，每年消费原材料和燃料总量中的绝大部分，是由本公司拥有的运输船队或是通过长期租船的形式，由企业亲自负责运输来完成的。如果这样仍不能满足生产需求，公司会将一部分运输任务委托给专门的船公司，与船公司签订包运合同(COA，contract of affreightment)或者定期租船合同。

我们将这样的运输方式称为产业运输(Industrial Carriage)，它是由特定货主与船舶经营人(operator)通过自由协商的方式签订大宗货物的运输合同而进行运输的形式。此类运输合同通常不会向外界公开，因此合同中包含的具体事项外界难以知道。一般来说，货主为了以最低的运送价格，从指定装船港到卸货港安全地有序地运输货物，通常会与船东签订几年的运输合同以保证运价。船东为了达成这样的协议，会选购最适当的船型，其初期的运费是由成本加上一定的利润，达到可以融资和分配的程度而已。

1960年前后，在第二次世界大战之后的复兴时期，为了满足钢铁公司、石油公司的大量运输需求，船公司开始大量建造供矿石和煤炭运输

的专用船和专门负责运输石油的VLCC(Very Large Crude Carrier)等超大型船舶。运营这些船舶的公司也获得了巨额利润。

但是经历了两次石油危机，海运市场变得日益萧条。海运经营人越来越多，船舶新造机会逐渐减少，船东之间的成本竞争日益激烈。因此经营利润大幅下降，船东们对产业运输的兴趣也减少了。尽管如此，这种运输方式具有薄利多销的特点，而且受市场变动的影响较小，在散货海运经营中仍然具有很大的魅力。

2. 市场上的合同运输

除产业运输外的国际海上散货运输都是海运市场上签订合同而进行的。在完全竞争条件下，当舱位供给方和运营船东通过协商方式达成一致，然后签订航海租船或者定期租船合同。租船经纪人在此过程中扮演着重要角色。散货船和油轮不仅仅影响着现货航运市场，而且影响着长期期货合同市场、二手船市场、新造船市场和拆船市场。不同的船型都有其相对应的交易市场，在航运市场中，全世界的船东和租船者通过自由竞争，在伦敦，东京，纽约三大市场24小时不间断地进行交易。无论是船舶的使用者还是供给者，在任何时间都可以自由地进出航运市场。已签订合同的运费和租船费是公开的，全世界海运市场的船舶供需状况，随时可以得知。海运市场运费的高低不会受任何一方控制，全世界的船东、货主以及船舶经纪人每日关注缔约合同的运费，并对运费未来一段时间内的走势进行预测。海运市场运费的高低，根据市场需求状况的不同，价格波动较大，当供给小于需求时，运费会在短时间内暴涨；当运费增至顶峰时，运费会在瞬间跌落至谷底。长期的船舶供给过剩可以导致整个海运市场疲滞不振，经营状况日趋艰难。航运市场非常萧条时，世界各地停靠的船舶急剧增加，还会出现持续五年甚至十年长期萧条的恶性循环周期。很早之前，便有人提出了“海运业是与市况密切相关的产业”这一说法。与此说法类似的学说也并不少见，从海运业历史发展过程来看，海运业是一种“高风险，高回报”的市况产业。着眼未来，海运业的这一特征也不会发生很大的变化。[2)]

(图 5-1) 散货船运输的运费构成

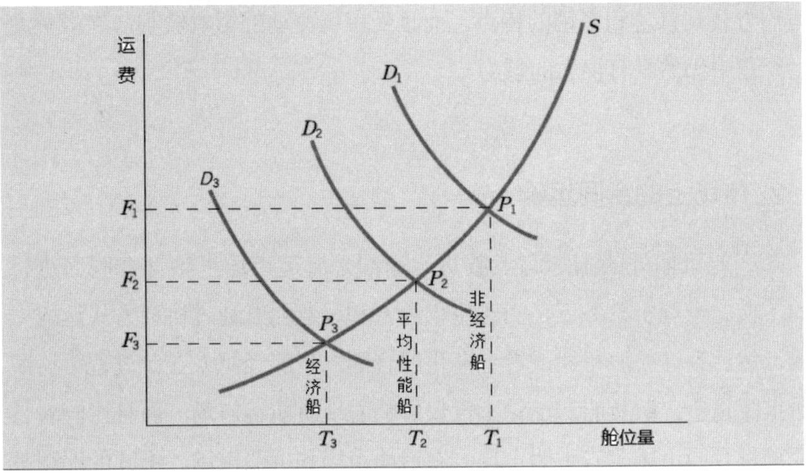

3. 封存和封存点

船舶的供需不均衡会导致海运业的萧条，通常在舱位供应过剩时，运价会持续下滑，竞争力弱的船舶将会逐渐被淘汰。换而言之，运行成本较高的船，在运行过程中会首先达到运价收益与运行成本持平的点，即收支平衡点(break even point)。(参照图：5 - 1)。

在这种情况下，封存船舶，虽然可以避免可变费用(燃油费、货物装卸费、航运费等)和部分船舶经费(船员工资、船用品费、润滑油费、维修费等)支出，但是船舶的折旧费和利息等固定费用支出是不可避免的。

2) 小川武, わが國バルワ海運經營と國際競爭へ, 「海運經濟研究」第30號, 1996, pp.33~38.

而且封存后船舶日常维护费用的支出也是必须承担的。

只要船舶继续运行所产生的收益损失比封存所产生的费用及封存费用小，那么即使超过收支平衡点产生亏损，对于船东来说也是利大于弊的。如果运价市况进一步恶化，船舶运行的收益损失会越来越严重，直至达到与封存费用相同的点，我们把运行损失和封存费用相同的这一点称为这艘船的临界点(lay up point)。每艘船舶的临界点是不同的。

在临界点以下的运费水平上继续运行，利润亏损超过封存的费用，作为船东，还是选择封存会相对有利。因此，除了特殊的原因外，船东一般会选择封存。在这种情况下不能解雇船员的企业封存节省成本的效果会大大减少，除非运费极低，才能停运，否则船东只能选择继续赤字营运。[3)]

4. 散货船运输的竞争力

1) 价格竞争力

与班轮运输不同，散货船运输的合同原则上只包括从装运港到目的港的运输，而且是整船装运，因此以船舶为单位的费用支出和运费收入，以及航次为单位的收支对比都比较容易计算。

运费及租船费，是由合同签订当时的市场价格来决定的，与本船的成本无关。作为一种无形的即时消费的海运服务产品，根据其生产要素当然要产生费用，将这些费用进行合算，可以得出船在一定时期运行的航运费和船费。

运费和租船费的收入是海运市场的价格。同样的船东、船型，停靠在相同位置的船舶在同一时间，根据一物一价的原则，运费应该是相同

3) 織田政夫, 海运产界, 教育社, 1996, pp.265~266.

的，这是由收支均衡点决定的市价。

船舶的收益，是从该船的收入中扣除支出费用而得出。由于海运市场的行情经常发生变化，而船舶的运行成本是固定不变的，那么收益大小就是由合同的运费收入来决定的。也就是说，运价一定时，在其他条件不变的情况下，运行成本越低的船舶，其收益越高，竞争力也越强。

这是散货海运行业的共同点。无论是自身拥有船舶，还是以租船的方式运行，都可通过这个简单的方法计算出一个企业全年的收入和支出。其中，哪些船的收益率提高了，提高了多少，哪些船遭受了损失，损失了多少，损失的原因，是由于运费和租船费的定价不理想，还是由于该船的运行成本过高等等，都可以迅速地得到答案。每艘船本身都可被看做单独的利润集合体，因此将每艘船的利润相加之后，便很容易得知该船公司的经营业绩。

一艘船的成本可有三部分组成，作为直接船费的最低租金费率[4)](Hire Base，H/B,包括船员费、维修费、船用品费、润滑油费、保险费及其他杂费等)，间接船费(折旧费、贷款利息)及运营管理费和运营融资费用。运费的构成项目除上述说到的最低租金费率以外，还包括租船合同租金计算标准(C/B，Charter Base)下的项目，即：航次运行费(燃油费、港口费、货物装卸费)等。

船上雇员全由本国公民构成而产生的船员费用与雇佣发展中国国家船员的方便旗船相比的船运雇佣成本差异很大，因此发达国家更倾向于实行海外方便旗的政策。船员雇佣成本在总成本中占比重大(例如吨位相对小的小型船)的船舶是没有竞争优势的。

各船舶的运营管理费根据该船在陆上从业人员的工资水平，也会产生很大的差别。

---

4) 最低租金费率是指船东出租船舶时应掌握的最低租金费率，即一艘期租船在一个月内第一载重吨的平均固定费用。

除此之外，在船舶的折旧费、所得税以及需缴纳的税金等方面还存在很大差异。例如，取得方便旗的船舶，除了享有船籍所属国和船舶所有国在税金方面给予的优惠之外，同时还享有在船舶折旧费上给予的政策优惠。

2) 非价格竞争力

与其它海运方式相同，散货船运输的价格优势并不是它竞争力的全部。作为散货船运输的非价格竞争优势主要包括以下几项。

(1) 船舶的技术性和经济性条件

这是指船的船型、种类、马力、燃料使用效率、货物的装卸设备及其它会影响经济效益的技术条件。船舶的船型、种类及装卸能力等在技术上是优秀的。特别是这些设备能够切实地提高航行速度和装卸效率，同时节省能源的消耗，达到经济船的要求。

(2) 航运状态和规模

1. 船舶的所有权构成是怎样的，即哪些是船公司拥有的本国船，哪些是方便旗船，哪些是外国租用船，以及船队的船型、船种，数量等。
2. 所有船舶中市场运行船舶与产业运输船舶(Industrial Carrier)数量的比例是怎样的。
3. 对海运市场行情走势的预测能力。
4. 根据海运市况的变化，对定期租船进行统筹安排的能力。

与上述几项相关的是船公司的经营战略。综合经营能力主要包括、对市场的预测能力、和判断能力，配船能力以及航运管理能力等。船舶的经营能力不是用每支船的运输成本构成计算出来的平均价格竞争力，而是运用现实中的全部可支配船队，活用市场信息，以管理为中心，实现以营业利润最大化为目的的战略战术。由此看来，由船队的船种、船型和数量所构成的船队规模，对收益产生很大的影响。经营散货海运的企业，运营能力都会有一定的界限，应该根据市况的变化来适当调整船队的规模。

(3) 航运服务的质量

货主总是力求物美价廉的航运服务。但是，近年来由于VLCC(Very Large Crude Carrier)等大型船舶的老化而引发的海上事故，环境污染和人员伤亡事故等接连发生，船东和货主提高了对于保护地球环境和船员安全问题的关注，国际管理标准也变得越来越严格。因此，即使运费低廉，未达到最低运输标准要求的次标准船(Sub - standard Vessel)，也会从市场中被淘汰。

(4) 融资能力，资产信用

海运业是一种资产密集型产业。船舶和船员构成海运服务业的两大生产要素，也是应折旧资产。每个企业的资产信用和设备投资计划是不同的，船舶的竞争力自然而然也会有一定的差异性。

(5) 管理者的经营能力

散货船的管理者是否能将经营战略、财务战略和技术战略及企业未来的发展愿景统合起来付诸于实施，是企业发展和提高自身竞争力的基础。[5)]

第二节 班轮运输

1. 班轮运输的意义

与不定期船的运输货物对象不同，班轮运送的货物单价较高，在CIF

5) 小川武, わが國バルワ海運經營と國際競爭力,海運經濟研究 第30號, 1996, pp.38~44.

条款中运费所占的比重较低，因此能够负担较高运费的大宗型货物适合选择班轮运输。运输货物主要是成品、半成品、食品及其他高价商品和邮政货物等。这类货物在运输过程中对于货物运输的安全性和时效性有较高的要求，且常常反复发生。为了确保货物能够安全、准时地运送至目的地，即使运价较高，货主们也仍然愿意选择这种能够按照预定的时间，在固定的航线上，以既定的港口顺序，经常地运用航线上各港口间的往返载货的班轮运输方式。

在国际贸易中，个别货主的货物量看起来虽然不是很大，但由于此类货物的需求量相对固定，对于市场变动性较大的海运市场来说，持续而稳定的货物运送需求量对于船东来说是难能可贵的。因此，船公司将少量的货物集合起来进行规则的可以反复的航海活动就成为了可能。船公司将事先制定的船期表和费率表公开，在特定航线上为非特定的众多货主提供规则的、反复的货物运输服务，这种营运方式被称为班轮运输，亦称定期船运输，采用班轮运输方式进行交易而形成的市场称为班轮市场。

班轮运输与散货运输不同，具有“四个固定”的基本特点，即航线固定、港口固定、船期固定和费率的相对固定。因此，由于班轮是按着其固定的航线运行，市场的构成具有一定的独立性。

船公司要有足够数量的班轮组成船队，以满足需要安全、迅速、反复的运输需求。要组成一支有竞争力的船队，不仅在船舶方面要进行巨额的投资，对陆地上的管理运营方面的投资也是必须的。班轮运输的投资额巨大，因此班轮市场上出现固定航线的垄断现象也显而易见。

2. 竞争形式[6)]

班轮市场的在舱位供给方面，自动调节能力较差。在自由竞争的条件下，班轮市场一旦遇到运输需求出现停滞的现象，就会造成供给过剩，这还会使参与竞争的企业面临致命的运价竞争，甚至陷入破产的危机。

由于班轮运输肩负的社会使命和行业特殊性的原因，调整船期或封存停运这种暂时性的应急方法仍然是无法避免有时候亏损运行这一状况的，个别的航运企业只能通过争揽货源来降低舱位利用率低下所带来的财政恶化，也就是说抢占其他船公司的市场份额，而最具有竞争力的手段便是降低运费。

当一家船公司要抢占其他船公司的市场份额时，自然会在同行业中受到排挤。这样的行为必然导致船公司之间发生不断地降低运费的竞争。定期船航线多半由少数的大型船公司所支配，这些船公司彼此之间的实力不相上下，因此这种激烈的竞争会导致两败俱伤，甚至造成大型的船公司同时面临破产的危险。

这样的竞争，对于任何一家船公司来讲都是弊大于利。因此，船东们为了排除争端，防止竞争进一步恶化，就会联合起来相互协助，组成卡特尔联盟以维护各船公司的自身利益。

班轮市场的很多班轮公会就是一种卡特尔式的垄断性联盟组织。1875年，英国至印度港口之间从事货运的英国七家公司成立的加尔各答班轮公会，创世界班轮公会之先。目前在国际主要航线上，几乎无不存在班轮公会这类航运垄断组织，至今大概有360个班轮公会活动于班轮市场。

这种国际卡特尔联盟超越了相关国家反垄断法的制约，通过协定航程次数和停靠港，排除跌价竞争，将同盟船公司之间的竞争将至最低，从

---

6) 織田政夫,海运产业, 教育社, 1996, pp.149~158.

而确立一个尽可能高而稳定的运费。

由结有班轮公会的国际航线所构成的班轮市场与没有这种组织的散货船运输市场的竞争形式完全不同。加盟的船公司，要遵守协定，不能通过降低运费展开非公平竞争，因此他们只有通过争揽货源这样的非价格竞争，就是所谓的数量竞争(销售竞争)的方式来确保收益。

3. 班轮公会的盟外线对策

虽然班轮公会通过制定运费协定可以抑制加盟的船公司之间的运费竞争，并且他们占有大部分的市场份额，但是仍然不断地受到未加入公会的船公司即所谓的盟外线的竞争威胁。因此，班轮公会为了确保航线的规范运行和维护加盟船公司的利益，排挤新的竞争势力是很重要的任务。

班轮公会同时担当着双重任务，一方面，要遏制盟内船公司之间的竞争；另一方面，加强各种盟外线对策的实施，加固进入市场的壁垒，防止盟外企业带来的竞争。遏制盟外线竞争的壁垒决定了公会对市场的支配力，这种支配力的大小对公会决定的运费水平产生影响。班轮公会通过制定双重运费率制度和延期回扣制度(Deferred Rebate System)等措施，积极对抗盟外线的竞争。

但是并不是所有的班轮公会都实施类似的销售方式来对抗盟外线竞争者的对策。强调公正和公平的竞争，尊重顾客选择，且严格遵守反垄断法的美国就是如此。美国直到现行的1984年海运法实施之前，以加入公会不设限为条件认可了相关航线实施的双重运费率制度。但是其它限制货主选择权的方式或对付外来竞争的措施都是被禁用的。因此，在与美国有关的航线上，无法采取有效的对抗盟外线竞争的措施，来自盟外线的竞争一直存在，海运市场也因此处于不稳定的状态。

20世纪70年末到80年代由于集装箱运输的发展和美国1984年海运法

的实施，班轮公会的市场支配力被显著地削弱了。其结果将定期航线上传统的经营秩序由协助式改编成了竞争式，形成了前所未有的不安定和低收入性的结构。同时集装箱运输的快速发展和1984年美国海运法的实施，极力推动了国际多式联运的迅速发展。

4. 班轮公会势力的削弱

20世纪60年代后期集装箱运输开始出现以后，班轮公会的作用开始变弱了。这是班轮公会发生本质性变化的表现，同时也为当今班轮市场出现的新的企业联盟形式制造了历史背景。

班轮公会势力的衰退主要是由集装箱这种新型技术的出现给班轮市场带来的变化，以及市场变化导致法规制度的革新所引起的。

1）技术的革新和美国1984年海运法

(1) 集装箱的使用，实现了服务标准化，具有投资实力的企业相对容易地参与集装箱运输活动。

(2) 公共集装箱中转站的基础设施的完善，大大提高了集装箱的使用率，减轻了公司的资本负担。

(3) 集装箱运输的发展，促进了多式联运的发展，使除海路以外的其它运输方式得以活用。

(4) 班轮公会的市场支配力对传统上的港到港(PTP，port to port)运输的影响也变得越来越小。

(5) 1984年美国海运法实施后，各别调价[7)](independent action, IA)

7) IA 各别调价（independent action）就是加盟船公司可以不遵循公会协定，以提前十天通告的方式独自设定运费或服务。

政策的实施，对北美航线班轮市场的班轮公会冲击很大，直接削弱了班轮公会的影响力。

2) 班轮公会职能导向的变化

20世纪80年代，国际物流市场出现了集装箱化，海运制度得以放宽，加之商务活动趋于全球化，其结果加速了产业组织结构调整。竞争模式有了重大改变，这可以用竞争的复杂化，确切地说应该是竞争的多重化来表达。在这里提到的多重化，是指货物在运输过程中，物流业主在各自的运输范围内参与竞争，同时从整体的运输服务供给中来看他们也参与竞争。货主、船公司、其它物流业主及货运代理等多个主体，站在各自的立场上参与市场支配分额的竞争。

(图 5-2) 班轮公会的衰退

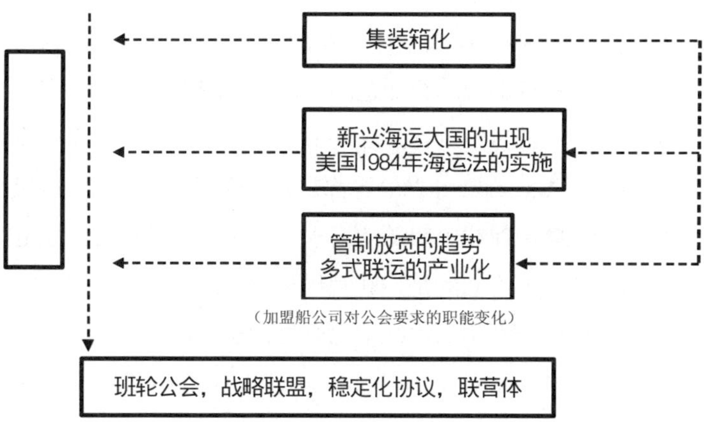

集装箱化大大促进了Door to Door形式的多式联运的发展。海运成为运输全过程中的一个部分，这样以来，班轮公会的作用自然而然会被削弱。班轮公会对加盟公司来说具备的优势越来越少，受到的限制反而越来越多，班轮公会给人的印象变成了各种管制的集合体。这些管制尽管是用于遏制竞争、保护船公司的利益，但是一旦竞争被激化，管制就变成了约束船公司采取应急措施的障碍。因此，公会不再是班轮经营的必需体系，而是成了视情况而定随意加盟或退出的可选择项。他们宁愿选择即使市场支配力低下，但约束力相对较弱的班轮公会。况且，对于逐步向综合物流产业发展的海运公司来说，其利害关系并不只限制于海上运输这一层面(图5 - 2将这一变化过程用公式表示出来)。

5. 航线稳定化协议

集装箱化出现的30年间，传统式班轮运输时代的班轮公会形态逐渐退出了世界海运市场的舞台，取而代之的是联营体(consortium)、战略联盟以及航线稳定化协议。新的合作形态是随着班轮公会的逐渐瓦解崩溃形成的一种代替之或使之完善的组织形式。

航线稳定化协议是指，在太平洋、亚洲、欧洲以及大西洋地区包含在内的主要航线上签订的海运企业之间的协议。越太平洋航线稳定性协议(Transpacific Stabilization Agreement,TSA)，越大西洋航线协议(Trans - Atlantic Agreement,TAA)等都是具有代表性的。这些协议是旨在调节船舶供给以顺应航线上船舶的需求，从而确保投资收益稳定性的联营组织。与班轮公会不同的是，联营体不设定统一的运价表。然而海运企业之间设立的限制竞争的组织中也有进行运价控制的，例如越太平洋西行运费率协定(Transpacific Westbound Rate Agreement，TWRA)和亚洲北美东行运费协定(Asia NorthAmerica Eastbound Rate Agreement，ANERA)等。通常把不包含运费控制的协议称为航线稳定化协议。航线稳定化协议的主要内容是动力冻结、调节舱位、交换协议运价以保持或提升运费水平等。其职能其实跟以往的班轮公会类似。

航线稳定化协议和班轮公会的显著差别在于航线稳定化协议是由班轮

公会和独立的承运人签订的限制竞争的协议，但盟外的承运人也可能加盟。

6. 超大联营体的诞生

海运联营体从航线规模到参与企业数、合作内容以及市场支配力等各方面都是多种多样的。有主要干线或区域形成的大规模联营体，也有支流线上形成的小规模组织；有班轮公会内部企业运营的，也有公会外部企业运营的。

海运联营体是随着20世纪60年代末期以英国为中心的欧洲各国班轮企业开始使用集装箱运输而形成的。60年代末期到70年代中叶，在先进工业国之间的主要航线上形成的联营体增加地最为显著。这是由于伴随着集装箱运输的发展，企业对设备投资的负担加大，共同配船成为了当时经营战略的重要举措。

联营体一般不包括运费上的协助行为，其主要特征是为运营合理化和提高服务质量进行协助活动。具体说来，协议的内容有调节船期、相互融通舱位、共同使用港口设施，收益联营，调节舱位等。没有运费协助方面的内容是跟班轮公会的不同之处，但性质上都是卡特尔式的垄断组织。欧盟委员会规定了对联营体活动不适用竞争法的条款，其目的是跟对待过去的班轮公会一样，在限制联营体职能的同时又保证了承运人的独立自主性。

联营体的重要性在于它是当今超大型船公司(Mega Carrier)经营方案中所谓的全球战略联盟(Global Alliance)的具体表现。全球联盟是对当今班轮公司之间形成的一种广域式合作伙伴的一般性表述。这种趋势不仅仅是在班轮公会内部，还在盟外企业之间开始了广范围联手。

全球战略联盟实施的基本目的主要体现在以下几个方面。第一，为了扩大运输的范围，提高运输的服务质量。拓展更多的航线，可以扩大企业服务的范围和航线的可选择性，同时减少在枢纽港的转运，增加直接起航航线。换而言之，全球联盟的职能在海运干线上主要通过联营体来发挥，剩余力量则用于局部航线独自的运输服务。

第二，减轻船公司的投资负担，降低投资风险。当船公司进入一条新的航线时，可与已经在经营此航线的船公司联合，活用现有的服务体系，从而减少投资负担和风险。作为提供合作的一方，设备的使用率也可以得到改善。当然，随着港口设备和集装箱共用的实现，各种港费和集装箱费用大大削减了。[8)]

20世纪90年代初期形成的北美·欧洲航线的集团体系在1995年至1996年之间，发生了很大的变化。1996年1月以后，北美航线的五个和欧洲航线六个新的联营体形成了(如图5 - 3所示)。这次整编形成了几个巨大的联营体，以往单独经营的多个船公司联合起来形成大型的联营体，从此世界班轮航线进入了主要由联营体主导的竞争时代。

8) 杉山武彦，定期般市场の環境變化と海運同盟の變質「海运经济研究」第30号，1996，pp.109~122.

(图 5-3.1) 欧洲－－北美航线的整编

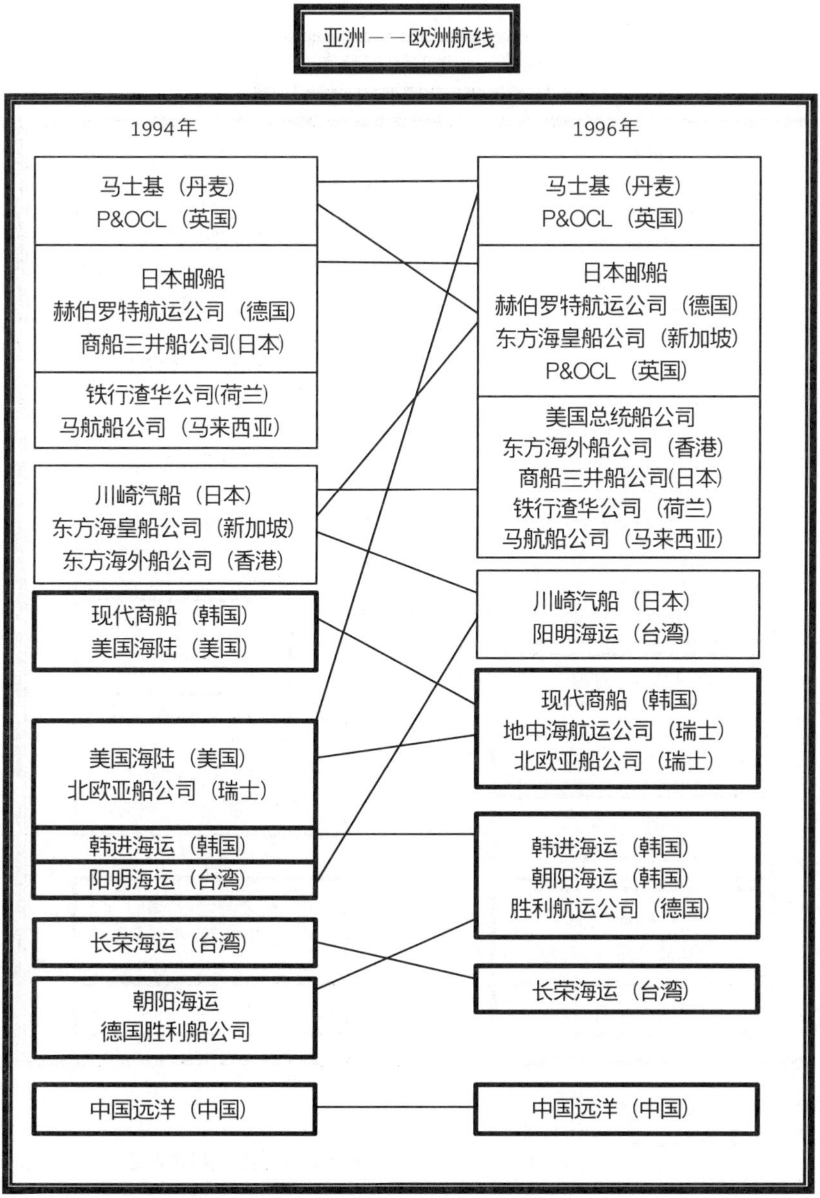

资料来源：日本运输省海上交通局调查.

注解：1. [粗框] 代表的是盟外线船公司

2. 环球航线分为航的北美航线(西岸和东岸有重复)和西航的欧洲航线

(图 5-3.2) 欧洲－－北美航线的整编

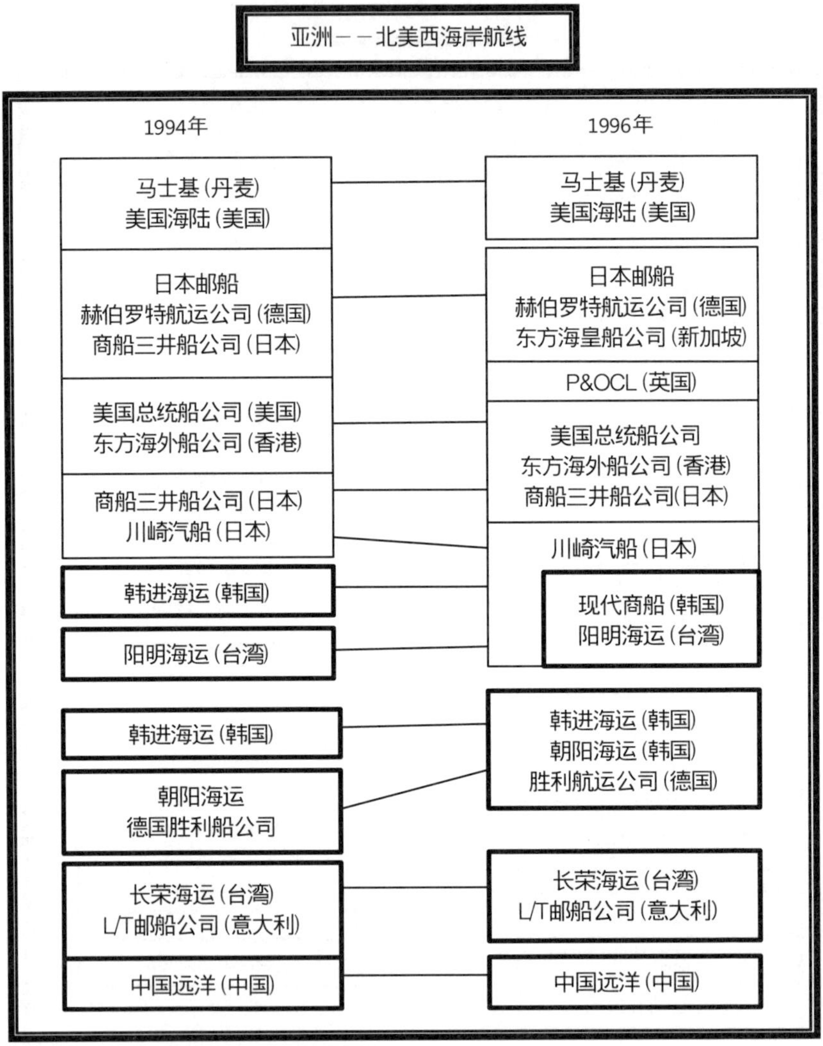

资料来源：日本运输省海上交通局调查.

注解：1. ▭ 代表的是盟外线船公司

2. 环球航线分为航的北美航线(西岸和东岸有重夏)和西航的欧洲航线

(图 5-3.3) 欧洲－－北美航线的整编

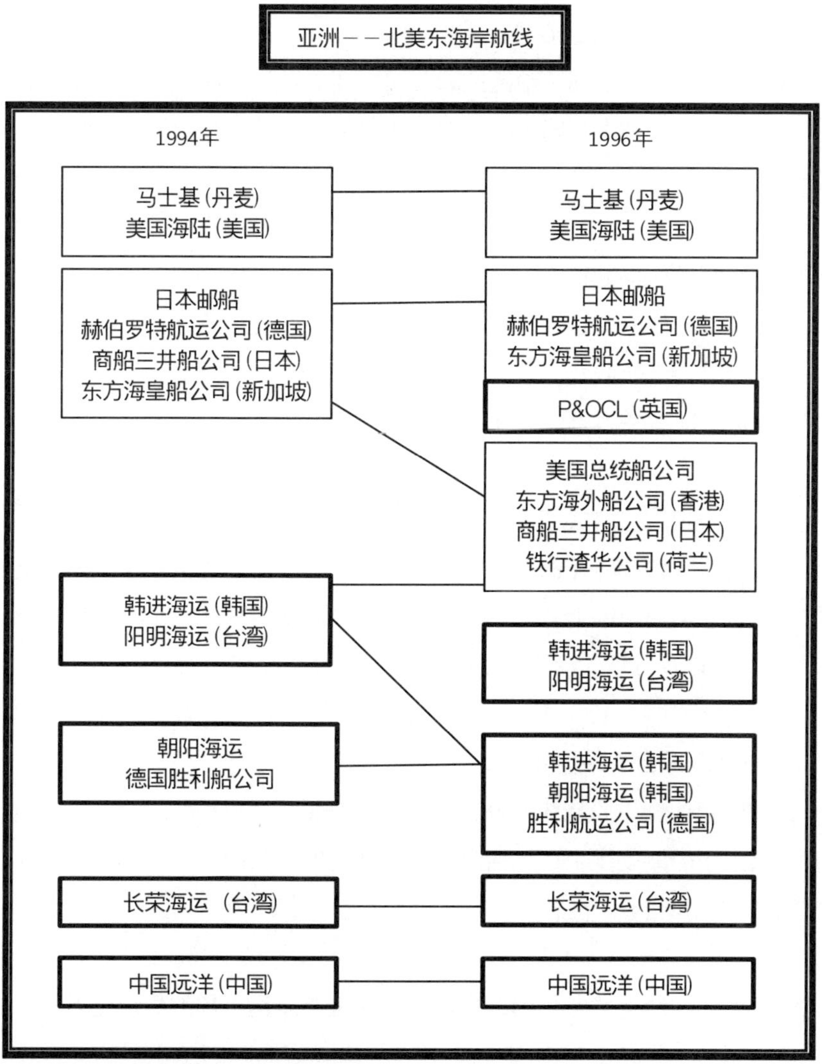

资料来源：日本运输省海上交通局调查.

注解：1. ▭ 代表的是盟外线船公司

2. 环球航线分为航的北美航线(西岸和东岸有重复)和西航的欧洲航线

大联营体的主要特征如下：

1) 不同地区大船东的合作

联营体不仅局限于同一地区的船公司之间的合作，而且包括欧洲、美洲、亚洲等地区间大型船东的联合，还包括结盟的船公司与盟外线的船公司进行的联营。

2) 全世界范围内的合作

世界范围内的联营体穿越了大西洋，横跨了北美、欧洲。不仅联合了干线航线，南美航线及一些支航线也包括在内，这表明全世界范围内的航线联盟正在有条不紊地进行着。

3) 以亚洲市场为中心的合作

多数的联营体都将亚洲市场的主要船公司收容为其成员，近年来，货物运输量急增的中国上海、泰国的廉查邦、马来西亚的巴生港等港口设为首站中转地，建立以亚洲市场为中心的航线体系。

4) 长期的综合性联盟合作

各个联营体合作的具体内容各有不同，一般多属于长期联盟。协议内容不仅限于船期安排，还包括港口和内陆运输的共用，甚至包含了共同使用集装箱和船舶的内容。

综上所述，航运联营体的诞生，有望在世界海运市场的稳定化方面，在运营成本的降低、运输质量的提高等诸多方面起到了积极的促进作用。但是，随着各船公司运力的增加，以削减集装箱单价成本为目的船舶大型化的发展，今后的联营体将如何确保海运市场秩序的稳定，还要再做研讨。

班轮经营的方式逐渐走向了世界化，消除了国界，在全球范围内建立其网络体系。船舶的开放登记制度为多数国家普遍接受，船舶的物权形式变得多样化，特别是第二船籍制度和国际登记制度的发展，加快了海运经营国际化的步伐。

另一方面，无法建立独立的全球管理体系的船公司通过建立战略联盟(Global Alliance)关系，来不断扩大本公司运输服务的网络(如表5-1所示)。

(表 5-1) 全球联盟集团及主要参加船公司现状[9)]

集团名称	欧洲	美国	日本	其它
The New World Alliance 新世界联盟		APL	MOL	现代商船
Grand Alliance 大联盟	P&ON (英国) Hapag Lloyd (德国)		NYK	OOCL(香港)
MAERSK SEALAND 马士基海陆有限公司	马士基海陆有限公司 (丹麦)			
United Alliance 美国联盟	Senator (德国)			韩进海运，朝阳海运 (韩国) UASC阿拉伯联合国家轮船公司
中海运/川崎汽船株式会社/阳明海运股份有限公司COSCO/K LINE/YML			K LINE	Cosco中国海运 YML阳明海运 (台湾)
长荣海运/意大利邮船公司 EVERGREEN/LT	LT (意大利)			Evergreen长荣海运 (台湾)

注：1) 新加坡海皇轮船有限公司NOL被美国收购后，继续使用该名称
2) 韩国韩进海运公司
3) 台湾长荣公司

9) 海洋水产部,海运产业中长期发展计划研究; 2001, pp.49~50.

全球战略联盟，实现了船公司在航线、枢纽港、集装箱、装卸工具以及内陆设施的共享，使船公司以最小的投资实现在全球范围内的经营管理。实力雄厚的物流公司通过联盟方式，实现了投资最小化，运输服务质量最优化的目标。最早的班轮市场的全球性战略联盟体系出现在1996年，在1998年初又重新改组，变成了6个大型的全球战略联盟集团和超大型船公司，他们拥有的船队情况如表5－2所示。

(表 5-2) 全球化海运联盟及大型船公司的船舶保有现状及展望

(单位：百万/吨,%)

集团名称	2000年9月		2003年		备注
	平均运力TEU/艘	总运力TEU	平均运力TEU/艘	总运力TEU	
Grand Alliance大联盟	261	656,220	305	885,616	
MAERSK SEALAND马士基海陆有限公司	237	580,450	261	691,758	
The New World Alliance 新世界联盟	163	443,134	191	591,176	
中海运/川崎汽船株式会社/阳明海运股份有限公司COSCO/K LINE/YML	209	412,529	237	553,703	
美国联盟United Alliance	174	408,060	184	461,160	
长荣海运/意大利邮船公司EVERGREEN/LT	126	336,994	140	397,692	
合计	1,170	2,837,387	1,318	3,581,105	

资料：海洋水产部, 海运产业中长期发展计划研究, 2001
注：2002年COSCO/K LINE/YML和United Alliance
联盟后成为世界规模最大的海运联盟CKYHS.

7. 亚洲集装箱海运市场

纵观亚洲的贸易发展格局，随着贸易规模的不断扩大，对海运的需求也在日益增加。尤其是汽车零部件、电子产品、纤维制品以及食品等贸易量增加迅猛，这些产品大多都是通过集装箱来完成运输，它们对集装箱运输需求的增加，大大促进了集装箱运输的发展。

20世纪80年代以前，亚洲的集装箱运输中心在日本。北美航线和欧洲航线是由原产地日本向北美和欧洲国家的消费地运送产品的主要航线。但是，自1985年以后，韩国和台湾的产品开始迅速进入欧美市场。进入90年代以后，东南亚国家联盟(ASEA，东盟)和中国的产品开始急增，94年以后，在北美航线上，中国上升为产品运输量最大的国家。

集装箱运输中心从日本向亚洲其它国家转移的主要动因在于这些地区主要港口货源的突增。

从集装箱运输的发展历史来看，一直以来欧美船公司与日本船公司都通过缔结海运同盟的形式，主导着世界班轮海运市场。但是，20世纪80年代以后，韩国和台湾等新兴工业国家和地区的船公司，开始登上了世界海运市场的舞台，随着这些国家和地区经济的不断发展，输往欧美的工业产品也在迅速增加。与此同时，人口世界第一位，土地面积世界第三位的中国也随着经济的迅速发展，开始加入到世界海运市场大国的行列当中(如表5 - 3所示)。

(表 5-3) 世界集装箱运输船保有量前20位公司

1994年末			
排名	公司名	国家/地区	总运力TEU
1	Maersk马士基	丹麦	162,153
2	Sea Land美国海陆	美国	131,339
3	COSCO中远集团	中国	129,567
4	Evergreen长荣集团	台湾	124,473
5	NYK Line日本邮船	日本	103,043
6	Nedloyd铁行渣华公司	荷兰	87,973

7	P&OCL	英国	85,152
8	韩进海运	韩国	79,896
9	Hapag Lloyd赫伯罗特船公司	德国	64,758
10	川崎汽船 K LINE	日本	62,041
11	APL美国总统船公司	美国	57,870
12	DSR德国胜利航运公司	德国	57,288
13	阳明海运 YML	台湾	55,446
14	现代商船 HMM	韩国	53,963
15	大阪商船三井船舶 MOSK	日本	51,682
16	OOCL东方海外船公司	香港	49,445
17	ZIM以星船公司	以色列	48,354
18	NOL东方海皇船公司	新加坡	45,999
19	MSC地中海航运船公司	瑞士	39,270
20	CMA法国达飞船公司	法国	38,571

资料：日本海运的现状.

连接亚洲、北美、欧洲这三个地区的主要干线(Trunk Line)，历来是世界各国主要船公司竞争最激烈的地带。特别是随着亚洲国家在海运业的迅速发展，大多数亚洲的船公司在80年代以后加入了北美运输航线，开始与其它地区的船公司展开激烈的角逐。

北美航线作为东西班轮航线的主轴，集装箱运输量从1990年的533万9000TEU，到2000年为止增加了2倍以上，达到1291万9000TEU。预计2010年将达到2646万TEU以上，与此同时，欧洲航线的集装箱运输量也从1990年的288万6000TEU增加到了910万4000TEU，2010年将增至2873万1000TEU。集装箱运输量增加最为显著的是以亚洲为中心，连接东方与西方的之间的航线。在亚洲区域内，集装箱运输量在1990年至2000年之间，从

350TEU万增加到942万TEU，预计在2010年时增至2443万TEU，集装箱运输中心在渐渐从北美地区转移到亚洲地区，亚洲正在成为世界集装箱运输量最多的地区。[10)]

8. 超大型集装箱船

随着经济的快速发展，海运需求量日益增加，船舶技术的更新更是日新月异。船舶技术展现出高速化、大型化、自动化和专用化四大特点。为了缩短运输时间，提高海运的效率，船舶制造商开发了航行速度达到50节的高速船舶。为了实现规模经济效益，船舶大型化技术的研究从未间断。而且根据运输货物种类、包装形态、运输方法的不同出现了各式各样能够提供专门货物运输的船舶。另外船舶的航行、通信、货物处理等方面的自动化程度也有了很大的突破。

集装箱运输船大型化的脚步相对于油轮和干散货船要快得多，船公司在开发大型集装箱船舶方面付出了很大努力，并取得了令人满意的成果。世界上大型的集装箱船舶运输公司，通过集装箱船舶的大型化，实现了规模经济效益，提高了运输服务的质量。与此同时，船公司还满足了货主们期望的低运费运输的要求。[11)]

从2000年末到目前为止，世界25大集装箱货物运输公司，保有集装箱船的数量占据了世界集装箱船总量的一半左右。(如表5 - 4所示)根据海运统计部门的数据统计，目前世界排名前100位集装箱运输公司的船舶载重能力，已达到520万TEU，比1999年增加了8. 5%。

排名在前25位的公司的集装箱船总载重能力占全世界的48%。据有关统计，2000年末至今，全世界定期航线运行中的各类型集装箱船舶达

10) 海洋水产部，海运产业中长期发展计划研究，2001，p.48.

11) 前揭書, pp.53~80.

4450艘，载重能力575万TEU，其中前100位集装箱船公司的载重能力占全世界集装箱总运输量的91%。[12]

(表 5-4) 集装箱船大型化发展的不同阶段

	第一代	第二代	第三代	第四代	第五代	第六代	第七代	第八代
船长	190	210	210 290	270 300	290 320	305 310	355 360	365
船速(节)	16	23	23	24 25	25	25	26.4	
船宽	27	27	32	37 41	40 47	38 40	43	55
吃水深度	9	10	11.5	13 14	13 14	13.5 14	14.5	15
运载量(TEU)	1,000	2,000	3,000	4,000以上	4,900以上	6,000左右	8,000左右	12,5000左右
甲板层	1 2段	2层8列 2段10列	3层12列 3段13列	3层14列 4段16列	6层16列	6层17列	6层17列	7层22列
船舱数	5 6段	6段7列 6段8列	7段9列 9段10列	9段10列 9段12列		9段14列	9段14列	10段18列
建造时期	1960年	1970年	1980年	1984年	1992年	1996年	2000年	2005年
船型	改造船	集装箱专用船	Panamax	Post Panamax	Post Panamax	Super Panamax	Super Panamax	Super Panamax

资料：日本海运的现状.

12) KMI. 地球村物流，第68号. 2001年1月22日.

(表 5-5) 世界前30位船公司的船舶保有现状 (2001.1)

	公司名称	总运力TEU	平均运力TEU/艘		公司名称	总运力TEU	平均运力TEU/艘
1	马士基/比利时南航班轮公司	694,504	297	16	阳明海运	112,649	45
2	铁行渣华船务有限公司	343,554	138	17	中国海运集团	110,159	92
3	长荣集团	325,385	129	18	现代商船	106,150	32
4	韩进海运公司	258,023	82	19	南美邮船公司	96,932	54
5	地中海航运	246,708	138	20	汉堡南方航运公司	79,989	45
6	美国总统轮船	224,344	81	21	美国海湾航运有限公司	73,179	72
7	中远集团COSCO	206,120	113	22	阿拉伯联合国家轮船公司(UASC)	69,813	38
8	日本邮船 (NYK)	170,608	86	23	万海航运股份有限公司	65,146	57
9	太平洋航运集团CP	147,995	80	24	达贸国际轮船公司(Delmas)	54,637	42
10	法国达飞轮船公司/	141,842	81	25	朝阳海运公司	47,826	21
11	三井商船MOL	138,573	65	26	马航船公司	41,410	30
12	川崎汽船株式会社 K LINE	136,460	62	27	建恒海运有限公司	36,876	29
13	以星轮船船务有限公司	131,776	75	28	格里马海运公司	34,529	39
14	东方海外货柜航运有限公司 (OOCL)	129,121	48	29	伊朗航运公司	33,049	50
15	哈巴格航运公司	116,112	32	30	宏海箱运公司	32,990	35

资料来源：BRS Alphaliner(引用：KMI 地球村物流 第68号)

第六章　国际航空运输（Ⅰ）

第一节　国际航空运输

1. 国际空运的特征和发展新趋势

1) 国际空运的特征

国际空运的特征之一是高运费。因此比较适合相对来说运输量较小，但附加价值较高的商品。空运的货量只占各大陆之间运输量的2%，但其金额却占据全世界运输额的三分之一，这足以说明空运的高运费这一特

征。此外，类似报纸这种对适时性和时速性有较高要求的产品多选择空运。

空运如同海运和陆地运输，是运输方式中的一种，它和其他运输方式比起来，速度更快，更安全，而且地理制约性较小。企业将空运作为一种实现全球经济的新手段的原因是，由于空运没有地理制约，因此可以更好的实现全球运输网络的建构。空运的这一特征与利用电脑实现的通信网络有些类似。信息网络的发展促进了经济的全球化，同时也成为支持发展新的经济秩序的重要手段。通信网络是支持国际经济的一种无形交通手段。与之类比，航空网络则是一种输送人和货物的有形交通手段。两者都是实现全球经济的基础，随着航空技术的快速发展，运费会减少，空运网络将成为全球经济的核心。

2) 国际空运在消费市场的发展新趋势

随着国际环境的不断变化，空运市场的发展越来越显著。借助收入水平的提高和国际贸易量的增加，对航空的需求日益增加。特别是亚太地区每年正以约10%的速度增长，仅次于北美地区成为世界第二大空运市场。空运的增长率比全世界贸易量增长率还要高，正以全世界GDP增长率的1.5倍乃至2倍的速度迅速增长。

近几年来，空运急速增长的原因主要有以下几方面，货物量本身增加是其中之一，但更为重要的是全球化大环境下货主(Shipper)和外贸商(Trader)以及主要承运人(Carriers)对空运的需求的增加。即国与国之间国境观念的逐渐淡化，取而代之的是企业活动领域的全球化以及在各个区域生产、销售和信息流通的分散化，即所谓的国际生产分散化(International Fragmentation)。与此同时，最近跨国企业关注到物流总成本(TDC: Total Distribution Cost)这一概念，致力于减少库存，缩短运送提前期(Lead Time)和提高大客户的服务水平，在延伸领域，积极地发展国际物流系统的供应链(SCM: Supply Chain Management)管理。为了达成这样的目标，并将供应链延伸到全世界的各个角落，跨国企业并不单单局限于基本的陆地和海上运输，而是选择了空运这种相对于时间、空间上制约更小的运输方式。

特别是，今后的国际空运市场逐步实现实时管理(JIT:Just In Time)生产体制和物流产业间的合并，特殊货物(Express Air Cargo)运输市场将比一般货物运输呈现更新的生命力。特殊货物运输到2019年为止会以每年13%的增长率持续增长，其在运输市场中的占有率将从1999年的9.2%增加到2019年的31%。

2. 国际空运市场动向

60年代后期航空业引入了DC - 8F(货机 Freighter)，这比以前只在客机的底舱运载货物的运输能力有了很大的提高。70年代末波音747等宽体客机投入运营，一架飞机底舱运载量可达15吨。随着宽体客机底舱的增大，货机的市场占有率逐渐减少了。但太平洋市场仍然在使用较多的货机，这是因为大韩航空和新加坡航空及其他新兴企业对货机有较大的投资。

大部分货物运输由客机航空公司负责，世界超大承运商中大概有一半的公司拥有货机(Freighter)，其余的公司都对购买货机持保守态度，因此，从世界航空市场的角度来看，拥有货机的企业只是极少数。

然而，空运运营于不同的地区，各地对航空服务要求得水平是不同的，因此为统一服务标准，需要两国达成一致，这多少会影响航空公司扩展服务的网络。而且，并不是所有货主要求的目的地都可以到达，这种问题往往通过和货运代理商的个别交易得以解决。当今为了提供更优良地货物运输服务，航空公司也积极地与货运代理公司建立合作伙伴关系。

虽然通过相关技术的不断更新和激烈的市场竞争使空运运费的价格

有所降低，但仍比海运运费高出几倍。空运多以紧急货物运输，初期新产品上市或者减少库存为目的而进行。随着工业品趋于短小精悍的发展势头，空运广泛应用的可能性也越来越大。到目前为止除了货物量本身增加是空运需求激增的一个原因之外，还有一个重要原因就是尽管一些大型机场限制飞机起落数量，但是为扩大旅客运输量，航空公司纷纷将一般客机换成宽体客机使得运力得以保障。然而与航空公司存在着垂直业务关系的货运代理实际上掌握了机舱的销售，这使得航空公司的机舱销售体制无法应付运力的增加。

第二节 国际空运消费市场的分类

国际空运一客运(Air Passenger Service)

一货运(Air Cargo Service) - - - 普通货运(general cargo service)

- - - 快递(Air Express Cargo Service)

1. 客运和货运

客运中90%是往返运输，而货运基本上是单程运输，往返输送量只占总量的三分之一，空舱则由货运代理的销售来填补空缺。这种垂直结构虽然对航空公司提高经营效率有很大的帮助，但是货运费较低，只占国际货运协会IATA(International Air Transport Association)运费的40% - 50%。

2. 普通空运和快递

空运大体分为普通货运和快递。普通货运是一种普遍的形式，但是近来快递业发展很迅速，1999年快递(Express)占空运总销售额的9.2%。随着实时管理的引入，企业为减少库存、缩短交货提前而不惜支付更多的金额，因而快递随之出现了猛增势头。特别是，实时管理(JIT)是以较低的物流总成本(Total Distribution Cost)提供给顾客较高水平的服务为目标，因此是否能减少库存决定着JIT系统投入的成败。

一般概念上的库存分为经常库存(Cycle Stock)和安全库存(Safety Stock)。企业为了维持经常库存需要少量而高频度的调拨策略；为了应对提前期的变动还需要有一定的安全库存。为满足这两种需要很多企业都选择快递的方式，由此极大的推动了快递的发展。

3. 综合物流业的出现

空运快递推动了门到门(Door To Door)服务的综合物流业的发展。现在全世界四大主要综合物流服务公司占据了快递市场份额的90%。其中FEDEX和UPS是自身拥有空运货机的公司，而DHL和TNT则是利用航空公司的运营服务进行货物运输。世界航空服务的需求正随着收入水平和国际贸易量的增加而急速增加。例如亚太地区正在以每年10%的速度上升，成为继北美市场之后的世界第二大航空市场。

(表 6-1) 世界主要航空公司旅客以及运输量 (1999年)

排名	航空公司	旅客数	排名	航空公司	旅客数
1	达美航空公司 Delta Air Lines	105,534	1	联邦快递 Federal Express	4,844
2	美国联合航空 United Airlines	87,049	2	美国UPS公司 United Parcel Service	3,070
3	美国航空公司 American Airlines	81,452	3	大韩航空 Korean Air	1,160
4	西北航空公司 Northwest Airlines	57,478	4	德国汉莎航空公司 Lufthansa	1,104

5	全美航空 US Airways	55,812	5	日本航空公司 Japan Airlines	949
6	美国大陆航空公司 Continental Airlines	43,490	6	新加坡航空公司 Singapore Airlines	872
7	日本全日空公司 All Nippon Airways	42,743	7	英国航空公司 British Airways	688
8	德国汉莎航空公司 Lufthansa	42,128	8	美国联合航空 United Airlines	684
9	法国航空公司 Air France	37,049	9	西北航空公司 Northwest Airlines	681
10	英国航空公司 British Airways	36,609	10	法国航空公司 Air France	673
11	日本航空公司 Japan Airlines	32,933	11	国泰航空公司 Cathy Pacific	672
12	美国环球航空 TWA Trans World Airlines	25,829	12	美国航空公司 American Airlines	564
13	意大利航空公司 Alitalia	24,178	13	日本全日空公司 All Nippon Airways	554
14	西班牙Iberia航空公司 Iberia	22,197	14	荷兰皇家航空公司 KLM	545
15	北欧航空公司 SAS	22.001	15	欧洲航空运输公司 EAT	513
16	日本佳速航空 Japan Air System	20,597	16	达美航空公司 Delta Air Lines	498
17	大韩航空 Korean Air	20,379	17	泰国航空公司 Thai Airways	473
18	美国西部航空公司 American West Airlines	18,689	18	澳洲航空公司 Qantas	338
19	澳洲航空公司 Qantas	16,824	19	瑞士航空 Swissair	326
20	加拿大航空公司 Air Canada	16,236	20	中国东方航空 China Eastern Airlines	308
21	泰国航空公司 Thai Airways	15,950	21	中国南方航空公司 China Southern System	297
22	荷兰皇家航空公司 KLM	15,453	22	马来西亚航空公司 Malaysia Airlines System	291
23	马来西亚航空公司 Malaysia Airlines System	14,985	23	日本货运航空公司 Nippon Cargo	270

24	中国南方航空公司 China Southern Airlines	14,360	24	中国航空集团公司 Air China	268
25	阿拉斯加航空 Alaska Airlines	13,604	25	巴西航空公司 Varig	255

资料来源：IATA,World Air Transport Statistics,2000.
(注：以IATA会员公司为标准，定期航空运输情况)

第三节 航空公司的战略合作

航空业一直以来被视为与国家主权和安全密切相关的有别于其他贸易制约体制的特殊产业，但是随着经济全球化的推进，航空业为在自由竞争市场中得以生存，也经历着其他行业所经历的规制放宽，自由化，以及民营化的改革。

为了在世界航空市场上生存发展，国内航空公司积极进行着合作联盟。通过这样的合作不但可以获得比较优势，以对付世界级航空公司的竞争，而且可以达到高效经营和精减成本的目的。

航空公司的战略合作是一种为提高企业竞争力，强化运营能力，由两个或者两个以上的航空公司进行的合作运营的方式(Morrish, Hamilton, 2002)。这种合作从1980年后期的Trans - Atlantic合作开始向国际化规模发展。如Oster和Pickerell(1986)所称，到1985年为止有50多个通勤航空公司和大型航空公司进行了代码共享的战略合作。参与战略合作的航空公司75%以上的旅客是由通勤航空公司输送的。而没有参与战略合作的航空公司由于没有竞争优势，因此无法保证旅客输送量而逐渐被孤立。今后的航空行业不再局限于各航空公司之间的竞争，而是逐渐向着战略合作的趋势发展。

1. 航空公司战略合作的动机

航空业虽然得到了持续的发展，但航空公司一直因为低利润而苦苦挣扎(Hanlon, 1999; Sissen，1999)。这正是现在为什么盛行航空公司战略合作的主要原因之一，航空公司正在通过多样化的战略合作，不断提高运力的现状能说明这一事实。航空服务规定(air services agreements; ASAs)的限制使航空业在国际化扩张时受到很多约束，因此战略合作成为航空业发展壮大的重要手段。

在经济管制严格的时代通勤航空公司为参与航空市场竞争而采取了战略合作的方式，之后由于美国取消管制，欧洲的市场单一化，以及Hub and Spoke System的普遍化等航空领域环境的变化，航空公司为了强化其竞争力而纷纷联手起来加强合作。

对大部分航空公司来说，具有竞争力就意味着能够在美国、欧洲和亚洲三大市场上占有份额。航空公司独自承担运营在飞行频率、提供换乘服务等方面受到许多制约，为了解决此类问题，须大规模投资开设新航线，因此战略合作是更经济有效地解决这些问题的理想方案。

Button et al(1998)认为战略形成的原因有为了节省费用，进入市场并保有市场份额，财政投资，节省设施，避开制度壁垒和国家安全性等。他们认为战略合作的好处有以下四个方面：

1) 通过合作伙伴的原有路线打入新的市场。

2) 通过新的输送供给市场的介入，提高座位使用率和生产量。

3) 通过座位容量管理(seat capacity management)，维持现有市场。

4) 通过战略合作的资源共享节省经费，实现规模经济效益。

国际航空公司的商业权限受到各国间航空服务协定(ASAs)的限制，而国际战略合作可以为进入国外市场提供规避的便利(Oum et al.2000)。而根据Casseres(1996)的观点来说，穿越国境的网络构成可以使接触不同国家的技术和知识变成可能，并在广范围中分担费用，使之更好的进入到外国市场。

Oum et al(2000)还提到了促进航空公司之间战略合作的其他因素。这些因素使网络更顺利更完美的达到无缝对接。在市场限制性较大的情况下，合作伙伴之间的输送供给提高成本的效用一并呈现出输送密度提高，机场设施共享，地面人员共享，增加服务频度以供给日程更多的日程选择权，电脑预约系统(CRS; Computer Reservation System)等更多战略合作收益及市场支配权。对于航空战略合作的主要研究如表6.3所示。

(表 6-3) 运输系统的现代化趋势

理论创始人	研究内容
Oster and Pikerell(1986)	到1985年为止50个大型航空公司的代码共享战略合作
Pustay(1992)	阻碍国际化发展的原因：基础设施的限制，运输权，本国航空公司的国外所有，半垅断，政府对新航空公司出现的干预
Gellman Research Associates(1994)	BA 和KLM合作后纯收益的提高
Youssef and Hansen(1994)	提高飞行频度，费用水平的变动，遏制票价上升，战略合作的利益再分配等
US General Accounting Office(1996)	5个参与战略合作的航空公司的收益和运输量的提高：受益并不是起因于航空公司的壮大，而是起因于竞争公司的损失
Park J.H.(1997)	初期战略合作研究认为航空公司的战略合作无法带来更多收益；后期研究则指出了牺牲竞争关系可使运输量增大，互相完善型战略合作可使航空费用降低，横向战略合作可使航空费用上升。
Oum et al.(2000)	航空公司的战略合作提高收益和生产率，并降低了费用水平
Oum et al.(2000)	战略合作航线上的运输量增加
Brueckner and Whalen(2000)	战略合作伙伴比非战略合作航空公司换乘费用降低25%

Morrish, Hamilton(2002)	航空公司战略合作使竞争得到限制并促进收益的理论是没有根据的，即战略合作的盛行只是为了维持因提高飞行频度而导致的低收益(weak margin)。

2. 航空公司战略合作的种类

1) 单纯的航线合作

航线合作是一种最简单的战略合作方式，也是航空公司通常使用的一种连接方式，通过特定区间航线共同运行，共同分担运费以及使用同一航班号建立合作关系，也叫做特定航线合作。而单纯的航线战略合作(route by route alliance) 是为了避开初期经济收益小的航线的不必要竞争，为提供更合理的航空服务网络而建立的。但是，进入1990年后由于空运市场的竞争逐渐激烈，市场增长速度逐渐减慢，各国的航空公司进入了低迷时期，以减少成本为目的的仅限于特定航线的共同运行方式逐渐抬头。这种共同运营方式主要以双边战略合作的方式进行。两国的航空公司决定了特定航线之后在特定航线上实行共同运营，所得收益除去运营成本以后，再根据所定的分配方式进行利益分配；如有损失，即运营成本高于所得收益，则原则上由运行这架飞机的航空公司承担损失。航线战略合作有以下几种方式：航线共同运营(route joint operation)，坐席分配运营(block space agreement)，联营协定(pool agreement)，货物联营，收入共同基金(revenue pooling)，费用共同基金(cost pooling)等。

2) 经营管理合作

从经营管理方面的战略合作来看，近年来航空公司通过双方的内部人员交流，派遣高层领导等方式以达到互惠互利，运用标杆原理的方式学习管理技术以促成管理上的协作。经营管理战略合作有教育培训合作，共同制作航行指南，交换经营管理信息，一般商务协定(general commercial agreement)等。

3) 代码共享

代码共享(code sharing)是指合作的航空公司使用同样的航班号 (即代码)销售，常见的是航班共同运营方式。航班共营是指在电脑预定系统(CRS;Computer Reservation System) 得以发展背景下产生的一种市场营销方式，也是战略合作中最常用的。从激励航线销售的角度看，它属于营销战略合作的范畴；从特定航线结构中扩大航线运营的角度看，它又属于航线战略合作的范畴。由此航空公司提高了联运效率。

4) 广泛营销合作 (broad based marketing alliance)

广泛营销战略合作是指航空公司间互相交换股份或者参股，从而达到业务和营销上的协力关系的一种广范围的战略合作形式。营销合作以多方面、广范围的方式进行着。例如，可以与其他航空公司通过代理店体制进行流通上的合作以确保本公司的营销能力，缔结特别运费协定进行清算合作以及共同推广活动(宣传、广告等)，还可以使用共同电脑预约网。电脑预定系统(CRS; Computer Reservation System) 是航空公司的营销活动中最基本的，也是固定投资最大的。因此CRS方面的合作是以航空公司加入已开发成形的全球规模的CRS这种形式实现的。但这并不是简单的预约系统互通，而是发展市场销售的一种方式。广泛营销战略合作有共同代理店(joint general sales agency)，调整航线日程，共同顾客优待制度(joint frequent flyer program)，共同广告，共同营销，CRS共享，收入共享(revenue sharing)，开设连锁店等方式。

5) 资源共享的合作

尽管由全球石油危机和供给过剩，市况恶化等多方面原因引起的国际空运市场短期的沉浮连连不断，但是注重持续增长的航空公司，为减少直接投资危险不断物色着新的战略合作方式。因此战略合作作为一种间接投资方式可以分散投资风险，各个航空公司通过资源共享克服了航空产业所特有的资本密集型的局限。这种资源共享的合作(resource sharing alliance)最为多样化，从物质资源共享到人力资源共享，知识信息共享等都有涉及。例如，有建立合资公司，陆地共同作业，共用旅客候机室，共同投资设备，建立燃料共同基金，缔结保险共同协定，租赁航空器，共享机场设施，共用引擎实验地，共用机场插槽，共营货机，合资投资装备，共享航空站，机餐合作投资(catering joint venture)等。

6) 股份所有的合作

股份所有的合作(equity alliance) 作为航空公司战略合作中最有利的联合方式，是以通过一定限度内的股份占有、投资，互相出资的形态实现的。资本的互相交换或投资的合作一般是相对长时间的、两个以上的企业缔结的一种合作战略，具有取长补短的作用，这是真正意义上的战略性合作方式。股份所有合作应该是一种能够经得起长期外部性竞争的攻击和环境变化，并能创造战略价值的合作。

因为股份所有合作是通过航空公司之间股份交换或者资本参与的方式而形成，因此具有一定的风险。但这种方式的优点是连带关系较强硬，一般可随着各种业务协作紧密地进行。例如，常常可通过股份所有的合作实现航线、时间表、共同运费的决定，代码共享，常用乘客优待制度以及管理收入等业务的协作。费用方面则可实现燃料的共同采购，飞机的共同购入及共同使用，机餐服务一体化等，从而达到节省成本的目的，地上服务方面也能通过更有弹性的合作体制进行改善，从而提高业绩，期待更高的投资收益。但是，如果合作方经营基础存在问题，则有可能带来投资的损失，并且解除合作相对来说比较困难。

7) 企业兼并和收购

企业并购(M&A)是一种全球化的战略，通过外国和本国航空公司间经营权的兼并来扩大本国企业规模的战略。比起来单纯的业务战略合作和股份所有合作，这种合作具有关系紧密性和连带性强，在乘务员的管理，购买和融资能力，以及改善企业印象等方面更有利。航空公司合并的主要原因是为了在激烈的竞争中得以生存，将一些不具备最下线规模的潜在竞争企业进行整合，形成具备竞争实力的企业规模，聚集企业实力，强化市场支配力。近年来为了应付航空自由化带来的激烈竞争，很多航空公司之间的股份买卖越发活跃。如果对外国企业参股的限制更加宽松，那么国际性的企业兼并和收购会大增，预计世界将来就只剩下五六个巨头航空公司了。

兼并和收购(merger & acquisition)的优点是， 可以实现规模经济的效益，使企业更加有效运行，强化竞争优势和市场支配力。但是，从另一面来看，经济低迷时发生大规模企业赤字的可能性也越高，反而形成的规模不经济。现在对这种国际性的兼并收购还存在很多制约。

第七章 国际航空运输(II)

第一节 航空运输服务的生产要素

航空公司是以可持续发展为目标，通过航空运输服务的供给和销售来获取利益的。航空运输服务的供给要通过飞机、航空服务人员、机场三个要素相结合来进行。

1. 飞机

现在民用航空使用的最新型飞机是从1980年后开始引进的波音747 - 400和McDonnell Douglas 11等第4代喷气式飞机。 它的特征如下：第一，随着仪表数字化、操纵性以及安全性的提高，航运乘务员从原来的三名缩减到了不包括飞机驾驶员在内的两名；第二，由于发动机的改良，能量和噪音都大幅度减少。

这些飞机技术的革新是在航空公司的要求之下进行开发的。随着管制的放宽，航空市场竞争越来越激烈，为了应对经营环境的变化，航空公司不断地谋求人工费、燃料费的节减。由飞机的大型化所带来的规模运输经济，如果没有相应的需求密度是不能实现的。也就是说，在选择飞机的时候必须同时考虑飞行航线的经济性和使用机场的技术条件。不同的飞机起飞性能和续航能力也会不同，必须比较每个机种的有偿荷重(payload)和航线的需求密度，以最佳续航距离和飞行距离来选择飞机，同时还应考虑到不同飞机座席·千米的直接运航费也是不同的。

另外，航空公司的每个航线并不是根据需求密度、飞行距离来进行均匀划分的。航空公司还面临着该如何组成Fleet(机队)等问题，在这种情况下，飞机种类越少，就会存在预备配件、装备水平、航运乘务员的训练共同化而产生的经济性问题。

飞机是航空公司的形象，决定着公司的竞争能力。特别是在经济上制约比较大，没有价格竞争的情况下飞机的重要性则更为显著。实际上从引进喷气式飞机的时候开始，有关飞机材质的竞争就已经开始了，不过各种飞机的材质在性能上并没有太大的差异。

在这里有一点必须被指出，那就是关于飞机的安全性限制。首先飞机的强度、构造以及性能，还有关于飞机的样式都需要有制造国家监督当局的样式证明(Type Certificate)。 对于个别飞机的安全基准则需要有该飞机注册国家发行的适航证明(Airworthiness Certificate)。这个基准由国际民用航空条约(芝加哥条约)第八附件所规定，并且正在谋求全世界的统一。同时，考虑到国际收支平衡的问题，航空公司在飞机的选择上一般都在政府的指导下进行。

传统上，大部分的航空货物都会被装载在客机的下部(Belly hold)，会被作为乘客服务的一部分。20世纪60年代的窄体飞机(Narrow body)运输货物的情况则有很多的问题。该种机型不能运载大规模或者是大型的货物，乘客才是客机要的主要服务对象，所以如果超过了起飞重量，则要把超重的行李卸载下来。而且，乘客服务的时间和经由地区经常不符合货主的需要。为了克服这样的问题，增加货物的运输量，更多的航空公司引进了货物专用飞机。

货物专用飞机跟同类的客机相比较，货物的有偿装载能力增加了50%，把跟乘客有关的设施都清除掉，重量减轻的波音747货物机能够装载100~110吨的货物，但是同类型的飞机作为客机的话，放在客舱下部的货物舱只能够装载60~70吨左右。装载能力的提升使得货物机的吨·千米的费用节省了1/3。货物专用机的前景根据大小，分析如下。

(表 7-1) 货物运输专用飞机的前景(1999~2019)

单位：架 (%)

飞机的大小	1999	2019
小型飞机	670(40)	927(29)
标准中型飞机	436(26)	384(12)
宽幅中型飞机	251(15)	991(31)
大型飞机	318(19)	895(28)
总计	1，676(100)	3,197(100)

某些航线的货运运输需求非常大，即使采用宽体(Wide body)飞机仍然难以满足运输需求，这种情况下，客机下部的货舱部分则能继续发挥其作用。宽体的客货混合机(wide body combi aircraft)有其独特的商业魅力，飞机的本体空间可以随着航线和季节的变化以及乘客和货物的运输需求量来进行改进，实现效益的最大化。例如，在乘客搭乘旺季，机内会全部用来运载乘客。

2. 航空服务人员

称为航空服务人员的有航运乘务员(Cockpit Crew)、检修员(Mechanic)、装卸员(Dispatcher)、机舱乘务员(CabinAttendant)等。航运乘务员是在驾驶舱里驾驶飞机的乘务员，可以分成驾驶员(机长：captain，副驾驶员：co - pilot)和随机工程师(Flight Engineer)。飞机驾驶员的任务是监视包含引擎在内的机器正常运转以及管理燃料的消耗。但是由于第四代的喷气式飞机电子自动化的提高，驾驶员的这一任务逐步被淡化，可以预想在未来企业投资培养飞机驾驶员将是无意义的。

飞机的检修需要专业的机械师来进行，这一点是非常有必要的。调度员(Dispatcher)是航空公司中一个较为特殊的职业，是为了使飞机更加安全、经济地运航；制定飞行计划；发送即时的信息，确保到达目的地之前飞机同地面的联系。最后，乘务员在客舱内为乘客服务。在紧急情况下还要扮演安全职员的角色，因此还要对乘务员进行紧急情况下处理能力的训练。这样的训练和客舱乘务员的分配在芝加哥条约第六附属文件里有相应的规定。

3. 机场

提供航空运输服务所需要的最后一个要素是机场。具体的是由飞机场和安全服务设施构成。飞机场是提供飞机的升降、检修、办理货运服务的地方。

首先，机场的选址和通路(access)的便利性是确保机场竞争力的重要因素。运航日程的设定和机场的基础设施以及所使用的设备都会影响机场的客货处理能力，机场的基础设施包括滑道的长度和数量，集散港的设施，空域的确定，航运时间等。

安全服务设施是指为了给飞机的航行提供援助，确保飞行安全所建立的设施和实施的服务。具体是指由支持运航的无线设施、航空通信设施、管制无线设施所构成的航空安全无线设施和航空交通管制服务。

对于这样的基础构造，航空公司没有权力管理和拥有。航空公司只是把这些设施的使用费用交给机场工业区或者是机场。机场使用费用也并不是固定的，但航空公司不能调控(国际航线的着陆费用，需要通过IATA来决定)，着陆费用的高低对航空公司的盈利性起到了很大的影响。

第二节 航空货物和航空货物市场的特性

1. 航空货物的特性

1) 航空货物的优点

在过去，紧急状况或者特别的情况下才会被使用的航空货物运输，现在已经被作为一般的商业运输工具，使用频度明显提高，一般家庭在搬家时，或者季节性商品在运输时也会用到航空运输，航空运输的使用范围变得越来越广泛。

航空运输的技术革新也在不断进行，巨型喷气式飞机的开发使运输能力大幅提升，从而使航运费用降低。航空运输有如下几个优点。

①库存水平的下降

由于货物可以依靠飞机在短时间之内运输到更远的地方，所以库存量相对减少，库存投资，保管费用，仓库费用等不断降低。同时，货物的快速运输还会更快获得收益，投入的资金可以更快地得到周转。

② 竞争能力的确保和市场的扩大

为了应对市场的快速变化而设计出来的产品，通过飞机来运输，可以不失商机，确保顾客群不流失。流行物品、季节食品等销售时间很短的商品通过飞机来运输也可以和当地的生产者相互竞争。还有水产、蔬菜、水果、特殊医药用品等也可以实现跨地区，跨领域的流通销售。

③ 包装费用的节减

由于航空货物在运输中的安全性是非常高的，所以可以把包装简单化，从而达到节减包装费用以及劳动力和时间的效果。

④ 减少损伤和丢失事故的发生

航空运输中的振荡、冲击并不多，在温度、湿度上都有良好的条件。另外，在飞行过程中，飞机的货物存放空间跟外界是完全隔离的，所以损伤·丢失的危险性几乎是不存在的。事故发生的概率很小，保险费也很便宜。

如上所述，航空运输可以减少保管和包装的费用，从而也就可以减少总物流费用。

比较适宜于航空运输的货物主要有以下几类:

① 受运输时间限制的货物

宣传材料(新闻原稿，胶卷)，容易腐烂的物品(鱼，水果，肉类，花)，维修配件(船舶用配件，车辆配件)，流行物品，商品样本，其他紧急物品(医药用品，家具)。

② 高价物品

贵金属制品，珍珠，照相机，手表，美术品，毛皮。

③ 容易损坏的物品

电器家具，收音机，计算器，点钞机，光学机器，玻璃制品，精密机器。

2) 体积及重量的限制

由于飞机的装载能力低于其它的运输工具，所以同时运输大量的货物是比较困难的。一些货物并不适宜航空运输。如：煤炭，铁矿石，粮食以及超过了装载能力的机械类等。

飞机所需要的燃料、能够搭乘的乘客以及货物的重量都是由飞机发动机马力来决定的。还有，装载的每个货物的大小和重量也都受到飞机的机种、货舱室、舱门大小等的限制。

在国内航线中，个体货物所允许的最大体积相当于一台大型冰箱，所允许的最大重量相当于一般汽车的重量。超过这些装载限制的货物则可以通过委托来运输。航空货物中单件重量在1～10kg之间的占了70～80%，由此可见小型货物还是在总体中占了绝大多数。

航空运输的货物在过去多是易变质的、紧急的或者是特殊的货物，但随着巨大的喷气式货运飞机的登场，汽车零配件或者是电脑等也都可以通过空运实现经济运输。

喷气式货机正式开始进行航空服务是1963年。1963年美国航空公司(国内·国际)的货物运输量(吨 · 英里)第一次突破了10个亿的目标。紧接着1966年突破20亿，1969年突破30亿，1972年突破40亿，1976年突破50亿，1983年突破60亿，1986年突破70亿，1987年突破80亿，并一直保持着上升的趋势。

随着飞机速度的提高，货物的移交作业在一夜之间即可完成。喷气式货机是最早可以自动化装卸的飞机，这改善了地面上装卸作业不便的情况，可以在30分钟以内装载或者是卸货，而装卸工作则是依靠大的托盘(pallet)来进行的。

同时，随着标准集装箱的使用，货物处理的时间以及搬运、包装、填写材料等的时间费用得到了节减。集装箱由送货人在自己的工厂里装入，然后直接送到飞机前面。喷气式时代，除了航空货物运输的速度提高了2倍以外，地面上的货物办理时间也减少了将近一半。

把商品更快速的投入到市场可以提高企业的收益，使用航空货物可以很大程度的削减库存费用，因此美国大多数的制造公司撤销了设在海外的仓库，而只是维持美国国内的库存，然后通过空运提供给海外的顾客。

韩国航空货物运输不断的增加，原因是为了缩短机械类产品的交货周期；通过混装货物得到运费的优惠；确保新产品、新的销售市场等。如前所述，航空运输的使用率较高的货物有:印刷品、书籍、器械类、汽车零部件、衣服、纤维制品、鱼类食品、化学制品、医药制品、光学机器等。商品的样品、礼物、年末年初的季节性的出国等也都使得航空运输的处理量得到了提高。

在发达国家，越来越多的尖端技术产业把生产工厂设立在离机场较近的地方，从而形成了‘临空工业地带’。把生产工厂设立在机场周围的企业几乎都在使用航空运输。这是因为这类技术集约产品有运输费用的负担，以及拥有产品有小型化、轻量化、个别化的特点。

2. 航空货物市场经济上的特性

作为航空货物市场最大的特性就是航空货运输不同机种间的竞争。航空货物可以通过专用货机(Freighter)来运输，或者通过客机的腹部(Belly)来运输，除此以外还有将客舱的一部改装成货舱来运输的改装机。包括这样的改装机，全世界货运专机同客货混运机的比例大约为4:6，太平洋航线中货运专机的数量比较多，略高于这个比例。只有货运专机能运输的超长或超重航空货物只占整个航空货物的2%，因此在全世界范围内，货物专机同客货混装机展开着激烈的竞争。

随着消费者需求的增加，货物供给需求量不断地扩大，由此航空货物运输也开始急速的增加。但如今全世界的主要机场，几乎都在限制飞机的起降次数，所以为了增大乘客及货物的运输能力，航空公司正在不断的更换更为大型的飞机，例如从DC8向波音747转换之后，原有的客机空间增加了3倍以上。为了合理利用增加的空间，航空公司急需确立吸引货源的市场营销体制。

客货混运机和货运专用机使用同一机种(比如B747和B747F)，在同一区间运航，运输相同重量货物时，各航空公司在做出经营上的决定时考虑的边际费用是极为不同的。客货混运机常常会采用较低的运费，客货混装机的运输根据经营商以及航线的不同，在运费上有很大的差别。

航空货物市场所持有的第二个经济上的特性是，服务从制造到销售在构造上是垂直的。航空货物不通过货运代理人(forwarder)，仅仅依靠航空公司自己直接运输的情况是很少的。还有，货运代理人作为服务的买方，通过和航空公司进行买卖交涉，获得更多的优惠，同时给货主提供更为便利的多式联运。使航空公司收益增加的同时，为货主提供便利。

第三节 航空货物代理商和航空混装业

1. 航空货物代理商

1) 航空货物代理商的作用

随着航空公司航线的延长，途径机场不断的增多，经营上也变得更加复杂，集货则变得更加依赖于代理商。航空公司培育具有地方特色的销售代理商以此来提高集货能力是较为合理的。

航空货物代理商的业务是依据航空公司的运输条款和运输费用同货主签订运输合同，并发行空运提单(Airway Bill)作为合同的证据，受委托的货物被移交到航空公司。航空货运代理商还依据此合同负责从集货地点到机场间的运输，以及包装、保管、保险等服务，如国际货物则还需提供通关、动植物检验检疫等服务。

空运提单是具有发送货物的提货单、运输合同的证据、运输费用清单、货主保险的证明书、货物处理指示书、到达货物交割证书等性质的文件。

2) IATA货物代理商

由世界各国的航空公司加盟的IATA指定位于各国的IATA货物代理商。要获得IATA代理商的资格必须要取得IATA运输会议代理商委员会的承认，只有获得了这个资格，才可以和加盟IATA的任何一家航空公司签约进行代理。同时，各代理商从航空公司获得的待遇和手续费将会无差别化。换句话说，受到IATA认证的代理商不能单独和个别的航空公司签订包含其他内容以及排他内容的契约，跟加盟IATA的任何航空公司都要以统一的条件，公正，公平的进行代理业务。

加盟IATA的航空公司都要公开航空货物的运输条款，并采用统一的合同条款。运输费用并不是个别的航空公司制定的，而是在IATA运输会议上所有的航空公司一起设定的。制定好的运输费用的实施需要获得各国政府的认可。

IATA货物代理商作为加盟IATA的航空公司的代理人对货主提供航空货物运输。换言之，货物代理商依据航空公司的运输条款、关税、日程发行空运提单，收取航空运输费用，向航空公司集货运输，以及开展其他附带业务。作为报酬，货物代理商从航空公司那里获得一定的手续费。

IATA货物代理商取得航空代理业的兼营和通关业，汽车运输业，仓储业等的执照，综合办理航空货物或者综合物流业的趋势正在增加。

2. 航空混装业

1) 航空混装业的特征

航空运输代理商把货主委托的货物按照不同的目的地收集起来，形成大批货物，然后自己扮演货主的角色委托航空公司进行运输。此项业务除了被人们称为航空运输代理业务外也被称为航空运输处理业。

经营航空混装业的企业虽然在国内航线中办理所有的干线、支线货物，但其中绝大部分都是干线的货物。而在国际航线中则大部分办理飞往美国、加拿大、欧洲、亚洲其他国家的货物。航空混装业的经营者设定了比航空公司的运费更加低廉的运费标准，把货主委托的货物利用航空公司的飞机进行混装运输。

混装货物的运输主要依靠两个运输合同来确定。第一是依据混装业者的发货单，混装业者和货主之间签订的运输合同，这里运输费全部是混装业者的收入。另一个是混装业者同航空公司签订的合同，在这份合同的发货单上显示的运费则需要混装业者来支付。

货主支付的个别货物的运费同混装业者支付给航空公司的运费间的差价就是混装业者的收益来源。如通过航空公司发送大量的货物则可以得到一定比例的运费优惠，国际航线中也是如此，混装业者正是通过大量的集货，利用航空公司的运费优惠来获取利益。

通过航空货物的混装，不仅经营混装业务的公司获得了利益，货主也可以享受低廉的运费，从而使整体的物流费用得到降低，同时将少量的货物委托给混装业者，货主也节省了航空公司的手续费、公司经费、人力费等。

虽然混装业者没有可以用于运输的飞机，但却可以提供超越航空公司的各种服务，满足货主的需求，从出发机场到目的地机场，货主可以选择任意一个航空公司来进行运输，同时实现门对门的连贯运输。为此混装业者需要具备以下几个条件：

第一，尽可能的在更多的地区设置可以同货主接触的节点，以便货主能便利地同混装业者联系。

第二，混装业者虽然没有可供运输的飞机，但为了使货物的运输能顺利的进行，应在各个机场设立营业点。

第三，努力成为各个航空公司的代理商，只有这样才能处理各种货物，发行各个航空公司的空运提单，同时同各个航空公司建立紧密的联系，确保货主货物的运输能够安全顺利的进行。

国际航空货物代理商设立众多的混装业务公司来提高自身的集货能力。之前的国际航空货物代理业中，根据航线的不同形成了集团混装，但随着货物代理业之间竞争的加剧，一些有实力的货物代理公司开始逐步独自经营混装业务。

货主对与门对门运输服务需求的增加使混装货物量不断的增大，这使得国际货物运输者不断的扩充海外运输网络，在海外设立法人及建立事务所。这不光是为了加强同海外的联系，更主要的是能收集当地的物流信息，加强对顾客的营业活动。

国际航空运输中的混装率在1980年约为40%，1985年约为70%，1990年上升至了80~90%。从运费体制来看，混装差异较大的太平洋航线的混装率甚至达到了95%。除了贵重品、动物、危险品等其他特殊物品以外，几乎都是通过货运代理来实现混装运输的。

第四节 航空运输的程序和航空运输合同

1. 航空货物的运输程序

1) 出口货物的运输程序

① 同进口商签订合同，做好出口准备后，按照发货日期选定航空公

司并预约，一般这一过程可以通过货运代理人来代行。

② 向航空公司预约货物运输时，需要告知空运提单的号码、出发地、到达地、包装个数、包装箱子的重量、体积、商品名等。

③ 货主准备出口所需的文件，包装好货物，办理需要的通关手续。

④ 货主把包装好的货物运至保税区后，向管辖海关提交发货单(invoice)、包装说明书(packing list)、出口申请书(export declaration)，得到出口许可证(export permit)。

⑤ 在航空公司或者代理公司收取货物的同时发行空运提单；根据货物的内容粘贴标签。

⑥ 将记录装载货物的载货清单(air cargo manifest)提交给海关，并得到货物的出口许可。

⑦ 从货场中挑出载货清单中记载的货物按照航线装入集装箱(承运人义务)。

⑧ 运载负责人根据飞机运航所需要的资历及物品建立装载计划，装载完毕后出发(承运人义务)。

2) 进口货物的运输程序

① 飞机到达以后先要进行机内检疫，然后根据出发地点发来的卸机指示书(Unloading Instruction)来进行卸货作业。

② 下机的货物被送到分类场，跟材料一起查点分类。如：到达首尔的货物被分为金浦海关，首尔海关，南首尔海关的货物。

③ 到达的货物并不归航空公司保管，仅仅根据装载清单清点货物以及检查有无破损，然后放在保税仓库里保管，相关材料归航空公司保管。

④ 拥有私营保税寄存处的收货人在货物到达机场之后可马上被卸到现场，在空运提单的分类，整理结束之后，打电话或者发邮件通知收货人货物已经到达。

⑤ 进口通关业务是由提货人或者指定的报关代理人来执行，从航空公司那里获得空运提单，提货人或者是报关代理人向海关提交进口申报书，在获得进口许可之后通关，提货，全部的程序才算是结束。

2. 航空运费

航空运费的费率(rate)全都都是按照IATA(International Air Transport Association)来计算的，韩国也是通过国家的认可在使用同样的费率体系。航空货物运输的费用一般都是由费率(rate)以及附带费用和其他手续费来决定的。费率(rate)是航空运输企业收取的作为航空运输的代价的运输费用，可以分为重量单位或者是容器单位，按照大概的路线来制定费率表(Tariff)。

3. 航空运输合同和准据法

作为IATA的会员，航空公司必须履行IATA制定的'IATA标准条款'(the General Conditions and Terms)。该条款规定了航空运输人和送货人的权利，该条款适用于1929年的华沙公约(Warsaw Convention)和1955年的海牙议定书(Hague Protocol)不反对的范围，现在，大部分的航空公司都在使用IATA标准条款，或者是做了微小的修改在使用。

4. 空运提单

华沙公约第五条 1项中有这样的规定："货物承运人有权要求托运人填写一称为"航空货运单"的凭证，托运人有权要求承运人接受这项凭证。"同时第六条 5项有这样的规定："如果承运人根据托运人的请求，填写航空货运单，在没有相反的证据时，应作为代托运人填写。"实际上航空货物代理公司或者是航空货运经纪商独自发行空运提单。

(表 7-2) 空运提单和提单(bill of lading)的比较

空运提单	提单
不是有价票据，只是单纯的货物领取凭证	有价票据
非流通性(Non negotiable)	流通性(Negotiable)
记名式	指示提单 order bill of lading
领取式	装船式(装船后发行)
由送货人拟写	由船舶公司拟写

1) 空运提单的定义和性质

与海运提单相对应的是空运提单(Air waybill: AWB)和航空托运单(Air Consignment Note)。但海运提单在证明可以领取货物的同时带有可以流通的有价证券的性质，而空运提单只是一张证明可以领取货物的凭证，不可以流通。

运输合同从领取空运提单时，即货主或者是货主的代理人在AWB上签名，或者是航空公司认证的航空货物代理商在AWB上签名的那一瞬间开始生效，直到把货物送到AWB上明确注明的收货人(Consignee)那一刻作废。

2) 空运提单的功能

空运提单的功能是接受被委托运输货物的凭证，具有从文字上证明运输契约、费用账单、承运人加入货主保险(Air waybill保险：在AWB上有注明保险金额和保险费)、海关申报书、货物运输的指南(办理，中转，投递等)等功能。

3) 空运提单的构成

依据华沙公约，空运提单需要做成三份，并且需要和货物一起被递交，第1原文需要注明'运输人用'(绿色)，并由承运人署名，第2原文需要注明'收货人用'(紅色)，并由发货人和运输人共同签名，该原文要和货物被一起邮寄。第3原文(蓝色)要由运输人签名，在货物送达之后，要将该原文交给承运人。一份航空货运单由三份原文和6份复印件构成。6份复印件中的一份作为航空公司的货物引渡证明书以及履行运输合同的证明文件，需要在物品引渡的时候由收货人签名，并把该复印件返还给引渡航空公司，剩下的五份复印件均为白色，其作用是到达地点机场的海关通关业务用，到达地点机场的航空公司间的运费清算用，发行代理商保管用。

第八章　国际多式联运

第一节　国际多式联运的发展

20世纪70年代之后，随着集装箱运输在国际海运中的广泛运用，国际多式联运得到飞速发展。国际多式联运是指"综合国际间多样的运输手段，将货物运至与海运相连接的内陆最终目的地"。其基本要素是：①联运责任的交接，②联运的统一费用，③签发多式联运提单。现在最具有代表性的国际联运有向美国内陆或东海岸的运输中经常采用的OCP(Overland Common Point：可运输到落基山脉东部内陆地区，但海运公司只负责到北美西海岸港口)、IPI(Inter Point Intermodal：由海运公司负责从美国西海岸转换成铁路运输，抵达美国东部内陆区域)和MLB(Mini Land Bridge：从美国西海岸港口，卸船后交由铁路运抵美国东部港口及加勒比海区域)运输方式，以及俄罗斯东部与欧洲之间的Siberia Land Bridge，China Land Bridge等运输方式。

1970～1980年海上运输采用集装箱之后，抵达美国内陆的多式联运除了抵达芝加哥的航线以外，发展速度都比较缓慢。虽然在北美地区以通往东海岸及加勒比海地区的MLB为中心发展，但是发展速度缓慢。主要原因是美国向东部的货物较少，且往返物流量不均衡导致铁路运输费用较高。

但是到1980年之后通往北美内陆的国际多式联运飞速发展。主要原因有，美国一家海运公司——SEALAND于1980年退出太平洋联盟，在通往北美内陆城市的多式联运中单独采用统一的运费即IPI运费方式并率先提供Mini Bridge Service。太平洋联盟与之对抗，也开始从海运中心方式扩至内陆。

同年，美国国会于制定了《斯塔格斯法》(Staggers Rail Act)，州际商务委员会(ICC：Interstate Commerce Commission)，认为该法中规定的运输货物不适用有关铁路运输费用的规定，并据此认定TOFC(Trailer On Flat Car),COFC(Container On Flat Car)等运输货物不受相关的运费规定，铁路公司可以自由的与企业签订运输合约。《斯塔格斯法》法案修正了1976年通过的《铁路复兴和规制改革法》，放松了对铁路运输业的经济限制，铁路公司通过一系列的企业重组，迅速的发展开来。

从技术方面来看，原来由于铁路运输震动较大导致货物容易损坏，且运输费用也高于公路运输和海上运输，所以并未得到广泛的运用。而双层集装箱列车的产生与投用使得北美地区成为世界多式联运中心。早在70年代有学者提出双层集装箱车(double stack train)概念，而在1977年开始试用，直到1984年初美国总统轮船公司(APL)改良了既有的列车，成功的制造出轻量化的双层集装箱列车，该列车不但缩小了车轮的体积，两层的集装箱设计大大提高了运输效率，使运输成本降低约40%。同时，随着技术的不断提高，大幅度减少列车启动，停车以及运输过程中的震动，使之前不易于运输的产品，如电子产品和电子机器也得以适用于铁路运输。

美国在20世界80年代规范完善了包括海运在内的交通产业，促进了产业内的竞争，通过对铁路集装箱运输技术的改进，造就了一些国际海运业的中心企业，提供以顾客为中心的国际多式联运服务。在加大对海运以及铁路运输的联结点(node)投资的同时增设在北美及欧洲的经营网点。

第二节 国际多式联运的概念及形式

1. 国际多式联运的概念

多式联运是指为了满足日益增加的国际间货物交流，从发货地点到最终目的地以统一的责任和运费通过两种或两种以上的运输手段完成的门对门(Door to Door)综合物流运输系统。联合国国际货物多式联运公约中对多式联运的定义是：多式联运是指联运经营人根据运输合同利用至少两种不同的运输方式，把货物从一国境内的某一地点运至另一国境内指定交付地点的运输。具体来看，国际多式联运是为了提高国际之间货物运输的合理化，采用集装箱运输为重要手段，以最初的国际多式联运经营人(Combined Transport Operator, CTO)签发联运提单(Through B/L)收取全程运费，并把多式联运中的部分或全部的运输过程转包给其他运送人的方式进行运营。

承运人可以是实际承运人(海运公司或航空公司)，也可是货物代理人。海运公司作为海上集装箱运输的一环主要提供经由起运港的America Land bridge, Mini Land bridge, Interior Point Intermodal等运输服务。而货运代理人以Siberia Land bridge, Canada Land bridge, Sea and Air Service为中心，提供通往美国、加拿大、中国、亚洲、欧洲、澳洲、非洲等世界各地的门对门(Door to Door)的运输服务。

国际多式联运通过实际承运人或货物代理人来进行运营，但现实中，通过货运代理人的方式更受货主的欢迎，货运代理人不具备实际的干线运输方式，因此可以比较性的选择运输手段和航线，使之最优化。而且能提供其他便利服务，使得货主的运输费用最小化，同时还能为顾客提供门对门的运输服务。

货运代理人(Freight Forwarder)作为国际多式联运统筹负责人，一

般称为无船承运人(NVOCC：Non - Vessel Operating Common Carrier)。按照1984年《美国海洋运输法》的规定：NVOCC是指不经营海运船舶却提供海运服务的公共承运人。国际多式联运“承运人”不可能具备一切有关运输的硬件设施，但是在软件方面，可以选择最优航线组合起到积极的中间作用。

由此可见，国际多式联运的实质在于，通过综合运用两种以上不同的运输方式，实现国际间运输的门对门服务，最终达成物流费用的最小化以及运输时间合理化的目的。国际多式联运能够给货主节省运输费用，通过JIT(just in time)的方式，给货主提供适当的各种合理化和多样化的运输方式。在国际物流领域起到至关重要的的作用，其利用范围也在不断扩大。

国际多式联运的三个要素为：运输连贯责任、签发货运单据以及统一运输费的制定。但在实际的国际多式联运业务中，则不一定都具备以上的三个要素，从广义的角度来看，国际多式联运与一般的国际间运输服务基本相同。

2. 国际多式联运的主要形式

国际多式联运是以集装箱运输和航空货物运输的发展为基础，结合多种运输方式的运输系统。集装箱运输方式从1966年4月SEALAND公司开发北美东岸和欧洲航线为契机，逐步扩展到世界主要航线。

1959年小型运输机的出现使航空货物运输可以装载大型货物。而1970年以来由于波音747、DC - 10、L - 1011等宽机身飞机以及100吨以上装载容量的巨型运输机的出现，极大地加速了运输行业的发展步伐。国际航空货物运输最初主要运送紧急用品、贵重品等特殊物品，但随着航空运输的逐步发展，运输范围扩至海鲜和食品等具有高附加值的货物。目前，航空货物运输主要承载新闻报纸、杂志、紧急物品、邮件、海鲜食品、时尚服装、高端机器、电子光学仪器以及汽车零件等货物。航空货物运输量每年都在增加，其主要特点是运输时间短，24小时之内可以抵达世界各大主要城市，产品变质或损坏的几率非常低。快速的运输使其具有时间上的竞争力，使得高附加值商品在销售中占据优势，但同时航空运输也有价格偏高和运输容量较少的缺陷。

为了满足国际物流运输中门对门的服务需求，国际多式联运随着集装箱运输以及航空运输的发展迅速扩大。纵观世界主要多式联运航线的开设时间，途径北美西岸的海空联运航线是1962年左右依靠航空运输所建立的，而在之后的1971年则形成了Siberia Land bridge航线；1972年的Mini Land bridge、以及1980年Interior Point Intermodal航线的建立则都是依据海运所完成的。而如今依据货物代运公司主要的国际多式联运航线同众多的支线运输线路相连接，形成了联结世界各地的巨大运输网络。

如今，国际多式联运从最初的海空联运转为海、陆、空联运的形式，综合运用各种运输方式，以最短的运输时间和最合理价格向货主提供服务。国际多式联运的运输范围也逐渐在发生着变化，最初形成的各主要陆桥(Land Bridge)航线已经同众多的支航线连结，国际货物代运公司也正在根据货主的需求提供更为便利的服务。

1) 海空联运

海空联运是结合海上运输和航空运输的国际多式联运，其特点是运费和运输时间都在海上运输和航空运输之间，即相对于航空运输的高费用及海运的长运送周期，海空联运则是更为经济有效地运输手段。

海空联运方式开始于1962年，当时美国航空公司(美国航空公司、美国联合航空公司)从日本把货物海运至美国西海岸，再空运到美国中部及东岸。随后欧洲的航空公司(斯堪的纳维亚航空公司、荷兰皇家航空公司、法国航空公司)将发往欧洲的货物从日本运至美国西海岸，再空运到欧洲。20世纪60年代是海空联运的初期发展阶段，其运用对象只限于部分货主，业绩甚小。60年代后期由于洛杉矶港出现罢工和手续上的问题，欧洲航空公司把转机地点改在加拿大的温哥华，之后委托给加拿大航空公司经蒙特利尔空运至欧洲。1968年，加拿大航空公司开始独立运营国际海空联运。同年，俄罗斯的国际航空公司(Aeroflot Russian Airlines)也开辟了经由俄罗斯的纳霍德卡(Nakhodka)到欧洲的海空联运航线。

进入1970年之后，随着集装箱运输的稳定发展，海空联运的技术结构、服务和运费更加合理化。截止到20世纪70年代前半期基本上都是以航空公司主导运营海空联运，但从70年代从后期开始出现了专门从事海空联运业务的公司。

20世纪80年代海空联运中开始出现货物混装运输服务，为货运代理人(Forwarder)的出现打下了基础。当时航空货运代理人收取海运提单(B/

L：Bill of Lading)或FCR(Forwarders Certificate of Receipt)或空运提单(AWB：Air Way Bill)来进行运输业务。而海空联运的混装运输服务、发行提单、制定统一运费等因素也促使航空货运代理人的活动越来越积极。1982年，荷兰马丁航空公司(Martin Air)开发从日本经由香港到欧洲的航线。此航线首先从日本运到香港，之后从香港航运至欧洲，共需10天，与之前经加拿大至欧洲所需13至14天的路线相比，运输时间大幅减少。荷兰马丁航空公司采用通过总销售代理商向航空货运代理人进行销售，使货运代理人成为了海空联运的主管人，促使货运代理人对货主展开积极地销售活动。

海空联运始于航空公司，而现在则通过航空公司、货运代理人、中介人等进行运输。由航空公司运营的海空联运，航空公司不发行统一联运提单(Through B/L)，而是分别签发海运提单(Bill of Lading)和空运提单(Air Way Bill)。而货运代理人运营的海空联运则给货主发行统一联运提单，形成多式联运合同。此外，中介人起到选择并运营航线，并推荐给货运代理人的作用，其本身并不向货主直接提供运输服务。

①海空联运主要航线

i)经北美西海岸的海空联运航线

这是由航空公司开发、海空联运中最早的一条航线，此航线开始于20世纪60年代，将从远东运至美国西海岸的货物，再空运至美国内陆地区或美国东海岸，从而形成了海空联运。最近，仍有不少货运代理人参与其中，使其支线运输越来越多。该航线一般的运输线路是将货物从韩国或日本运至北美西海岸的西雅图、温哥华、洛杉矶，再空运到北美东海岸、欧洲以及其他它区。

ii)经俄罗斯纳霍德卡(Nakhodka)的海空联运航线

该航线从韩国和日本运至俄罗斯远东港口纳霍德卡，经西伯利亚铁路至符拉迪沃斯托克(Vladivostok)，再空运至西欧，北欧，巴尔干地区。此航线主要货运代理人是俄罗斯航空，其特点是大部分按照俄罗斯的运输体系来运营。

iii)经香港的海空联运航线

随着运输技术的发展，80年代出现了经由香港至欧洲的海空联运航线。该航线将货物从韩国和日本运至香港、新加坡、泰国等地区，再空运至欧洲。通过航空公司代理商或中介人，销售到当地混装货物代理人或零售店。该航线特点是运输时间较短。

2) 韩国、日本到北美的多式联运

①Mini Land Bridge(MLB)

MLB即小陆桥运输，最先由海运公司开发，其线路首先从韩国和日本开始以海运方式将集装箱货物运至美国西海岸，卸船后由铁路运抵美国东部港口或加勒比海港口区域。在美国，货物的装卸或转运主要在铁路枢纽站、海运公司的集装箱堆场(CY：container yard)或集装箱货运站(CFS：container fright station)进行。

1972年，Sea Train公司为了开发日本到美国加利福尼亚的集装箱运输服务，在经过美国西部的圣非(Santa Fe)铁路公司和东部的宾州中央(Penn Central)铁路公司的同意之后，开始经营海路联运服务。而且向美国联邦海事委员会(FMC)和州际商务委员会(ICC：Interstate Commerce Commission)提交收费表(tariff)。Sea Train公司设定的该航线的运费标准与从日本到美国东海岸的海运运费标准相同。之后北美西海岸运输联盟根据Intermodal Authority规定，于1974年设定了MLB收费标准，而经营太平洋航线的海运公司也以此为契机都加入到MLB航线中。

1981年，美国总统轮船公司(APL)在铁路运输中运用平板车(flat car)，

开始经营定期列车(liner train)，此举大大缩短了运输时间。同时在1984年开始利用双层集装箱列车(double stack train)经营定期线路。

该Mini Land Bridge航线是由海运公司签发统一联运提单(Through B/L)，运费则采用与直航海运一样的费用标准。运输时间也由采用集装箱海运时的18－20天缩短至14－18天，具有较高的货主利用率。

②Inter Point Intermodal(IPI)

IPI即内陆公共点多式联运，该航线从韩国和日本至美国西海岸，再运用铁路或公路运输到美国内陆主要城市，也称之为Micro Land Bridge。MLB运输的集装箱货物，其抵达区域是美国东海岸和加勒比海区域，而IPI运输方式则将集装箱货物运抵内陆主要城市，货物的交割则多在内陆主要城市的铁路中转站或船公司所有的CY及CFS中进行。

IPI同MLB一样，由船公司签发统一联运提单，运输至内陆城市。运费是海运运费和内陆运输费用的总和，经由洛杉矶至纳什维尔运输时间大约为14天。与MLB相比，IPI运输距离短、时间短，但是其运费较高。

IPI也采用双层集装箱列车的运输方式。而双层集装箱列车运输有UNIT TRAIN(船公司自备列车)和BLOCK TRAIN(租用铁路公司列车)这两种形式。UNIT TRAIN运输方式需要船主拥有150个以上的40英尺的集装箱用于运营，而缺乏这些设备的船公司则可以采用BLOCK TRAIN的方式。目前，大部分船主采用UNIT TRAIN的方式进行运输，这种情况下船公司需要从铁路公司租借铁轨和其他必须设施，通过自身的运营和管理对货物进行装卸或转运。

双层集装箱列车的运用，使得船公司可以根据自己船舶运输日程表来安排铁路运输，让整个运输过程更加快捷和顺畅。

③Reversed Interior Point Intermodal(RIPI)

RIPI是由船公司提供的通过集装箱运输，从韩国和日本经巴拿马运河，海运至美国东海岸，再通过铁路或公路运输到美国内陆各大主要城市的运输服务。RIPI最初作为对抗IPI的运输方式，1980年，依靠运往美国东海岸的US Line航线和Maersk Line航线而形成，之后各船公司向美国联邦海事委员会(FMC)提交制定的收费标准，开始提供该航线的服务。

④ 北美多式联运的货运代理人服务

这是以货运代理人为主导，利用集装箱运输的国际多式联运。首先货运代理人和货主签订多式联运合同，向货主签发多式联运提单。之后代理人与船主、铁路公司、卡车公司等签订运输合同，从船主收取提单，从铁路公司收取货运单(Way bill)开始联运。

1984年美国海洋运输法的实施，给以货运代理人为中心的多式联运造成很大的影响。如前所述，货运代理人一般是无船承运人(NVOCC: Non - Vessel Operating Common Carrier) 为了向货主提供运输服务同船公司建立关系。参与北美多式联运的大部分货运代理人是无船承运人(NVOCC)，单独向美国联邦海事委员会(FMC)提交收费标准，经营多式联运。不少的货运代理人运营的多式联运都租用了设定了统一费率(FAK Rate)的盟外船公司的船舶。而1984年《美国海洋运输法》对服务合约(Service Contract)的认可做出了相关规定，使得无船承运人可以在货主的立场签订同盟和服务合同，并获取个别合同运费的差额，这使货运代理人与联盟共同提供的运输服务得到了很大的发展。

货运代理人运营的多式联运的特色之一就是大型的货运代理人建立了货物查询追踪(cargo trace)系统。 可以给美国国内各大城市的货主提供货物运输信息，从而促进了销售。

3. 韩国、日本到欧洲的多式联运

①Siberia Land Bridge(SLB)

SLB航线是利用集装箱运输至俄罗斯的东方港(Vostochny)港口(原来是纳霍德卡港口)，再通过1967年重修的西伯利亚铁路运至东欧，或者运用铁路、公路、船舶或飞机运往西欧和中东地区的由货运代理人运营的多式联运。

目前，利用SLB航线的多式联运根据各区域运输方式的不同可分为如下四种运输系统：

ⅰ)Ocean - Rail Route

ⅱ)Ocean - Rail - Ocean Route

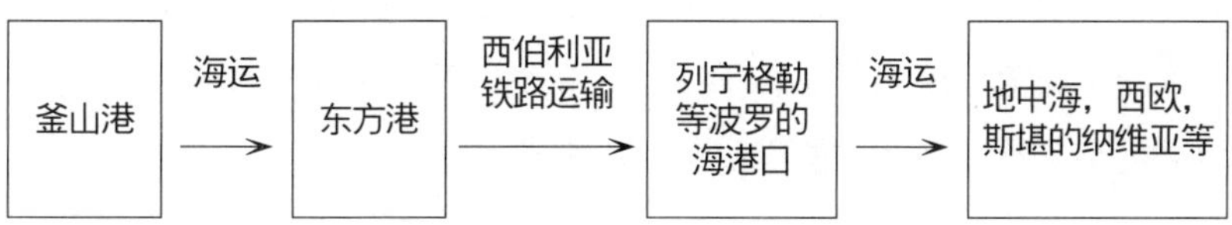

ⅲ)Ocean - Rail - Truck Route

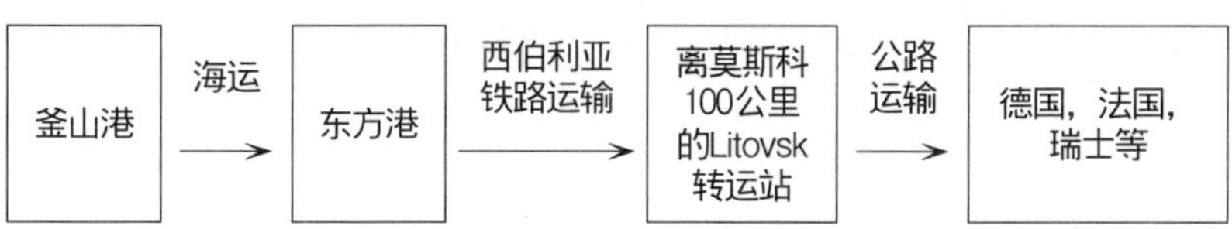

iv)Ocean - Truck - Air - Truck Route

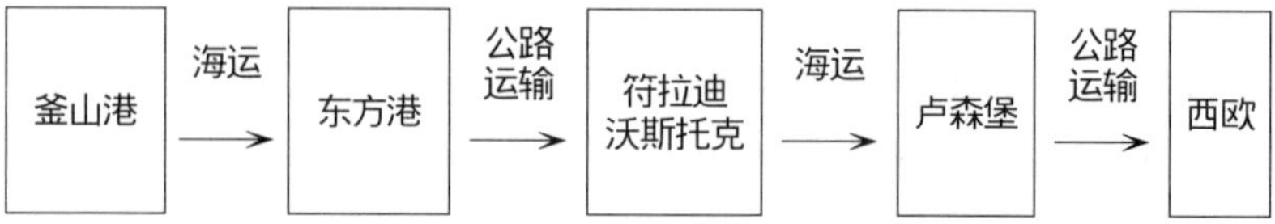

该航线虽然不通过西伯利亚铁路，但这是最为快捷和安全的多式联运。

SLB的优点除了缩短距离、降低运输成本之外，还具有 i)与欧洲内陆主要城市广泛连接， ii)代替中东航线，iii)回避滞船严重的中东港口，成为国际多式联运的主动脉具有无限潜力等优点。但SLB同时也存在缺陷。如空集装箱的回运、低温地区的通过、货物查询追踪、苏联铁路设施的老化、西伯利亚铁路运输效率低下等不少问题。

②America Land Bridge(ALB)

ALB航线是由远东地区港口集装箱运输至北美主要港口(奥克兰，洛杉矶)，再由铁路运输至美国内陆，之后再从新奥尔良(New Orleans)海运至欧洲主要港口或内陆。该航线最初备受关注，但是如今由于运输时间和运费不具备经济性，所以目前利用率非常低。

③Canadian Land Bridge(CLB)

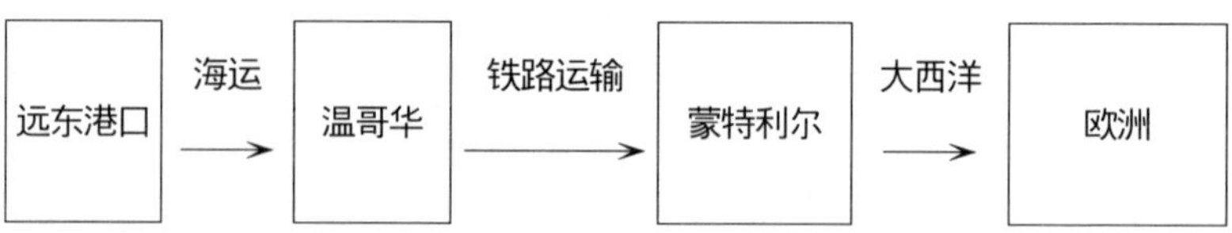

该航线是1980年开通的多式联运航线，目前使用率很低。

④ 远东船公会(FEFC)主导的欧洲航线多式联运

该航线主要利用欧洲航线的集装箱运输船从韩国和日本运至欧洲港口，再运至欧洲各大城市的由海运公司主营的多式联运。

1971年，远东船公会(FEFC)针对运至欧洲内陆据点的内陆运输，按照距离港口的远近制定了收费表(tariff)，给货主签发多式运输提单(Multimodal Transport Document)开始运营海陆联运。

⑤ 货运代理人主导的欧洲航线多式联运

该联运方式是指货运代理人主营的，利用联盟以外的船舶通过欧洲航线运至欧洲港口，再用公路或铁路运至内陆主要城市的多式联运。该航线中，货运代理人给货主签发联运提单(Through B/L)，在统一责任下实施门对门服务。

4) 亚洲内多式联运

① 韩国 - 中国多式联运

从韩国海运至中国主要港口，再通过铁路或公路运输至中国内陆主要城市。其主要航线包括：海运至大连港后通过铁路或公路运至吉林省、黑龙江省和辽宁省的航线；经过天津港后运至河北省、陕西省及内蒙古等地区；以及经过青岛港运至山东省内陆，经过上海港运至浙江省、江西省、湖北省、河南省及新疆省等地，经过香港货运至广东省、湖南省及四川省等地区的航线。

上述航线由中国货运代理人负责统一运输。如中国对外贸易运输公司(SINOTRANS)或中国外轮代理公司(PENAVICO)均提供多式联运服务。中国对外贸易运输公司从属于国务院对外贸易部，主要承担通关、公路运输、装船、保险、集装箱管理、货车安排等货运代理人业务。中国外轮代理公司从属于国务院交通部，主要经营国际航线代理业务以及一部分货运业务。

最近，横跨欧亚的中国横断铁路(TCR：Trains China Railway)备受关注。TCR从连云港出发，通过旧苏联国境与西伯利亚铁路贯穿至欧洲，中国境内的铁路长度为4018公里。以下为TCR的优缺点：

i)优点

(1) 与釜山 - 鹿特丹运输航线以及TSR(TRANS - SIBERIA - RAILWAY)相比缩短了2000公里左右

(2) 降低运输时间和费用

(3) 液体货物运输不用考虑如TSR航线的低温所带来的问题

ii)缺点

(1) 运输设施老化和货物查询追踪问题

(2) 经过中国国境同TSR相连接时，铁路轨道宽度不同，需要转运

(3) TCR运费制定要同俄罗斯进行协商

② 韩国 - 日本多式联运

由韩国港口海运至日本主要港口，再通过铁路或公路运至日本各大城市。该航线主要由货运代理人经营整个运输，签发联运提单(Through B/L)，在统一责任下实施门对门服务。

③ 韩国 - 海峡多式联运

由货运代理人主营的从韩国海运至香港、新加坡和泰国等地，再运至内陆目的地的多式联运。主要有从新加坡港通过铁路或卡车运至新加坡及东南亚内陆地区、由巴生港(PORT KELANG)运至马来西亚内陆、由曼谷港运至泰国内陆、由雅加达港运至印度内陆、由基隆港运至台湾内等航线。

除以上所述之外，还有从韩国通往澳大利亚、南美和非洲的多式联运航线。

第三节 多式联运在国际物流体系中的作用

1. 国际多式联运物流概念

国际运输中，货物经常是依靠连贯的运输方式来进行运输，以前的多式联运注重的是运输方式间完美的连接，以此来实现运输的效率化，而如今多式联运追求的则是综合、连贯的运输系统的建立。

某个运输机关或物流中节点(node)的作用都是为了使整个物流体系达到最佳效率，多式联运能使整个运输过程连接得更为紧密，使货主展开的物流活动更为顺畅。这里的多式联运的概念仅仅是指为了实现门对门的运输服务，综合运用不同交通方式的运输服务，与物流的概念则没有太大的关联。

Davies和Gray认为，国际运输所具有的物流的概念是指一贯运输

(through transport)，即把出口市场视为本国市场的延伸，使货运代理人和关税的影响最小化，以最有效的途径把货物送至买方。这个概念统筹国内和国际物流的范围，有利于实现总运费(Total Cost)的最优化。

特别是在比较空运和海运的时候，不应该只比较运费，而应该比较包括其他费用在内的总费用。比较总费用的方法不仅只应用于航空运费或海运运费的对比，还应用于其他的各个运输领域，包括国内运输和国际运输，但是实际在选择运输手段的时候不能只是单单的考虑总费用，正如Sletmo所主张的，货主在选择运输手段的时候除了总费用外还常常考虑该运输方式是否有利于货物的销售。因此，如果出口商即货主认为利用空运能给顾客留下良好的印象并有利于销售，即使分析出总费用不太合理也依然会选择空运。

制造业和流通业的货主在选择运输工具时，最在乎的因素是时间和安全性。虽然运费也非常重要，但是在商业活动中时间则最为关键。运输时间中包含着速度和信赖性。信赖性是指出发时间、运输时间及抵达时间等因素的准确程度。在物流中经常使用信赖性概念，但是到现在为止学术界没有对此形成一个统一的定义。速度则是根据转船和装卸时间等综合时间因素来评价。目前认为集装箱集散站(container terminal)和仓库(Depot)的有效运转可以成为提高速度，而且刺激销量的重要因素。

据Davies和Gray的主张，货主在选择运输手段时第一关心的是安全因素，第二关心的因素是运费。这里不能为了降低运费，而疏忽安全性。第三因素是便利性，该因素由集散站硬件设施和货运代理公司所在的位置来确定。第四因素是其它货主对货运公司的口碑。第五是生产性、服务性程序的复杂程度以及物流的整体成果等综合因素。

不过在现实中，一般货主并不是严格按照理论来评价运输服务。缺乏经验的货主会首先考虑运费等因素。而经验丰富的货主除了运费外还考虑运输服务的质量。现实运输过程中，应该综合分析运费和运输服务的特质，而不能将两个因素分离开，特别是运输服务的特质牵涉到运费和时间两个方面时，在考虑总费用的同时要综合把握货主的运输需求标准。

1970年，有学者以法国、西德、意大利、瑞典、英国五国的416名运输行业的管理层为对象，对运输速度、信赖性、与买方的沟通程度、仓库利用程度及货运查询追踪等五个因素进行了调查。结果显示，几乎所有的国家都对交货条件感到不满。其中，对英国的交货速度和信赖性的评价较低，但是其他国家并不能为此减少对英国的出口。

我们要从微观和宏观角度去研究国际物流，而且还需要政策上的支持和管制。国民经济与国际物流的关系非常密切，国际物流的发展程度直接影响货物的运费和质量。迅速而且可靠的国际物流体系可以提高一个国家制造业的国际竞争力。

2. 海空联运机制

1) 海空联运结构

海空联运是结合海上运输和航空运输的国际多式联运的一种。海空联运出现于20世纪1960年代，当时货物由远东海运至美国西海岸，再通过航空运输运至美国内陆地区或美国东海岸。此后，北美及欧洲航空公司陆续开发各大航线。出现连接太平洋海运和美国大陆空运的多式联运。1960年底，原苏联航空公司开辟了经由西伯利亚至欧洲的航空运输线，1980年代，出现了经由香港、新加坡、泰国等至欧洲的航空运输线。

海空联运服务以通往欧美的线路为中心不断发展，美国西海岸到欧洲的需求非常稳定，到达美国西海岸的货物，可以通过双层集装箱列车(double stack train)运至内陆各大城市，再通过空运运至欧洲。

1987~1990年的四年期间，运往欧洲的海空联运大约占整体海空联运量的四分之三，其具体的比重分别为，77.5%、78.2%、75.4%、77.6%，其次是运往中南美的运输，份额达13.2%，第三是通往北美的航线，比重为6.3%。

仓储费用以及运输费用的节省是海空联运迅速发展的主要原因。海空联运时间上比全程海运缩短了很多时间，例如从韩国和日本到欧洲的海空联运的时间比经由北美至欧洲的海运时间缩短了一半，比经由东南亚至欧洲的海运时间缩短了三分之二，减少运输时间意味着库存时间的缩短。另外，运输费用方面有很大的优势。海空联运费用远远低于全程航空运输费用。如从韩国和日本至欧洲的海空联运的费用，是经由美国到欧洲的空运费用的三分之一，是经由东南亚至欧洲的空运费用的一半。而且，海空联运与JIT(just in time)系统的结合还可以大大降低库存费用。

通往欧洲的海空联运成为日本从海外生产分公司调配零部件以及向欧洲市场运输完成品的重要手段。日本通过该航线运输的主要货物有电脑零件、汽车零件、音响零件、电视及录像零件等。成品有电子产品、办公用器材、音响、光学仪器、医疗仪器、纤维产品和胶卷等产品。对于日本来说海空联运主要应用于出口，这是因为日本企业需要出口大量商品和零件并实施海外扩展战略。

1986~1989年日本的海空联运运输量(单位：1000吨)分别为，34.00、45.98、64.02、61.08。同一时间出口量分别为，332.4、388.6、425.6、468.2。海空联运的货物运输量包含在海运出口的货物量中，在海运货物出口量及航空货物出口量的总和中，海空联运的货物运输量1986~1989年占有的比例分别为9.3%、10.5%、13.0%、11.6，可以看出空运在海空联运的作用还非常有限。

如今，海空联运方式结合市场需求，以货运代理人(Freight Forwarder)负责选择运输航线和收费表(tariff)。1988~1989年，运营由北美运至欧洲航线的26个公司中，有5个航空公司(Aeroflot，Air Canada，Air

France，Panam，Flying Tiger)，1个海运公司(川崎汽船)，20个货运代理公司。由此可看出货运代理公司已经占据绝对的主导地位。

由北美运至欧洲的海空联运方式基本以航空公司和货运代理公司为主导，形成海陆空运输航线。海运公司作为实际承运人，负责海上运输。无船承运人在考虑各个交通手段的优缺点后，选择最佳组合获取利润，在运输产业链中属于上游。所以货运代理人是国际多式联运的统筹负责人，海空联运具有很强的市场性。

第四节 管制的放宽和国际多式联运

物流是为了控制流通领域，但为了实现这样的目的不能仅仅集中于竞争战略的树立，而应该树立同企业相配合的战略，从产品的生产、销售以及服务上为企业提供服务。这样的背景促进了运输业管制的放宽，在新的价格体系下运输业的竞争促进了新的运输方式既国际多式联运的产生，使得物流战略同企业战略能够更为密切地配合。对物流活动管制的放宽，原本是为了降低国民经济中运输的费用，而这也对企业物流战略的树立产生了不少影响。

1. 物流业多式联运战略的再建立

美国自1984年开始实施美国海洋运输法，给多式联运提供进一步的发展空间。该法的实施使运输服务从原来的装卸、运输、引渡三个环节，扩到仓库业和库存管理服务，而且控制一个以上交通方式的公司的数量开始逐步的增加，预计未来将会出现掌握铁路、公路、航空、海运服务的超大型运输公司(Mega Carrier)。

政府放松管制后，太平洋航运市场开始出现供过于求现象。出现这一现象的原因正是由于政府放松了对物流的管制，但这与之前经济不景气时发生的供过于求的现象不同，在之前经济不景气时运输公司提供的运输服务仅仅是为了使自身的利益最大化，并不会过多的考虑能为货主减少运输费用，在放松对物流的管制后，运输公司可以提供的物流服务变得多样化，货主的选择变得更多，货主可根据运输公司可以提供的物流服务来安排生产计划，由此使国际多式联运系统同货主的物流系统相互融合。在这样的情况下，物流业所提供的服务不能仅仅局限于将半成品或是成品在一定的时间运输至一定的地点，而必须依据最终消费者的需求来构筑合理的运输系统。

产品的生产是以消费需要为前提的，但在大多数情况下产品制造商往往会以未来的销售预测为依据进行生产，进入运输过程的产品数量也包括了未来一段时间内产品的预测销售量。销售量的预测非常困难，产品制造商在管理物流作业时也往往会考虑到一定的不确定因素，而国际物流经营商也应该考虑到制造商产品生产的不确定性，建立更有弹性的更具选择性的国际物流系统。

(表 8-1) 国际多式联运战略的发展

服务标准和战略	战略内容	战略目的	战略模式
物质战略	· 有效促进海上运输	· 形成规模经济	· 引入集装箱货船 · LCL货物转成FCL
地点战略	· 流动货物的集货	· 设置装卸系统	· Hub Spoke港口网络化
时间战略	· 确立国际JIT系统 · 结合国际物流和国内物流	· 形成有效的转运站 · 改善相互链接	· 全年365天提供服务 · 利用双层集装箱车 · 确保仓库量 · 超大型集装箱车完备
人力战略	· 多样化网络	· 结合地点战略目的和时间战略目的	· 结合地点战略和时间战略

以多式联运方式结合的国内物流和国际物流正在通过实现区域经营以及规模经营来减少由于物质、地点、时间、人力方面的异质性对运输所带来的影响。如<表8 - 1>所示，多式联运经营人正在从物质、地点、时间、人力四个方面树立不同的战略来保证联运能顺利的进行，四个因素从物质到地点和时间，最后到人力战略阶段。但目前还有部分企业止步于分析地点阶段，而某些企业已经从时间阶段进入分析人力阶段。

从<表8 - 1>可以看出，地点战略显现出多式联运的内容，而时间战略则与物流互相结合。物质战略和地点战略中，供给方占有主导地位，时间战略和人力战略则针对需求方。出现这一变化的原因是由于在全球化时代国际经济环境背景下物流管制放宽的结果。

人力战略的树立不是一定需要有硬件的完成，这为不是实际承运人的无船承运人(NVOCC)即货运代理人提供了很大的活动空间，对于小货主所面临的有关人力战略方面的异质性问题则可以通过货运代理人来进行解决。

国际海运业为了对抗货运代理人，积极设立船运公司为中心的货运代理公司。1989年，以船公司为中心的货运代理人在日本进出口中所占比重大约为10%，1985年至1989年的年平均增长率为28%。英国的进出口贸易中，货运代理人占海运和公路运输的50%，在航空运输中占80~95%。英国出口商在国外的竞争直接与选定的货运代理商和运费相挂钩。

产品制造业选择货运代理运输方式的优点在于，可以全心投入于商品的生产和销售。其缺点是丧失了国际物流影响力。国际物流过程在货运代理人控制之下时，很难与商品的制造和销售发生协同效应。有研究者指出，现在部分货运代理公司与制造商形成密切的关系，其职员进入制造公司实施反整合战略(reverse integration strategy)，但是部分学者认为不存在上述战略。因为制造业公司通过从货运代理公司转过来的职员，可以帮助企业更好的利用多式联运。一般来讲，制造业公司规模越大，那么对于货运代理商的依赖度就越低。

2. 国际物流业的JIT战略

汽车产业和电子产业的跨国企业在国际物流活动中非常需要引入JIT(Just In Time)战略。JIT战略是指建立在力求消除一切浪费和不断提高生产率基础上的一种生产理念，尤其注重减少库存量。国际物流活动包括零部件流通、原产地流通、产品流通等概念，库存量的减少是指所有环节中库存量的减少。

促进JIT战略的外部因素有两个，分别是产品生命周期(Product Life Cycle)的缩短和电子信息交换系统的发展。物流成为适用JIT的最尖端领域，减少甚至消除本来起到缓冲作用的库存环节对于生产者和消费者来说都较为有利，实际上保留较多库存的企业往往也是经营状况不良好的企业。

从国民经济角度来看，库存周转率(产品销量/产品库存量)偏低，从两方面导致国家经济竞争力的削弱。第一，保存大量商品导致利息、仓库费、保险费和搬运费的增加，直接影响出口产品价格，在国际竞争中处于不利地位。第二，机会成本问题。大量库存费用可以投入于其他经济活动。

就英国和美国的库存状况来看，19个产业中的主要13个产业(特别是出版、制造、汽车业的60%以上)库存量更少。而日本产业的库存政策更加优于美国和欧洲。日本大多数制造业利用JIT系统来进行零部件的调配，只发送实际需要的零部件的数量。通过这样的系统，企业不仅能减少库存，节省大量的库存费用，还有助于发现生产过程的问题。欧美企业尤其需要在电子产业和汽车产业引进类似体系，才可以与日本制造企业进行竞争。1987年，英国制造业的JIT利用率为60%，大部分的企业都只是在一部分环节上采用了JIT。

制造业都存在一定的交货周期(Lead Time)，如所有的制造企业都为了节省费用减少自己以及流通公司的库存量，那么对于类似的同种商品，如果价格也较为接近，一个制造企业所使用的物流服务的品质则会成为决定该制造企业竞争力的主要因素。

但这并不意味着无论在什么情况下制造业都要无条件的减少库存，如今制造业可以利用的物流服务多种多样，不同的制造业可以选择适合自己产品的特殊的物流服务，在物流服务快速化便利化的同时，制造业可以同可靠的物流公司共同构筑适合自身的国际及国内物流运输系统，以保证库存最低化的同时达到生产效率化的目的。

第五节　货运代理人

1. 货运代理的意义和作用

国际物流的形态大体上可以分为线(Link)和点(Node)两个部分，所谓的线是指连接运输公司的航空路线或公路，而点则是指港口或机场等的物流基地。经营国际物流线(Link)的业务的主要是航空公司或海运公司，而经营点(Node)的业务的则主要是货运代理人。

以前的国际物流主要利用海运及空运来实现港到港(Port to Port)的运输，而如今的国际物流则开始追求合理地利用一系列的连贯运输服务来实现门到门(Door to Door)运输。即国际物流也开始追求综合运用整个物流运输系统，向货主提供更为便利和完善的服务。而在这其中，货运代理人发挥着至关重要的作用。

货运代理人作为物流活动中广泛使用的经济型概念，还没有准确的定义。以下将参考国外的实际情况对货运代理人的本质及意义以及在国际物流中的作用做出考察。

美国把货运代理人分为三种。第一，国内货运代理人(Domestic Freight Forward)，洲际交通法(Interstate Commerce ACT)中的第四部分对其做出了相关的规定，国内货运代理人是指由州际商务委员会(Interstate Commerce Commission：ICC) 签发执照，对货物进行集货、混装、全程或区间运输，并利用中间运输商承担货物全程运输责任的一般承运人(Common Carrier)。第二，海上出口货运代理人(Ocean Freight Forwarder)，即受联邦海事委员会(Federal Maritime Commission：FMC)管辖，根据美国海洋运输法(Shipping Act of 1984)获得FMC执照， 经营海上运输的代理人。第三，航空货运代理人(Air Freight Forwarder)，国内和国际航空货运代理人均受到联邦航空法(Federal Aviation Act：FAA)的规范，同时受到航空委员会(Civil Aeronautics Broad：CAB)的管辖，但后来根据美國民航解制法案(Airline Deregulation Act of 1978)，CAB在1985年被解散，在此之后有关航空货运代理人的规范则成为空白。

海上货运代理人(Ocean Freight Forwarder)和无船承运人(NVOCC：Non - Vessel Operating Common Carrier)是比较容易混淆的概念。前者于1984年根据《美国海洋运输法》具有明确的定义，即海上货运代理人(Ocean Freight Forwarder)是指"提供美国与外国的货物或游客的运输服务，获取报酬，并对全程运输负责，在公海或美国五大湖运输中利用船舶运输的货代人"(同法第3条6项)，无船承运人则是指，"不经营海运船舶却提供海运服务的公共承运人"(同法第3条18项)。

1984年美国《海洋运输法》明确规定，对于海运公司，无船承运人可视作货主，从而使无船承运人可以与海运公司签署类似于Service Contract或Time Volume Rate的优惠契约，从法律上确保了利用无船承运人的中小货主可享受到的优惠。而同时，在无船承运人的地位在法律上得以确定之后，除了担负运输责任之外，还需要向美国联邦海事委员会(FMC)提交收费表(tariff)。

海上货运代理人则没有以上如无船承运人的责任，据1984年美国《海洋运输法》(第39条)，海上货运代理人为货主确保运输舱位以及提供材料等相关服务。虽然海上货运代理人和无船承运人在法律上有明确的区别，但实际运作中，两者的业务范围相互渗透，很难分辨区别。

英国对货运代理人没有准确的定义。英国的代理人主要提供国际运输文件的准备及处理、运输装载、货物保管、通关手续等业务。德国与英国不同，属于成文法，德国的《商法》对运输代理人(Spediteur)做出了明确的规定。德国《商法》第404条1项规定："运输代理人(Spediteur)是指向货主提供中介服务，用自己的名义利用陆上运输人或海上运输人的运输手段为货主提供运输服务的个体。"日本的商法非常接近于德国，但是日本承运人的业务范围超过法律规定范围。货运代理人除了提供运输中介等服务之外，还经营近距离运输、货物分类、装载、包装、装卸、保管、库存管理、流通加工、通关、保险中介、签发提单等多种业务。

韩国《海运业法》第2条1项把货运代理行业规划到海运业范畴。同条款5项规定，"海上货运代理业是指以自己(包括外国代理商)的名义全程负责运输服务。"即货运代理人从货主接管货物运输，利用自己的船舶或他人船舶(租船或租舱位)提供运输服务，并用自己的名义签发提单承担全程运输责任。同时"海运相关法上报及事后管理要领"第2条表示，"海上货运代理业是指，经营《海运业法》第2条5项所规定的业务，与货主签订国际多式联运或与国外的运输公司签订合同，向货主签发提单并负责管理运输服务的运输代理人业务。"

2000年修正的韩国《货物流通促进法》第2条6项规定，"多式联运代理业是指：满足货主的需要，以自己的名义利用船舶、飞机、铁路和卡车等两种以上交通工具形成的运输事业。"1996年，韩国对外开放多式联运代理业之后，美国等发达国家11家货运代理公司进入韩国。给韩国货运行业带来巨大的冲击。

货运代理人的职能，大体可以分为基本职能和附加职能。基本职能有运输委托、运输代理、运输中介和运输利用等形式，也是承运人的基本职能。而附加职能则是指货运代理人满足货主的其他运输方面的需求。

（ⅰ）基本职能

- 运输委托：以自己的名义代理货物运输
- 运输代理：作为代理人或使用者，签约运输契约
- 运输中介：作为中介人连接货主和运输公司
- 运输利用：接受货主的货运委托，并对运输承担责任，但是不直接进行运输，而是利用其它具有运输能力的运送人来完成货物的运输

（ⅱ）附加职能

- 制定运输文件
- 运输的调整、组合、确保舱位
- 集中发送、公路运输
- 通关
- 保管、管理库存
- 流通加工
- 包装
- 信息提供和处理
- 其他（代理保险、金融服务、市场调查）

2. 货运代理的优缺点

1) 货运代理优点

① 专业性

货运代理人具有专业性，熟悉基本的贸易手续，掌握着物流行情，并提供准确的信息。同时能为特定的市场（同众多的城市及目的地建立联系）、运输形式（冷冻、大量运输）、货物形式（危险品、工艺品）提供运输服务。

② 中介

当出口商签订包括特定交货条件的合同时，货物运至目的地后，货运代理人的中介作用则极为重要。在英国，代理商的中介对于进出口方尤为重要，代理商代表运输公司、税务局、管理当局、库存公司等正式机构。代理人是个别的一个人时，也不可以低估其作用。

③ 设施

大部分代理商都可以提供除了货物运输以外的各种服务，如保管、包装、重装、分类、检查等。由于网络的普及，海关利用DIT(Direct Trader Input)系统就可以使得到认证的代理商与海关连接。

④ 便利性

贸易商把货物运输委托给代理商之后，可以全心投入于商品的生产和销售。大部分出口商为了强化商品制造和海外销售业绩，心甘情愿把货运部分委托于第三方(Third Party)。

2) 货运代理缺点

① 增加成本

由于介入第三方，提高了成本。但是一般来说，代理人所带来的机会成本高于代理费用。所以被贸易商广泛使用。

② 失去控制

任何出口商不愿意第三方介入本公司内部流程，所以尽量自行处理更多的运输流程。

对于货运代理商，应该注意一点：贸易商虽然委托代理商进行运输业务，但总归来说代理人并非贸易参与者。海关方面出现问题时候，首先会与贸易商进行沟通，而不是代理商。

在欧洲地区海空联运中，货运代理商起着很重要的角色。这是由于在激烈的市场竞争中，贸易商將运输业务委托给代理商能使经营活动更加有效。

第三部
国际物流基地

第九章 港 口

第一节 港口的功能

一般港(Seaport)是指便利船舶和陆地相连接的，具备相应设施的空间。即，与其它地区相比形成某一种经济单位为船舶的进出和停泊提供像通道，码头，船渠，仓库，起重机这样天然的，人工设施的水路领域。港口被认为是一种具备货船的装卸、保管功能，连接水路交通设施的空间。天然良港是指能通过自然的港湾抵御强风浪，使船舶可以停靠，避难的封闭式水域，从地理的层面来看天然良港是指存在于海岸线上的海湾(Harbour)，但是今天多数的人工港不仅在 Bay Area建设，通过开垦，疏浚，以及新的建筑方法，在外洋也可直接建设港口。

(图 9-1) 港口和港口城市的发达

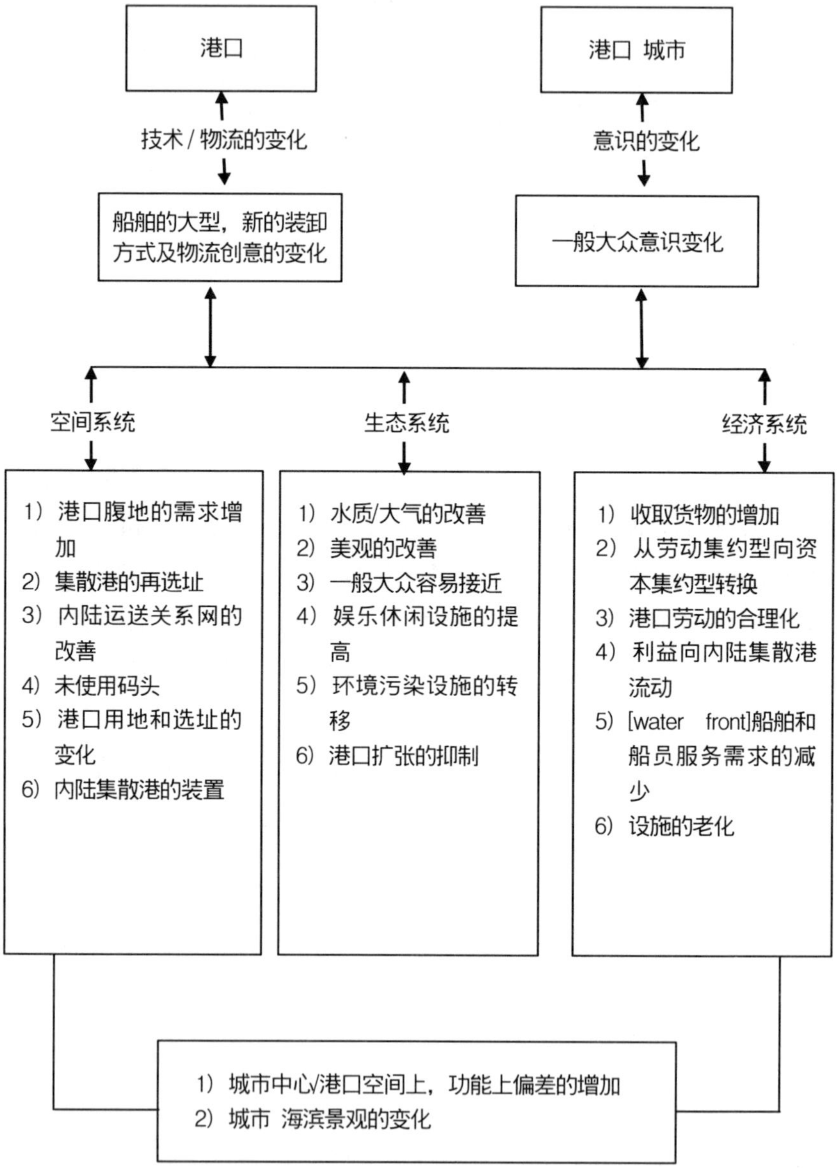

1. 经济的层面

如图9 - 1中所显示，港口是城市和地区重要的财产。港口是有关船舶和货物服务的提供者，关系到与国际贸易相关的第一、第二产业。港口可带动城市经济并具有广泛的潜力。港口的经济活动复杂，由功能多样的经济领域构成，同时港口的发达也会映射出港口城市的繁荣。

港口的存在促进产业资本的再生产过程，刺激就业，使经济更为活跃的发展。港口的扩充对城市和经济有利，特别是港口的扩充为船舶的入港提供便利，随着船舶入港的增多城市的收益也随着增加，从而带来地域的繁荣。

港口经济方面的影响力包括服务(造船，船舶修理，公共服务等)的费用和人员的雇佣费用、代理商费用、陆地服务员、和海运有关的资本等。直接的服务(运费、运输代理人、船舶代理商、税务机关、货物代办公司、海上保险和银行等)对城市和港口起着直接的影响。与港口有关的其它活动包括港口管理者，税务机关，海上保安等行政业务。

如今，随着装卸流程的合理化以及技术的提高，港口的工人大幅减少，同时集装箱化的发展也使船舶的起航时间的缩短，船员的人数也大幅减少。依靠传统的海上运输所产生的波及效果有减少的倾向，而滨海(waterfront)空间的潜力进一步凸显，被认为是可以创造新的选址条件，提高城市生活环境的综合空间。

2. 生态层面

随着上个世纪八十年代滨海(waterfront)再开发计划的开始，港口的生态问题开始受到重视，港口的生态环境，对于公益性和城市再开发都有重要的意义。滨海(Waterfront)的空间包括海域和陆地领域，具有在优秀的自然环境中形成高质量的生活空间的潜力。

3. 空间的层面

世界主要的港口基本都毗邻城市，城市和港口成为一体从而形成港口城市。海上运输技术的革新需要船舶的大型化和大型的集装箱设施，从而导致在狭小的城市建立的港口在经济方面发挥不了它的功能。一直以来城市中心的滨海区域(waterfront)是交通、产业活动、城市活动的主要进行区域，随着城市中心滨海区域(waterfront)港口功能的减退，逐渐出现了城市和港口分离的现象。

第二节 港口的环境和枢纽港

1. 港口的环境

20世纪后期，以重化学工业等为中心的产业实现了大量生产，为满足大量销售的需求流通的合理化越来越重要，对物流的革新也受到人们的关注。货主企业进一步提高连接生产和消费的物流机能，希望在降低费用的同时通过销售量的扩大来追求更多的利润。另一方面产业社会从重视规模经济的工业时代，变成了重视区域经济的信息化时代。在这样的环境下不能不对港口的重要性加以重视。

港口的需求受到运输产业内的产业结构、经济情况、贸易结构、海运等方面因素的限制。船运公司的活动作为外部环境因素直接关系到港口的需求。船运公司在海运自由的原则下为对抗激烈的竞争一直对集装箱运输的大型化、专用化方面进行着革新。但这样的革新必须考虑应该怎样改善，怎样看待国际物流服务，和什么样的港口更受喜爱等问题。

另一方面作为港口的主要外部环境的货主企业，特别是跨国企业在国际贸易上更喜欢依靠集装箱运输来实现门对门的多式联运输方式。跨国

公司在开展全球运输业务的同时，相互间围绕着国际物流系统的效率化展开了激烈的竞争。跨国公司为了实现企业内部分工的高效化，在国外设立分公司，对于产品企划的相关问题，通过企业集团内部的国际网络调配原材料、零部件、以及半成品。在劳动力较为低廉的地区实现现地生产，确保最为有利的销售市场。物流系统化的程度在全球市场跨企业的竞争方面起着重要的作用。

跨国公司为了确保物流过程的合理化，除了利用现有的船运公司以外，还经常自身持有运输船，或是租赁船只，以此来保证整个运输过程能有机的连接起来。

在港口的外部环境变化中最重要的是集装箱化。集装箱运输的普及要求港口物流服务功能整体上要均衡发展。在港口要想满足货主，船运公司的要求，必须要求装卸的机械化。自从集装箱出现以来很多港口出现了必须重新开发建设集装箱港口的情况。特别是港口是否拥有最佳的物流装卸功能，对起航的船舶数的增减，甚至对港口的兴衰都起着关键的作用。在港口的货物流动方面来看集装箱专用港占压倒性多数，集装箱货物的吞吐量也急速的增长。

2. 枢纽港

集装箱运输迅速发展，成为产业界必不可少的运输手段。国际多式联运系统已逐渐形成世界级的规模，船运公司和货主都可自由地选择对自身有利的渠道。规模大的港口展开支线运输方式，吸引邻近小港的货物。

门对门集装箱货物的运输包括以下内容：

(1) 内陆，海上支流运输

(2) 港口装卸

(3) 海上运输

在这样的物流活动中船运公司的立场是为了降低集装箱航线的运输费用。为此必须缩短船舶总的港口停滞时间。为提高年间运行回转效率，船运公司要考虑以下两种方法：

(1) 缩短船舶在港时间

(2) 启航港的密集化

作为(1)的改善方法货主和船运公司应选择具备完善设备的港口，同时为了(2)的改善应该避免不必要的多次停靠，尽可能的利用一个支线运输，减少船舶的停靠次数。大型集装箱船在枢纽港之间运行是一种最具效率的方法。

(表 9-1) 3.000TUE集装箱船的一日费用

费用项目	一日费用 (美元)	费用 (%)
资本费	21.000	47.3
销售费	6.600	14.9
乘务员费	2.000	4.5
润滑油费	900	2.0
修理/保险费	1.200	2.7
管理费	600	1.4
航海费	16.800	37.8
燃料费	7.800	17.6
港/集散港费	9.000	20.3
总费用	44.400	100.00

(图 9-2) 集装箱船规模的变化

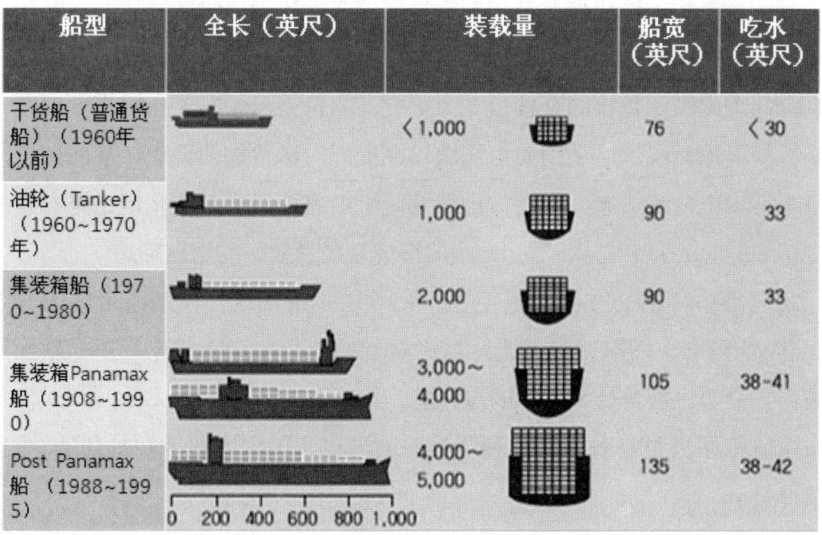

资料：S.K. Skinner, National of Transportation Strategic Planning Study, U.S. Department of Transportation, 1990, pp.14~15.

表(9 - 1)显示装载3000TEU的集装箱，资本费占总费用的比例(47.3%)最高，港口内的费用所占比例为20.3%，也非常高。

减少集装箱船的在港时间和入港次数是提高回转率，节约成本所必须采取的措施。如图(9 - 2)所示：随着时代的变化，集装箱船日益追求大型化和规模化经营。为提高船舶的回转率以30海里以上的高速船为主，投入了可通过巴拿马运河的Panamax船，以及不通过巴拿马运河途径南美的大型 Post Panamax船。

对想要提高集装箱运输服务质量的船运公司来说，集货能力与收益有直接的关系。船运公司为了保障稳定的收益，会希望同集货能力较好的港口建立航线，因此先发展起来的大型港口则逐渐转变为区域性的枢纽港口。

港口的发展逐渐形成了不同的阶层，大型的枢纽港口依靠集装箱船，主要经营远距离的货物运输，而小规模的港口则主要针对支线货物和其他货物展开竞争。

船运公司和运输代理人希望把货物集中在少数港口内进行高效率的运输。集装箱化被认为是根据货物的处理量来决定活动范围和潜力的运输系统，因此确保货物的处理量尤为重要。船运公司倾向于在枢纽港口之间经营运输航线，这是因为枢纽港口能保证大量货物的聚集，从而减少每个运输单位的成本，实现规模经营。港口腹地集中，连接枢纽港和支线航线的Hub and Spoke Network的形成是极具效率的运航形态。

海运港口环境的变化必然使港口和海运网络相连接，从而形成 Hub Spoke的概念，而枢纽港成为区域经济圈的核心也在所难免。正如新加坡，香港等已被公认为国际的枢纽港。

国际枢纽港是具有枢纽性和连接性的港口，国际枢纽港需具备的3个条件是：

(1) 主要港口(Main Port)功能：可直接参与主航路

(2) 门户(Gate Way)功能 ：可直接连接港口腹地外地区的功能

⑶ 国际转运(中介运输)功能：可在三个国家运送的转运功能

(图 9-3) 国际港功能和海运网络

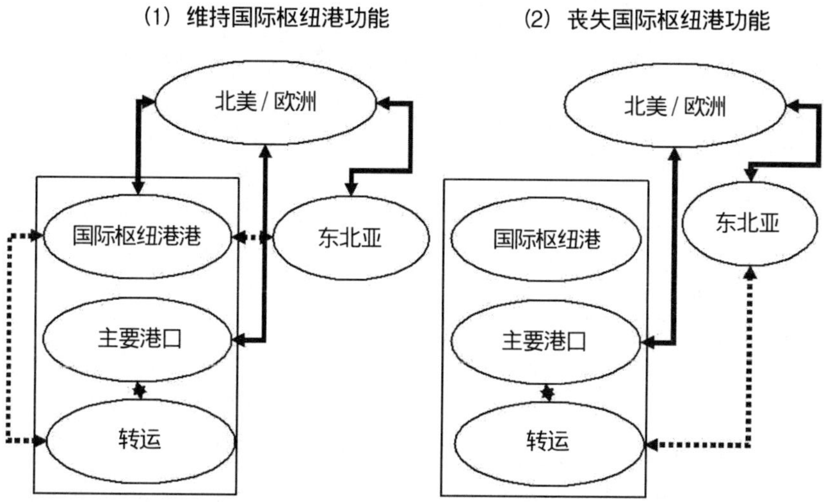

从功能的内容来看，国际港的门户功能同枢纽性，国际转运功能同港口的中转性有密切的关联，港口主要功能是把区域经济圈内的核心性和中介性同国际运输系统相连接。

另一方面，特定国家根据是否具备国际枢纽港机能，国际运送系统海运网络的构成也会随之改变。如该港口具备国际枢纽港功能，则作为本国的枢纽港，会使国内的区域性经济圈和转运港同国际海运网络相连接，带来大量的转运货物，从而产生经济利益。但如若不具备国际枢纽港功能，则该国内的区域经济圈只能同国内的港口形成运送网络，由于出口商品需要增加额外的费用运往国外，该商品则会在国际竞争中处于劣势。

因为枢纽港所具备的这些特点，处于同一经济圈内的港口会为了成为该区域的枢纽港而展开激烈的竞争。而有关港口竞争力决定要素的研究也相当的活跃。

港口竞争力决定要素根据研究者的不同会带有不同程度上的差异。

Ⅰ)选址，ii)设施，iii)费用，iv)服务，v)管理运营形态是决定吞吐量竞争力的基本原因。即，选址，设施，费用，服务及管理运营形态的综合能力可称为港口的竞争力。这种竞争力会以进出口及转运货物量的形式体现出来。

第三节 港口的开发及管理体系

韩国的港口由国家开发管理甚至可以称港口为韩国的公共财产。民间资本基本没有投资港口设施的建设。这样的港口体系持续到今天有着各种理由，首先，随着经济的增长货物运送的需求急速增加，需要加大对港口的投入以满足日益增加的货物运送需求，而民营资本直接投资开发面临着资金、技术及人才的储备不足等问题，所以只能由国家带头进行港口的建设。其次，港口投资的资本回收速度普遍认为较慢，而且投资回报率也不比其他投资项目高，所以民营港口的投资并不容易实现。另外，在港口开发的过程中还面临着一系列的环境问题，所以不得不采取国有、国营的港口运营体系。

但为了应对多变的港口环境，确保在激烈的竞争中保持优势，港口的运营必须摆脱单一的国家运营体系，向企业化经营的方向转变。特别是港口和区域社会的关系密切，应尊重地方的自主权，在港口间相互竞争的时候，应参照国外港务局(Port Authority)的做法，使港口管理地方化，把运营权委托给民营公司，使港口运营体制中也可引入适当的企业管理技术。如此一来不仅能大大提高港口设施的利用效率，提高港口和

(图 9-4) 港口竞争力评价组织

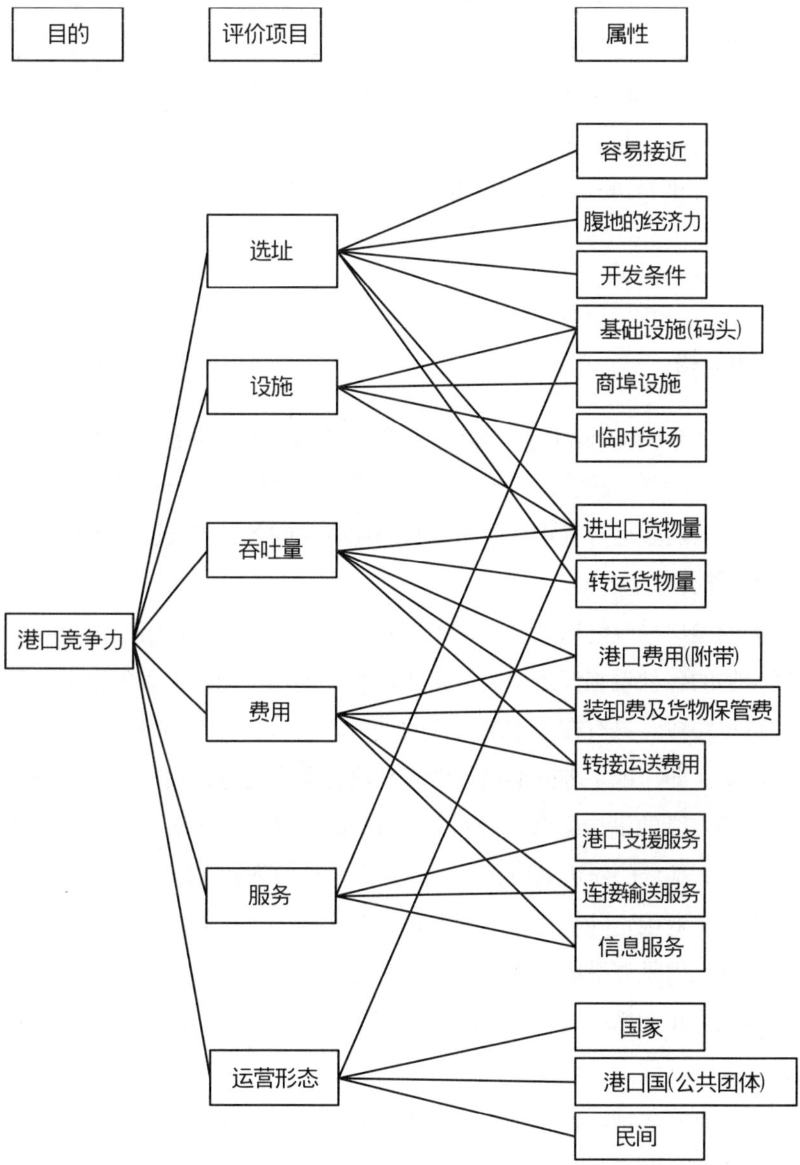

利用人的竞争能力，还能不断的促进港口服务的范围及品质的最大化。这意味着港口的经营必须从国有、国营的体系中走出来，向新的体系迈进。为实现这一目标，首先要了解港口的所有形态和港口开发及管理体系有哪些形态，看一看各形态有什么特征。

Baudelaire把港口的开发及管理形态分为(1)地主港(Landlord Ports)，(2)道具港(Tool Ports) (3)运营港(Operating Ports) 三种。区分这三种港口的标准是港口设施、货物处理服务以及确认提供相关服务的主体。

1. 地主港

港务局(Port Authority) 或港口管理主体为船舶提供各种基本的港口设施，如：港路，防波提，泊地，临港道路，靠岸处，码头等。而像装卸，保管，及搬运等货物处理服务和与此有关的各种附属服务则是由民营资本所提供。

此类的港口采取港口管理主体提供基本设施并把它租赁给民营企业，处理货物的各种设施都是由民营企业自费提供，货物处理服务也由民营企业负责完成。只有在地主港形式的港口，港口管理者不参与租借人的港口活动。即，地主港的港口管理者只提供最少的港口设施而不参与货物装卸等实际的港口运营。鹿特丹，纽约港，安特卫普港(Antwerp)等欧美地区大部分的先进港口和日本的一部分港口都属于地主港。

领港服务对限定吨数以上的船舶是强制实施的，一般有单独的机构来负责实施。但是领港服务和港口运营有着密切的关系，领港员是负责港口和船长交流的第一人，是出港时改变对港口印象的关键人，因此领港服务由港口管理主体来提供则更为有益。

但是根据实际情况转让港口管理主体的机能和责任有时则更为合理。如：码头铁路设施让铁路管理机关负责更为有效，像货物分类作业，集装箱露天堆货场、船渠、仓库、露天堆货场的货车安排等让铁路监督机关(受港口管理机关内运输部门监督)负责更为有效。除此以外，消防，警察等则委托给地方政府为宜。

(表 9-2) 地主港港口管理主体和权限

区分		设施及服务
船舶	基础设施 服务	- 水路及航路，防波提及类似设施 - 旋转场、闸门、码头 - 保证航行的设施 - 航行情报，无线服务，港内交通管理 - 领港
运输业者	基础设施	- 道路、停车场、便利设施 - 铁路 - 铁路货运编组站 - 内陆水路船舶用船渠设施
一般服务	服务	- 港口保存，管理 - 照明 - 消防设施 - 警察 - 检疫

资料：Baudelaire, pp.120~121.

通关、移民、卫生检查等内容应与使用者的需求相呼应，此类业务同港口管理主体有密切关系，营业场地应由港口管理者提供，费用由该管理部门承担较为有益。

地主港的优缺点为：

优点：— 民营企业成为 Terminal Operater，为了提高港口设施的效率性，民营企业会自主的引入各种附属设施和机能设施，港口管理主体可节省对相应设施的投资。

— 代表港口的民营化。

— 使港口管理主体从繁多的经营管理业务中解脱出来，只对该港口的综合管理和未来计划的树立以及对民营企业的监督等战略上的决策进行深层思考。

缺点：民营问题的增多会引发公共性问题

2. 道具港

在道具港中除港口的基本设施外在处理货物时需要的装卸设施也由港口管理主体提供，民间企业的参与者与地主港相比受到限制。法国的一些港口和韩国的一些港口属于此类型。道具港的优点是可对港口设施实行一元化的管理。缺点是港口管理主体不能从泊位的安排、装卸设备的设置，设施的维修等日常业务中解脱出来，港口管理主体必须提供所有的港口设施，投资来源很难得到保障。

3. 运营港

运营港也被称作Full Service港， 社会主义国家的港口及新加坡港属于此类型的港口。在运营港中港口管理主体不仅提供基本设施、货物处理设备及功能设施，同时还负责货物处理及相关服务。管理主体提供所有的港口设施及相关服务，因此民营企业的作用受到极大的限制。该类港口的优缺点如下所示：

优点：能实现港口管理主体一元化的管理，有效迅速的实现港口的运营和相关信息的传达。

缺点：容易忽略港口长期的开发构想及相关战略问题。

切断了民间资本的参与，当港口管理主体的财政能力不足时，港口不能被有效地整治管理。

为实现高效率的港口管理，采取 Port Authority港或港口自治与地主港相结合的综合管理形式较为有益，其原因如下所示：

(1) 港口的主人是该地区的居民，和港口有最直接的利害关系，对港口开发充满热情。

(2) 扩大港口设施和开发地域经济时，所需的资金可通过引进民间资金的方式来解决。

(3) 为提高港口的经营能力使有能力的民营公司加入港口的开发和运营中来，以此提高港口投资和经营的活力。

(4) 把这些效果综合起来能实现港口整体效果最大化。

第四节 港口作用的变化与自由贸易区

1. 港口功能的高级化和多样化

随着WTO体系的深化，信息、交通、通信的迅速发展，世界经济逐渐形成单一市场，并迅速向只有具备世界最高竞争力的国家和企业才能生存的无限竞争(Mega Competitive Age)时代转变。

因此跨国企业以全世界为对象构建生产、物流网络，进行超国界的全球经营活动。作为这个战略的一环，跨国企业把分散的生产据点和物流据点统合起来，使其同各经济圈的核心物流据点相连接，构建以供应链管理(Supply Chain Management)为基础的生产、物流管理体系。即，企业的国际物流体系正在向据点物流网络体系转变，而该体系的特点就是把企业的原料和零部件筹措、组装、加工、生产、销售、市场营销、R&D等活动的全部或一部分安排在经营条件优越，具备支持分公司物流体系能力的地区，并把这个地区当做据点，进行区域经营活动。

(表 9-3) 跨国企业的国际物流管理体系变化趋势

区分		特征	物流体系
第一阶段 (出口物流体系)	20世纪70年代到80年代初	对以出口为中心而形成的一系列的物流活动进行管理	进出口体系
第二阶段 (当地物流体系)	20世纪80年代	以各国家当地分公司为中心进行物流生产活动	使用当地国的物流体系 投资集中在内陆工业园区（以节省生产费为核心）
第三阶段 (据点物流体系)	20世纪90年代以后	以区域物流，生产据点为中心担当整个地域经济圈的物流体系	据点中心的物流体系 投资集中在港口，机场（以物流管理为中心）

资料： 国际物流的理解，博英社，2002, p.296.

(图 9-5) 跨国企业的国际物流管理体系的变化

第一阶段：出口物流体系(20世纪70-80年代初)

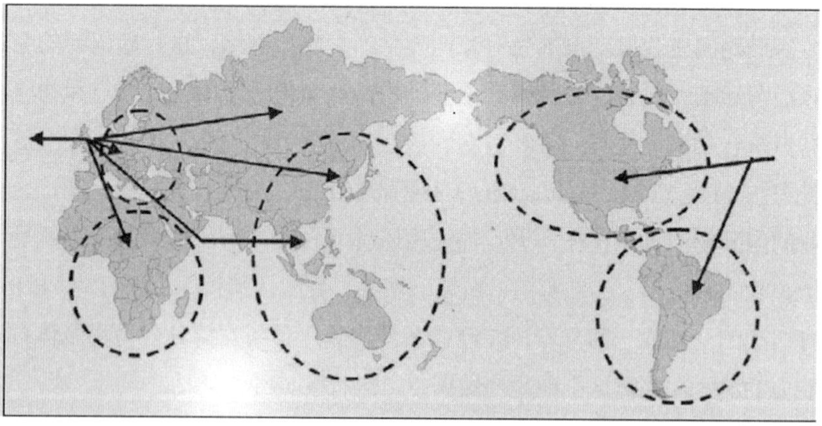

第二阶段：在不同国家构筑的物流体系(20世纪80年代)

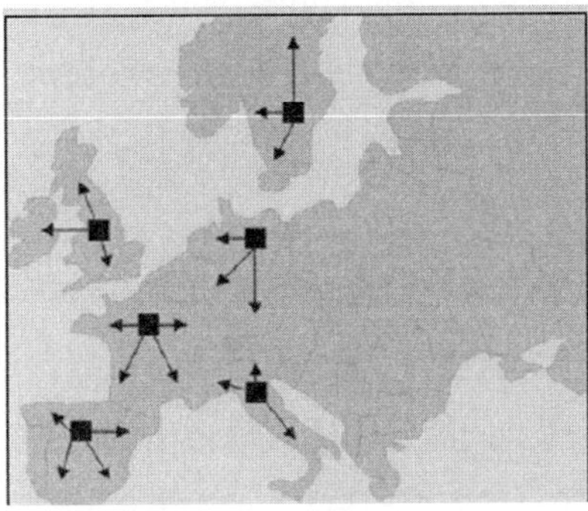

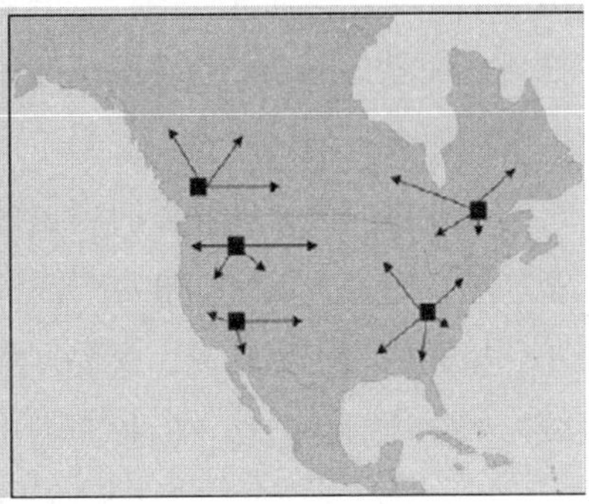

第三阶段：据点物流体系(20世纪90年代)

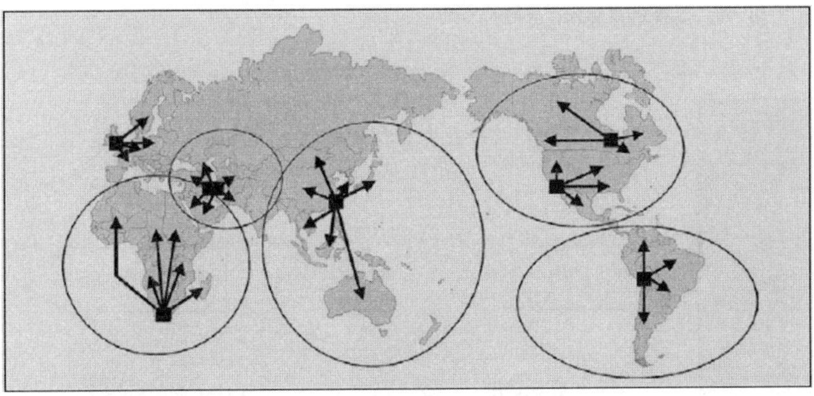

资料：韩国海洋水产开发院, 21世纪全球化海运物流. 斗南, 2001, pp.138~139.

容易构建物流网络的港口及机场地区开始成为跨国企业的区域物流据点(Regional Logistics Center)。20世纪90年代以后跨国企业以这些地区为中心把生产、物流、市场营销，R&D等经营活动集中在相应的区域的趋势越来越明显。

跨国企业的国际物流管理体系的变化是改变港口功能和作用的重要原

因。即，这样的变化引起世界主要港口为吸引跨国企业的物流据点而展开激烈的竞争，从而促使港口设施逐渐大型化，港口功能不断高级化、多样化。而港口的功能也逐渐从原来的输送、装卸、保管向具有附加价值的物流服务、海运及物流交易，商务等方向转化，港口同时也成为支持跨国企业供应链管理体系的高级物流交易据点。

新加坡、香港、汉堡、鹿特丹港等成为迅速应对港口变化，通过改善经营环境而成为国际物流、交易据点的代表港口。这些港口为了主导该区域内的物流活动，在不断扩充港口设施的同时，引进腹地自由贸易区(Free Trade Zone)制度，积极实施多样的功能强化战略，促进港口功能的高级化，管理、运营体系的合理化。

(图 9-6) 港口功能的高级化，多样化

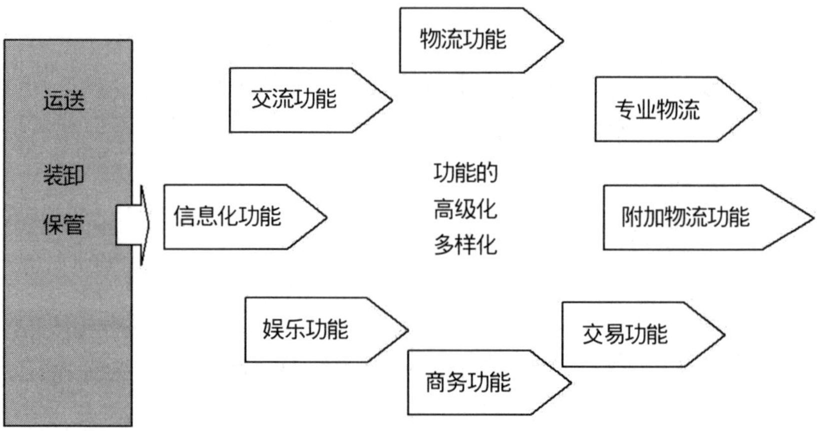

2. 自由贸易区

1) 自由贸易区的功能

韩国1999年12月制定了《建立国际物流基地的自由贸易区指定运营相

关法律(以下简称为自由贸易区特别法)》，引进了在全世界范围内广泛使用的国际物流、贸易、交易中心地的自由贸易区(Free Trade Zone)制度。

所谓自由贸易区是指位于国家关税区外的特定空间，对进口物品免除数量上的限制，免征关税及物品税，取消外港限制及保护国内消费者的限制，在法律上、地理上货物可自由的进出入及中转的经济特区。

自由贸易区按设置的目的及形式的不同还增加了如储藏、分流、装置、标识、混合、加工、组装、制造、再包装、展示、再出口等功能。

由于进入自由贸易区的外国货物不受关税制度的限制，因此会刺激物流、中介及委托贸易的进行，同时能创造就业及物流附加价值，吸引外国资本及技术转移，活跃地区经济。

自由贸易区作为可自由进行经济活动的独立非关税领域，在区域内可对货物进行安装、保管、分流、换船等基本的物流作业，以及制造、加工、组装等生产作业，同时还具备提供贸易、保险、法律服务等附加功能。

2) 自由贸易区和韩国现行的相似制度的比较

韩国出口自由区在零部件海外采购和成品的海外销售时的通关问题上具有和自由贸易相同的功能，但在出口自由区域内对货物的管理必须通过依照关税法设立的保税区来进行。

韩国关税厅通过修订关税法可建立和自由贸易港效果相似的非关税物流区，通过关税法的修订韩国从1999年4月开始在主要港口及机场区域内建立了综合保税区。除综合保税区以外，为了引入自由贸易区制度韩国还制定了特别法案。致力于把韩国培养成东北亚区域的物流据点。

自由贸易区、保税区、综合关税区在概念上有一定差异。把这些区域看作是非关税区域并不是减轻对这些区域的行政限制，而是这些区域从根本上不适用关税行政的有关规定。

(图 9-7) 自由贸易区运营概念图

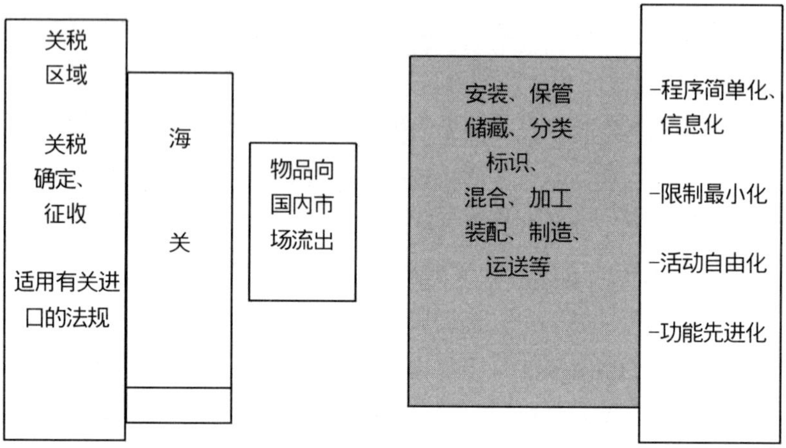

这些区域不仅免除关税的缴纳还免除各种复杂的通关手续，使货物的中转处理变得非常容易。在港口等地设置的自由贸易区可方便的处理与第三国间的国际物流活动，而且允许组装、加工等生产活动的进行，以此吸引全球企业进入这些区域，使得以全球市场为对象的销售活动变得更加容易。

(表 9-4) 自由贸易区的主要功能

区分	功能类型	细节功能
基本功能	物流功能	装卸、组装、露天堆存、保管、转运 分配、混装
	物流促进功能	物流业、配送业、中介业、库存管理
	生产功能	加工、安装、制造、操作、混合、销毁
	产品调节功能	改装、样品、品质检查、分等级、贴商标及标示、检查、保修、修理、清洗、分解、设计、(再)包装
	交易功能	中介贸易(再出口)、进出口、贸易 销售(批发价格)、拍卖、 订货处理

	交易促进功能	展示、商谈室、交易结算系统
	信息传达功能	EDI 物流及上流信息系统、POS VAN、Stock, Recording System、信息资料中心
附属功能	业务支持及公共服务功能	CIQ、共同管理运营建筑物、会议室、停车场、研究开发、咨询、保险、法律、金融服务
	交流功能	国际交流沙龙、国际会议中心
	娱乐功能	食堂、娱乐、修养、公园、绿地
	人才进修功能	研修室、住宿设施

从制度的层面来看自由贸易区并不仅仅是非关税化，而是从根本上把这些区域看作是国际物流、流通、生产活动区域，大胆的取消适用于国内的有关设备设置和销售方面的限制。取消的限制应包括：复杂的船舶出入港手续，有关设置仓库、速递中心、组装加工设施、金融及福利设施、国际会议设施的规定以及对销售活动的限制。

(表 9-5) 自由贸易区和韩国现行国内类似制度的差异

比较内容		自由贸易区	出口自由区域	保税区
适用法律（适用关税法，通关程序上属于国内关税区域外）		○ (关税领域外)	X	X
进口时关税的确定以及是否适用有关进口的法规		X (物品流入国内市场时缴纳关税)	△ (只有运往国外时与自由贸易区一致)	○ (适用于在一定时间内申请时)
设施材料	运往国外	○（免税）	○	X
	运往国内	○（免税，退税）	X	X
燃料及零配件	运往国外	○	○	X
	运往国内	○	X	X
食品，办公用品等	运往国外	○	○	X
	运往国内	○	X	○

原材料	运往国外	○	○	○
	运往国内	○	△	△
适用0附加价值税（包括电气的附加税）		○（适用）	X	X
区域内货物的转让征收附加价值税		○（免税）	X	X
国内进口时对在区域内生产的附加价值征收关税		X（征收）	X	△
促进使用本国设施材料（附加税 0 税制）		○	X	△
促进使用本国原材料（附加税 0 税制）		○	X	X
为促进使用本国的原材料，对在制造，加工时使用的本国原材料免除税金		△	X	○

由此吸引更多的国际物流和制造企业到自由贸易区来，从而带来更多的就业机会和销售利益。自由贸易区和出口自由区以及综合保税区的主要不同点如下表所示：

（表 9-6）按地区的性质和自由度区分自由地带

名称	内容
自由港城市 (Free Port City)	- 指具有自由港固有功能的自由贸易港 - 经济上独立的港口城市 - 整个港口城市作为非关税区，关税制度上与国外一致
自由港口 (Free Port Quart District)	- 把特定港口或邻近港口区域的一部分设定为自由港口 - 国外货物可自由进出人，并可进行储藏、制造、包装、再包装、商品标识等活动 - 不允许个人居住。
自由贸易区 (Free Trade Zone)	- 在美国统称为外国贸易地区 - 把港口邻近的内陆特定区域指定为非关税区 - 在自由港城市及自由港口中货物可自由进出人，重视港口的中转功能，而自由贸易区则以促进中转贸易为主要目的

	- 未缴纳关税的外国货物进出自由化 - 可进行搬运、装置、储藏、改装混合、制造、加工、包装、商品标识等活动，也允许相应物品的再出口。 - 禁止个人的居住 - 谋求中转贸易和再出口等国际贸易
自由区 (Free District)	- 特定的港口区域或仅为了货物的安装及处理而设定的狭小的非关税区。 - 不允许个人的居住，不允许加工贸易中对国外物品的组装，混合、加工、制造等活动 - 和保税仓库具有一样的作用
出口自由区 (Free Export Zone)	- 国家指定特定区域，免除关税法的一部或全部，类似于放宽限制的保税区。 - 以贸易的自由化，进出口产业的培养，吸引外国企业为目的 - 可自由的进行制造、加工、包装、混合等与出口有关的企业活动，但更重视免除或减轻关税法和汇率管理法上的限制

3) 自由贸易区的发展和形态

(1) 自由贸易区的形成和发展

自由贸易区是由公元前2000年左右腓尼基设置的自由中转港(Entrepot)演变而来的，1547年意大利的利夫诺港(Livorno)被认为是第一个自由港，这被认为是自由贸易区演变史上的一个重要契机，而真正近代意义上的自由贸易区是1888年在汉堡设立的。

现代意义上的自由贸易区概念是1936年在纽约设立的“外国贸易区(Foreign Trade Zone)”此后以此为蓝本，成功地扩展到全世界500多个地区。

自由贸易区也被称作“Free Zone”或“Free Trade Zone”。如今，不仅在美国，欧洲，新加坡等发达国家，包括以中国为首的发展中国家也都无一例外的设立了自由贸易区。特别是新加坡放弃了原有的自由港制度，于1969年制定了自由贸易区法(Free Trade Zones Act)，开设了自由贸易区。

(2) 形态

自由贸易区的形态 i)历史的发展程度，ii)设立国家的选址条件，iii)根据设置国家的经济情况和设立目的的不同名称和运营形态多样化。而自由港的分类标准是按地区的性质和自由程度以及地区的主要职能来区分的。其具体的分类内容如表9 - 7所示：

(表 9-7) 按功能划分的自由贸易区种类

名称	目的	例示
物流中心型自由贸易区	- 促进国际物流流通	香港，新加坡，荷兰，汉堡
生产中心型自由贸易区	- 吸引外国投资，激活进出口贸易，引进尖端科学技术	中国 台湾 墨西哥 等发展中国家
物流生产夏合型 自由贸易区	- 防止国内企业流向海外 - 促进本国内企业活动 - 创造就业 - 刺激国际贸易	美国

根据相应区域所担当的主要职能的不同，自由贸易区也可进行如下分类：

(图 9-8) 按功能划分自由贸易区的主要活动

生产中心型	物流 生产夏合型	物流中心型
- 加工、组装、制造、操作、混合等 - 商标标示 - 装卸、安装、保管、配送 - 进出口	- 装卸、安装、保管、分配、分流 - 配送、中转贸易 - 加工、组装、制造、操作、混合等 - 商标标示 - 展示 再出口 - 咨询、保险、法律、金融	- 装卸、安装、保管、分配、分流 - 配送、中转贸易 - 货运 - 商标标示 - 物流加工 - 展示 商谈 - 转运、再出口 - 咨询、保险、法律、金融

从过去中转贸易中心的自由港概念出发的自由贸易区随着企业的生产及物流活动的多样化、高级化的发展，也逐渐展现出向多功能复合型方向发展的趋势。如今的自由贸易区不仅具有中转货物的功能，还具有制造、组装、加工、混合等生产功能，装卸、转运、安装、保管、储藏、分类等物流功能以及销售、展示、贸易、金融、运送中介等交易及服务功能。

4) 自由贸易区的效果、选址条件和主要国的启示

(1) 自由贸易区的效果

① 消除关税壁垒效果

- 关税的免除和免税品的自由出入有助于促进物流流通。
- 通过简化通关手续来节省劳动力和时间费用，提高货物的流动速度。
- 区域内在免除关税的同时，允许较长时间的物品安装、货物组装、混合、加工、制造等活动，使自由贸易区可但当进出口据点的作用。
- 通过提高港口、机场的物流效率化，吸引转运、中转货物(香港，新加坡等港口大力提高货物处理效率，通过吸引大量转运货物使港口本身的收益增大)。
- 港口及临近内陆区域或特定区域作为非关税区，可实现货物的自由移动，能促进中转贸易和增进国际贸易，同时增进国际交流。

② 资本形成效果

外国人及本国人都不受限制，营造自由的投资和营业环境。

通过吸引海外投资企业和跨国企业实现资本的流入。

③ 技术转移效果

自由贸易区内设立技术密集型工业园区，吸引外国技术和资本进入密集型产业，从而实现先进技术的转移。

④ 创造就业效果

- 通过吸引国内外企业投资创造就业。
- 通过搞活国际物流、流通、贸易业务及服务等来提高就业。

⑤ 外部经济效果

自由区域内通过企业的劳动、资本及技术进口扩大外部经济效果。

通过国际化企业的物流据点，确立国际物流体系基础以及促进物流产业成长，实现经济的再发展。

⑵ 自由贸易区的选址及设施条件

① 自由贸易区的选址

- 自由贸易区应设立在港口、机场或临近区域内，应处于铁路、公路以及相关运输网络良好的地区。
- 应处于有利于建立国际物流据点，吸引外国人投资，市场开拓有利的地区。
- 面积应保持在一定规模以上，或能确保未来能有一定的扩充空间。应考虑CIQ管理层面，尽可能和外部保持一定距离。
- 枢纽港，国际物流据点以及内陆的特定区域都应处于能升级为自由贸易区的地区。

(表 9-8) 自由贸易区的选址，设施条件

条件	详细事项
选址	-临近港口、机场 -与腹地运输网络连接容易 -地理位置上应有利于建立国际物流据点，外国投资以及市场开拓 -要有一定规模以上的面积，以及确保可充分扩张的面积 -考虑到CIQ管理层面，尽可能和外部保持一定距离
设施	-货物管理处理有关设施及腹地基础设施完备 -转运、保管、输送、装卸、制造、加工等设施的完备 -围栏、出入口、海关、检疫、税务、出入国管理事务所以及控制设施的完备 -上、下水道，电气，废水处理设施，联接输送据点、道路等设施的完备 -机场，港口腹地所需的基本设施完备

资料：李东元。[韩国港口开发政策和平泽港开发方向]第14次韩国港口经济学会国际学术发表大会。1997-7.

② 自由贸易区的主要设施

按照自由贸易区的设置目标首先可确定区内要吸引的行业。但现在对自由贸易区的设施还没有统一的基准。一般自由贸易区的主要设施如下所示：

- 海关、检疫、税务、出入国等行政管理事务所和自由贸易区管理事务所
- 物流、流通以及提供相关服务的设施，修理、支援设施
- 工厂生产及生产服务的设施，修理、支援设施
- 腹地输送网和多式联运据点

(3) 主要国的启示点

为建设自由贸易区香港、新加坡、汉堡港等作为枢纽港口通过良好的选址条件来吸引转运、中转货物。

(表 9-9) 引进自由贸易区的主要启示点

主要项目	主要特征	对韩国的主要启示点
名称	- 根据国家不同，名称非常多样，但自由贸易区（FTZ）这一名称被世界各国使用，同时自由港（Free Port）或自由区域（Free Zone）的名称也被较多使用	- 把以港口为中心的自由港的名称用自由贸易区代替，使设置区域的功能更具灵活性
设置区域及运营情况	- 大部分在机场，港口区域设置 美国：机场及内陆的所有地区（适用于两种形态的Zone) 中国：以临港区域为中心以及经济特区，经济技术发展区域内或临近区域 - 设置规模从几百平方米到数百万平方米非常多样（美国最大）平均数百万平方米 - 为严格地区分和管理各区域设置了栅栏。	- 邻海地区的机场，港口最优先设置 - 邻海地区的工业园区也是最优先指定对象 - 考虑地区的性质和功能，逐渐向内陆地区扩展 - 海关控制线的设置使管理、控制变的容易 - 不需要限制地区的规模
目的	- 美国是为了促进国际贸易和创造就业 - 新加坡、香港、欧洲通过促进国际物流达成物流据点化，实现物流富国的目的 - 中国及发展中国家为了促进外国人投资及进出口交流的扩大	- 考虑到韩国的选址条件和经济情况，通过使韩国成为东北亚物流中心来促进国际物流、国际贸易，吸引外国人投资，最终通过物流富国来提高国民福利等
相关法令	- 除欧洲和香港以外的大部分国家都制定了独立的相关法律、法令进行管理。	- 设置及管理运营上为确保行政手续及规定使用的一贯性及透明性，应制定并实行特别法案
定义及法律地位	- 在运营成功的国家，关税法基本不适用，实现非关税领域化	- 为确保引入效果的最大化，应设立及运营不适用关税法的非关税区域。
功能	- 根据国家不同功能上体现多样化，基本囊括了：中转贸易、生产、物流、交易及物流促进等功能，欧洲则把物流及物流促进功能作为重点	- 综合美国、新加坡、香港、欧洲的功能，广泛设置 - 赋予生产功能时对设施建筑材料、燃料、原料等所有物品应允许以外国货物的状态使用 - 根据与国内企业的不同点，研究全面的管理监督方案
制定主体	- 更多的作为公共设施时由政府直	- 根据韩国国家行政体系及区域设

	接管理 中国，台湾，美国由法务部指定（中央集权） 美国需要海关的特别许可，以及设立自由贸易区事务管理局运营 -新加坡，日本，墨西哥由管部门长官指定 -欧洲由海关指定	施的性质，不可避免的要采取中央集权的指定体制，设立自由贸易区委员会，并下设事务所进行管理运营

同时，为了实现港口、机场的物流效率化，可通过吸引国外的企业和资本构筑物流据点体系。新加坡、香港等通过设立自由贸易区向国际物流及国际交易活动的世界中心地迈进。有500个以上的国际企业进入到新加坡，使用区域物流基地。更有6000余个的世界物流企业进驻新加坡。而香港从自由贸易港开始，创造外国企业可在此自由活动的条件，使国际企业把香港作为企业区域经营，物流的据点。

第五节 港口的选择基准和竞争力提高方案

1. 港口的选择基准

港口作为海上运输和内陆运输的共同接触领域，与海上运输所不同的是：港口作为内陆运输的联接点，不仅具有使船舶入、离港以及停泊的设施，还具备船舶和陆地间或船舶间货物搬运的设施与装备。而且港口需向腹地区域的产业提供基础设施，为此港口不仅要充分的确保港口设施，还要保持整个运营管理系统的稳定。港口相对的竞争力在于有效地整合船运公司、集散港运营公司、装卸企业、保管企业、运送中介企业、货车公司、铁路公司等诸多相关企业，给货主提供生产活动及销售活动上的帮助。

如今港口已是国际贸易中相关费用的最大发生地，港口内的相关费用占总进出口相关费用的20% - 30%。因各港口提供的服务水平和内容有很大的差异，货主会选择最能满足自己需求的港口，因此正确的把握货主和船运公司的港口选择条件，树立港口运营政策极其重要。

有关港口选择的相关研究并没有推动理论的发展，有关港口选择决定因素的实证研究如表(9 - 10)所示。在下表中需注意的是：在港口选择的决定因素上过去的研究主要重视的是港口设施，费率及规模等有形因素，但最近的研究比起港口设施，费率，规模等因素则更重视港口服务的水平。但是也有批评意见指出：这些研究不是对某个特定港口实际选择的分析，而是个别的选择者在选择港口时所必须要面对的不同属性，并没有对港口的属性进行彻底的调查。

(表 9-10) 港口选择的现行研究

区 分	Willingale	B.Slack	Murphy (1987)	Murphy (1992)
分析对象国家	欧洲地区	美国，加拿大	世界各国 (美国60)	货主外美国
分析对象	船公司	货主，front	港口当局，船公司 (美国60)	港口，船公司，front 大货主，小货主
分析年度	1982	1985	1983	1992
分析对象标本数	20	随机多数	534	1,850
应答者 (应答率)	20	165 (-)	134 (25.0)	402 (21，7)
有效应答 (应答率)	100	90 (54.5)		
分析方法		X^2	Mean score, T检验	Mean score, Factor Analysis
问卷回收方法		通话后面谈	邮寄	邮寄
重要港口选择决定因素	-腹地的连接 -航道 -港口设施 -港口费率 -港口规模	-船舶临时停靠数，内陆输送 -港口临近性 -港口滞港期 -多式联运的连接	-港口设备 -损伤的频度 -适时引渡处理 -货物处理费用 -大型船入港可能性 -对特殊需求的包容性	-对过长、过大及非规格化货物处理能力 -大量货物处理 -少量货物处理 -低损伤，低损失 -港口装备 -船舶情报的提供

为克服这样的问题，根据概率选择模型决定港口选择要素，以韩国进出口货主为对象的研究显示：在选择集装箱港口(釜山或仁川)时(出口)，信赖性较高的变数为每公里内陆运输费、港口平均滞港时间、海上运送距离。最具影响力的变数从大到小的顺序是海上输送距离、年间发货量、装船时间、港口平均滞港时间、每吨货物价格、每公里内陆输送费用。但是年间发货量、装船时间、每吨货物价格是信赖性较低的变数。与此相对，进口时的选择要素有：海上运输距离、定期船的入港船

数、年间货物进入量、每公里内陆输送费。

进出口时影响港口选择的相同变量是年间货物运进、出量，每公里内陆输送费、海上运送距离。而港口的特殊变数在出口时为平均滞期时间；进口时为定期船的入港船数。这就意味着设施功能(年间货物运进、出量，定期船的入港船数等)大，服务水平高(平均滞港时间短)，内陆连接输送体系构建完好的港口有更多被选择的机会。本研究得出了和前面外国先行研究相似的结果。

港口的竞争形态分三个。在一定区域内的竞争(比如北美西岸和北美东岸港口间的竞争)；国家间港口的竞争(比如比利时的antwerp港和荷兰的rotterdam港，釜山港和神户港的竞争)；在同一国内各港口间的竞争(比如美国的西雅图港和Washington United Terminals港，釜山港和光阳港的竞争)；在同一个港口内的各码头间的竞争和输送手段(比如陆上运输和海上运输间的竞争)间的竞争等。港口竞争的程度不仅与所处的地理位置和港口处理的货物的性质有关，各种不同的因素都会使竞争的程度有所不同，例如：利用同一腹地的港口越多，竞争越激烈，腹地处理的货物数量越少，竞争越激烈。

如上所述，货主、船运公司、front等的港口选择基准可被认为是左右港口国际竞争力的因素。因为港口的相对竞争力取决于能为港口使用者提供何种程度的便捷。

2. 提高港口竞争力方案

过去港口在市场的定义上依存于特定的港口腹地，取决于港口所在的地理位置。港口腹地被认为是固定的市场，货物吞吐量的增长取决于港口腹地的生产活动。如今港口的规模和数量增大，运送渠道的多样性及货物装船形式的多样化在减少港口货物吞吐量的同时，也为市场占有率的扩大提供了机会。如在主要贸易航路中，因所使用的船舶规模的增大以及转运重要性的增加，与港口处理和港口腹地的经济活动没有任何联系的货物出现的机率大大增加。

随着陆上运输和海上运输的合并及对物品流通关心的增加，需要改变港口具有自然腹地的观念。在国内没有竞争港的港口应同该地区的枢纽港展开竞争，另外港口也会为了获得从发送地到目的地的货物运送所带来的附加价值而相互竞争。随着海上贸易规模的增大及贸易形势的多样化，港口服务的提供也越来越复杂，这也给民间和公共部门的竞争者创造了新的夹缝市场，同时也刺激了门到门运送服务中运输以及保管服务提供者间的竞争。其结果是港口为了在这种市场环境下保持竞争优势不得不采取多样的战略。

1) 一般战略

为确保竞争优势一般使用的两种战略有

① 减少运营费用，成为低价港口服务提供者。

② 提供与其它港口不同的差别化服务，为港口使用者提供更大的价值。

表(9 - 11)举例说明了属于这两种范畴的战略

(表 9-11) 竞争优势的源泉

1. 费用优势
* 港口运营费的减少
- 劳动费的减少
- 劳动生产性的增大
- 原有设施的最大利用
- 便宜的设施和设备
* 港口费用的降低
- 按支付能力实现差别化
- 数量优惠
- 设定上限的弹性费率

2 服务的差别化
* 位置
- 主要发送地和目的地是否接近
- 与主要贸易渠道是否接近
- 和道路，铁路，内河运送的连接
- 可停靠船舶的大小
*设施
- 泊位或集散港
- 特殊货物处理设施及保管服务
*服务
- 货物处理服务
- 船舶修理、提供船员、船上用品及供油等服务
- 提供信息帮助船舶确立航海计划
*成绩
- 船舶回转的迅速性
- 减少货物装货时间
- 海关服务的改善
- 货物填单的简单化

这两种战略有着为港口使用者减少费用的共同目标，第一个战略中运营费的减少会带来港口使用费降低的效果。第二个战略通过降低港口的通过费用从而达成目标。对船舶和货主提供服务的港口，通过减少自己的顾客在运输货物时所负担的费用而确保竞争优势。以船主的观点来看可通过以下几点来实现：

① 港口不仅减少了船舶负担的费用，而且减少了航海所需时间，提高船舶回转率。
② 降低船舶的装卸货费用从而减少港口使用费。
③ 通过规模经营带来降低运送费的效果，为大型船和特殊船提供特别设施和服务。

另一方面从货主的观点来看可通过以下方法来实现目标。

① 减少运送时间提高航海频度

② 改善货物处理、保管以及依据其它运送手段完成的运输方式

③ 收集有关物品流通活动的信息用以调整服务

对港口使用者来说费用是降低了，但考虑到提供的服务使港口的运营费用增加的话，这两种战略分明是矛盾的。在这种情况下，战略的效率性只有在即使港口的经费因为追加的运营费而增加，但港口使用者所负担的费用却减少的情况下才能确保。不同的港口使用者对这个战略的效果会有不同的看法。船运公司会视平均船舶回转时间、船舶所负担的费率、装卸费、船舶所需的其它服务费、在港口内货物的损伤以及货物毁坏时的费用(船运公司承担责任情况下)等情况做出反应。而如果船运公司并没有依据以上情况调整海运费用，则货主基本不受到任何影响，但是港口费率的变化以及为货物的保管和处理提供服务的质量和范围则会对货主产生直接的影响。同时给货物和船舶提供服务的质量和费率以及货物从发送地开始到目的地的过程中所使用的运输手段则会对多式联运公司产生影响。

2) 竞争力的维持

战略的效率性取决于树立战略后获得的竞争优势所能维持的时间。竞争力的持续依靠两种因素。竞争港在采取这种战略时所需要的时间以及港口在实施有关服务或价格上的后续改善措施时的速度。正确的战略能带来长期的竞争优势， 当一个港口的竞争力得到大大提高，区域内的港口都无法与其竞争时，该港口往往在对大型船的服务上具有长期的优势。

对离港口的主要市场临近的地区进行开发，使其通过铁路或内陆运输与市场相连接，能保持港口长期的竞争优势。和港口的主要使用者以几年的出租或加盟的形式来处理货物，或通过对特殊设备的投资也可保持

长期的竞争优势。

(表 9-12) 竞争优势的持续

战 略	提供优势	推定模仿时间
公司认识和业务的变更	整体效率 市场集中	3~5年
新位置或基础设施	能力提高 选址	2~3年
经营、再组织	整体效率 运营费降低	1~2年
新货物处理服务	市场集中 货物和船舶的费用降低	1~2年
为货物和船舶提供附加服务(货物处理除外)	货物和船舶的费用降低	1~3年
缩小规模、专业化	市场集中 费用减少	2~4年
新设施的开发	效率、处理总数、能力的提高	3~7年
自由贸易区或自由贸易港	市场集中，货物费用降低	3~5年
货物通关的改善	减少拖延时间，处理能力增加	2~4年
促进销售	市场集中	1~3年
提高生产性	效率提高	1~5年
设施使用增多	费用降低	0.5~1年

如果港口所制定的战略要求港口基本经营方式上有长时间的改变，则这样的战略会给港口带来较长时间的竞争优势。例如:港口为了大幅减少运营费用确保竞争优势，可以缩小港口规模或是把经营的重点放在特定的夹缝市场或比正常收益小的市场。而竞争港口则不具备实施类似战略的条件，因为实施同样的战略会受到体制以及法规上的限制。为了提高效率性或是从港口使用者得到更多的港口使用费，实施这样的战略时在港口运营上应该加强民营部门的作用。但是如果竞争港口采取其它

的商业措施来应对这样的战略时，则相应的竞争优势并不能维持很长时间。

如通过设施投资和现有设备及劳动力的合理利用改善服务质量，则可形成短期的竞争优势。设施从策划到建设需要3 - 6年，而竞争港口对港口运营以及改变港口资源分配的模仿需要的时间更少。为保持竞争优势，改善服务以确保在竞争中立于不败之地，需要维持不断地投资。也正是由于更多的货物处理量，更多的船舶停靠所带来的规模经济，才使得这种战略所带来的竞争优势能得以持续。

表(9 - 12)列举了各种战略所能持续的时间，而这是在假定竞争港口采取类似的战略时所得出的推测。但在大多数情况下，竞争港口并不会采取类似的战略，而通常会引进适合自身的运营以及财政能力的战略。接下来将会对港口采用过的各种战略做出分析。这些战略有的很成功，有的效果却并不理想。但从这些战略中可看出港口为提高市场占有率而做出的努力。同时，可以肯定的是运用更为全面的知识树立的战略会减少失败的发生。

3) 费率固定战略

港口经营总是为满足特定的港口需求试图制定或修订费率。这种价格战略应把重点放在实现港口经营目标以及港口资源的效率性使用上(竞争条件及港口使用者间的差异，货物及船舶间的差异)。

港口费率应公正合理。制定合适的港口费率应考虑以下几项：

(1) 港口的目标

(2) 港口提供服务或资源的费用

(3) 港口使用者从港口得到的便利

(4) 与其他港之间的竞争状态

(5) 港口使用者面临的竞争

最普遍采取的战略是通过削减港口费率获得竞争优势。大部分港口为确认自身港口费率是否合适，会去了解临近的其它港口的费率。

这样的费率固定战略不是只局限于对竞争港口实施，还包括位于贸易区内的非竞争港口。现在典型的船舶缴纳的港口费用的计算方法一般是用计算平均每吨所需缴纳的平均费用来进行比较。在对中美洲的尼加拉瓜的各个港口进行比较时，分析家们访问各个港口，依据公开发表的费率和船舶、货物的平均实际处理量来推定船舶的支付经费。而在其它国家则通过船务公司得到船舶在其它港停靠时的收据，用来比较同竞争港间港口使用费的差异。这样的费用信息包括码头工人搬运费以及民间机构提供的其它服务费用。

由于根据个别的协定可减免一定的费用，所以费率表上公开的费率一般都是可设定的最大值。根据货物的价值(码头使用费：wharfage)或船舶的大小(港口费)而缴费的惯例随着竞争的激烈变得不再重要，与之相对的是根据贸易方式来进行收费的方式正在受到关注。例如对转运货物、非传统的出口货物、散装货物、集装箱货物、特殊船专用货物所进行的收费。为促进港口商业的发展也可制定固定费率战略。例如在拉丁美洲的港口为了使港口个别业务民营化或是吸引民营企业投资港口货物处理设施也同样制订了固定的港口费率。

4) 港口运营经费削减战略

港口运营费削减战略主要倾向于削减人工费。人工费的削减有时则意味着职员的解雇。有些拉美的港口国家为了减少60%的雇佣，做出了约20年的努力，但港口费用仍然很高，劳动者的平均年龄也偏高。随着货物处理业务转向由民营企业负责，需要劳动力的进一步削减。在新加坡通过生产效率的提高实现了劳动力的削减。尽管新加坡最近数年间减少了劳动力，但货物处理量反而增加了。在这段期间劳动生产效率大幅提高，而剩余劳动力也被分配到组织内的其他部门或扩张的民营部门。

民营企业经营货物处理业务，一般能带来运营费削减以及生产效率提高的效果。而由于公共部门的劳动者解雇所产生的费用也能在短时间内收回。美国西海岸码头劳动者工会和船公司间的首次协定在20世纪60年代初缔结。这是一个划时代的协定，根据这个协定，以修改作业规则，减少作业组的规模为条件，工会对码头工人实施再培训，而船公司则按照集装箱数给予工会一定的奖励。由此以来劳工会同船公司间的问题得到长期的缓和，生产效率也随之提高。1992年末在拉丁美洲，为实现货物处理业务民营化，船公司和码头劳动者工会间也签署了类似的协定。

运营费削减战略把重点放在大型货物处理设备的使用上。20世纪70年代处理铁矿石和其它矿物的集散港的规模和处理总量不断增加。最近大型自动搬运系统设施也被应用于水果、包装大米及其它散装货物的处理上。集装箱的处理通过对龙门起重机，跨运车的改善来提高处理能力和自动化，由此一来从资本和劳动层面实现了平均运营费的降低。最近在欧洲的有些港口制定了部分自动化集散港开发战略。

5) 港口使用者的运送费节减战略

在最初认识到港口间的竞争时，为保持市场的占有率或提高占有率，有使用单一费率的倾向。但随着对竞争认识的提高，货物的整体运送费与港口服务价格相比不断的降低，港口的职能开始向给港口使用者提供更高的附加价值上转变。为实现港口使用者的费用降低，主要采取的战略是通过对泊位生产效率的改善使船舶平均滞港时间减少。这是通过船内工人和码头工人总体雇佣规模的削减；货物处理量的减少；单个工人的设备使用量提高；闲置时间的减少来实现的。由此以来货物的年平均处理总量在20年间增加了1倍。而船舶则通过更为有效地货物码放以及经过改善的货物处理设备对费用节减做出了贡献。

集装箱处理量的增加主要通过对新技术的投资来实现。这不仅仅是要改进起重机，而是要通过改进整个货物处理系统才能实现，货物处理系统的改善在过去20年间使平均货物处理效率上升了50%。起重机的处理量在大部分地区都比较相似。集散港的处理量不仅依靠起重机的速度还依靠相关设施的规模。对货物处理手续的改善是为了减少货物的损坏或货物损伤的数量，而这要依靠货物通关手续的简化以及保管时间的缩短来实现。现在很多港口在实行货物填写单据手续的简化政策，同时为允许货主仓库内需要联运的货物顺利通关采取海关手续自由化政策。现在很多港口不仅通过对更大、更效率化的船舶提供服务，还通过增加对相关设施的投资使货物处理更加迅速化从而提高自身的竞争力。20世纪70年代东南亚的大多数港口都试图通过建设可调整的港口坡道(ramp)吸引滚装船(RO - RO)货物，而现在滚装船(RO - RO)在船尾都安装了坡道(ramp)，使这些可调整的港口坡道(ramp)则变得毫无用处。阿拉伯海湾地区的港口对集装箱处理设施的建设作出了巨大的投资，以此吸引了大量驶往海湾地区的转运货物。最近为了在对post panamax 型船的转运货物的处理中占据优势，众多的港口都在购买和安装处理集装箱的龙门起重机。这种竞争已扩散到中型规模的港口，这些港口都力争更多的占据加勒比海地区的转运货物。

其他战略都是把重点放在提高途经港口的货物移动所产生的附加价值上。这样的战略改变了同非海上运输间的调整，使港口尽最大努力开发海陆联合运输(Landbridge)，促进货物在发送地与目的地间的顺利移动。海陆联合运输(Landbridge)的目标是想要构筑横跨巴拿巴和墨西哥，连接大西洋和太平洋；横跨泰国连接南中国海和安达曼海(Andaman)的货物运输路线。同时为了便于港口和腹地之间的连接也可考虑建立运河设施，但这样大的投资所带来的影响是比较复杂的。

相对花费较少的战略是降低沿海运输费用。例如有些国家在沿海运输上禁止外国船公司的进入。这是由于这些国家的港口集装箱设备的投资率比较低，如果国家不对集装箱运输做出一定的规定，则竞争船公司一定会依靠支线贸易通道的临近性和效率性取得竞争上的绝对优势。亚洲的主要枢纽港口为获取支线货物就采取了沿海运输效率化的战略。

小规模的港口为了强化间和铁路的连接，在港口内部设立连接铁路的货仓；或是铺设铁路使集散港同铁路相连接。美国港口正是通过这样的方式同美国中西部市场连接到一起，而运往韩国首尔的集装箱货物从釜山港开始转为铁路运输，也正体现了釜山港在这方面的优势。哈利法克斯港(Halifax)采取的战略是成为集装箱货物的中心港；CN Rail为了实现途径多伦多和蒙特利尔的集装箱运输在1991年8月开始了从港口内出发的双层铁路运输；长滩港(Long Beach)为增加市场的占有率同铁路建立了连接。而过去的10年间 American President Line一直在为集装箱货物的运输寻找铁道连接方式，并由此增大了在发展中国家的市场占有率。

为获取竞争优势港口也一直在寻找同内陆水运的连接。欧洲的一些港口为了确保同北欧港口的竞争优势，一直在依靠莱因河的驳船(Barge)运输。在巴基斯坦，通往Qasim港的深水河道不仅是为了散装货物的运输，也是为了维持巴基斯坦北部的货物量。

与道路的连接也被多数港口看作是重要的战略。其中较为有名的事例就是Malawi，Zambia和Dar Es Salaam港为了相互间货物的移动对Northern Corridor进行的开发。在Northern Corridor投资建设的集散港设施正是为了Dar Es Salaam港的货物运送，同时也提高了其对南非港口的竞争力。而在西非和中非也正在采取类似的战略。加尔各答和尼泊尔间的连接为货物运送提供集散港设施的同时也提高了加尔各答的竞争力；在马来西亚经由Peninsula通往新加坡的“南北走廊地区”的建成提高了集装箱货物的处理能力；同样的Pan - American Highway的建成提高了拉美多个港口的竞争力；在欧洲，与欧洲主要高速公路相近的北欧地区的港口都具有很强的竞争能力。

想要获得竞争优势的港口会提供具有附加价值的服务。长期提供船舶修理设施会让船运公司更能感到港口的魅力，但是这些影响一般都在期待值以下。现在港口的特殊设施与其说是获取竞争优势的战略手段不如说是单独的产业。船用燃料油供应服务费用较低，通过大规模的供应能提高港口的竞争力，但是这种策略对港口的货物处理以及相关竞争力的提升几乎没有影响。最近，港口把重点放在对货物和船舶提供良好的信息服务上来，大多数大型港口为促进货物的移动，引进了EDI，但随着EDI的普及，港口的竞争力也开始逐渐消退。

货物保管作为增大市场占有率的战略手段被长期使用。在Puerto Rice集装箱港为国内货物提供免费的保管服务来提高竞争力；在西非和中非为吸引通关货物会提供位于相邻国家的特殊仓库或泊位；在散装货港口为了货物的混装，提供货物的保管和长期保管则是吸引货物量所必须的；在Baton Rouge，Lousiana及智力的San Vincente港为吸引纸浆和纸质货物，只收取低廉的保管费；Penang，Malaysia，Mobile，Alabama等众多的非洲港口，为吸引木材货物设置了特别的保管设施；而在汽车进口贸易中，港口是否具有竞争力主要看是否能为汽车的保管提供开放的大型空间，Baltimore，Maryland，及Antwerp等港口正是因为有能力开设这样的空间，才使得市场占有率大大提高。为吸引货物很多港口都建立了特殊的保管设施。例如：大多数港口为获取水果贸易而设置了冷冻保管设施，但是肉类货物的运输越来越倾向于使用冷冻集装箱，所以在中非正逐渐把冷冻保管设施转换成冷冻集装箱保管区域。

效率保管的重要性促使北欧的港口和亚洲的港口开发保管服务。有的港口为集装箱的运营及卡车运输业务成立了分公司。分公司为提供整体的流通服务展开联合运输、集装箱保管、修理、改装、在当地的区域流通、运输代理、海关作业、集散港服务等多样的经营活动。

在全世界受到好评的另一种战略是自由贸易地区(Free Trade Zones)和自由港(Free Ports)的开发。这个战略的效率性是复合的，通过展开有效的港口活动获得成功的自由港很多。为相邻港口的发展做出贡献的自由贸易地区有高雄、巴拿马的科隆(Colon)、洪都拉斯的Puerto Cortes。不过虽是自由贸易地区也存在生产活动比较落后的地方。大体上大多数国家的自由贸易地区都大大带动了产业活动的水平。

大部分的公共港虽是公共设施但有些港口则采取了非常专业化的战略。例如在美国的某个港口，引入Single - crane设施来吸引集装箱货物，在经过数年间的努力后又决定向专业的散装港发展；亚洲的枢纽港口在数年间从事了和港口没有太大关系的各种业务之后，现在再次把重点放在海上贸易服务业上来；中美洲国家把港口的业务和地区开发活动分离开来，这是为了提高港口的专业化从而提高效率。在其他国家，国营港口制度把数量庞大的进出口货物处理同一般客运以及当地货运分离开来，后者由地方团体负责，前者通过民营企业的介入实现效率化。

不管是从增加货物处理量的观点还是从港口周边地区可以从港口活动中所获得的利益来看，附加价值服务的提供都显得尤为重要。北欧的港口为了扩大就业开发了港口工业园区，再次强调把重点放在能为整体经济发展提供帮助的顾客身上。在亚洲，面临劳动力不足问题的港口正集中开发各种服务项目，以此来对经济的发展给予帮助。

6) 扩大民间部门的作用

提高竞争力的另外一个战略是扩大民营企业在港口运营上的作用。下面来看一下港口的所有经营活动和资产都实现民营化的情况。民营部门的介入是战略的决定，与之相关的两个问题是：

① 怎样降低港口的使用费用。

② 民营化后怎样保障港口的财政健全。

另一方面要考虑的基本问题是增大民间部门的作用时可能发生的利益和危险：

i) 利益

① 经营改善

— 排除从政治上对劳动问题的干预

- 经营上排除政治官僚的干预
- 吸引优秀的管理者
- 通过晋升和奖金鼓励职员
- 可实现有效的费用节约
- 提高经营手段
- 引进市场指向型费率政策

② 港口责任的减少
- 货物安全责任
- 对劳动者的安全和健康责任
- 对设施建筑损伤的责任

③ 港口的销售促进
- 提高市场营销手段
- 引发对港口的长期投资

④ 经营危险的减少
- 调整民营资本参股
- 签订长期的合同
- 民营企业担当同样的风险

ⅱ) 危险

(1) 形成私有企业的垄断

(2) 企业目标优先于公共服务

(3) 港口的基础设施开发困难

7) 分散化和自治化

很多国家为提高港口系统的效率，促进开发，对公共港口进行再次整顿，引入现代经营方法。基本概念就是要谋求管理职能的分离，生产单位的自治，激发管理职员的积极性。这样的过程要求所有港口职员的支持与参与，在进行决策时也必须要有职员的参与。在追求分权化和自治化的同时也必须引进责任概念，只有这样才能使具有管理职能的各部门领导对自己的行为负责。

这样的战略被非洲的各个国家所采用。在非洲的塞内加尔等国公共港口的法规更靠近民营部门的现行法规，向更自治的方向改变。在摩洛哥(Morocco)作为主要负责港口运营的公共团体office d’exploitation desports (OPEP)通过实行分权化、自治化以及责任制的基本原则成功的进行了重组。而在UNCTAD上也发表了肯定这种方法公正性的报告。

第十章 机 场

第一节 机场的特性和机场间的竞争

1. 机场的选址和特性

机场拥有很多和海港类似的功能，例如也具有载运旅客和装卸货物等能力。机场的主要设施也和港口较为相似，比如港口的外港和机场的跑道，港口的操船水域和机场的飞机滑行区域，此外候船厅和候机楼，船坞和飞机维修仓库，港务长办公室和控制塔等都一一对应。机场是“空和陆”的连结点，海港是“海和陆”的连接点，两者都是提供一定服务的空间。

今天，在很多发达国家中，随着产业结构的高级化和国际分工的不断发展，高附加值的产品和零部件、半成品的物流量一直在增加。因此，为了新产品的市场开拓，库存调整‘时间价值’越来越受到重视，从海上运输到航空运输，运输手段间的转移也随之变得显著。生产开始向技术集约型的高科技产业转移，伴随着产品的高附加值和向‘轻小短薄’化发展，与之前的“临海工业”(倾向于临近海港选址的工业)相对，出现了“临空工业”(倾向于临近机场选址的工业)或者“临空产业”这样的名词。

机场的选址取决于以下几个条件：

① 风，雾，雪等自然条件

② 机场腹地的设立

③ 临近机场的选址和所提供服务的能力

机场一定要选址在便利腹地圈的地方，从技术上来看机场可能会倾向于在城市周边地区选址，而从盈利层面上来看则更倾向于在市内选址，两种意见会发生一定的冲突。机场的选址和海港一样，可能会对腹地圈中的商业活动，人口密度，收入水平产生影响。还要考虑与临近的竞争机场间的距离，以及该机场的范围和航班的频率等因素。

机场航空运输的需求，基本上依存于机场周边地域的① 人口，② 收入水平，③ 产业活动(包含第三产业)，④ 旅游资源的存在，⑤ 其他交通手段的存在，⑥ 国内外航空联网的位置，作为枢纽关口(gateway)的特性(国际进出口)。①~⑤作为地区发展条件依存于机场周边的需求动向，而⑥并不是只以腹地城市为对象的地域垄断，由于其具有集散功能，中转型的运输需求则会较高。在这情况下，需要建立均衡的具备通关、集散功能的网络。和⑥一样的机场使用形态在机场相关规则废除后，Hub and Spoke的网络系统的使用变为可能，实际上并不会给机场的使用者带来不便。

2. 机场间竞争的加剧

1) 机场选择自由度增加

由美国主导的领空自由化(Open Skies)正在被不断扩大; 欧洲航空市场逐渐走向单一化;南美(the Andean Group of States)地区的航空市场也实现了自由化。两国间由于领空自由化的扩大，在航空公司选择机场自由度增大的同时，机场为了吸引航空公司，有必要扩大包括机场在内的航空基础设施服务。在机场间的竞争中，为了及时提供满足市场要求的机场基础设施服务，灵活性较大的民间企业的参与比起任何时候都变的更为重要。

美国的辛辛那提(Cincinnati)，代顿市(Dayton)，克里夫兰(Cleveland)，匹兹堡(Pittsburgh)，底特律(Detroit)机场都分别担当着不同航空公司的中心机场的作用，因为几乎都为同一地区提供服务，因此机场间的竞争异常激烈。欧洲也因为市场单一化，开始接连出现如同慕尼黑(Munich)机场一样的第二枢纽机场。为了能成为各航空公司的中心机场，机场间展开了激烈的竞争。机场在履行集散中心职能的时候，交通流量增多，这也是地区经济发展带来的结果。

2) 地方中小机场的商机扩大

主要枢纽机场的运力不足，使得其他的机场为了吸引航空公司而展开竞争， 在这些机场的设施扩大及改善上民营企业的参与变得越来越重要。航空需求的增加，使世界主要的枢纽机场都有运力不足的危机，而机场想要扩大规模来应对运输需求的增加则面对着众多的困难。枢纽港的运力不足造成包机航运及点对点的直航(point - to - point)运输服务增多， 而相对较为闲置的机场则为了争夺这样的服务展开了竞争。航空公司对于机场使用费非常敏感，而对于使用哪个机场则相对的不太敏感，因此机场为了吸引航空公司常常提供非常优惠的机场使用条件。

3) 国家间对超大型机场建设的竞争

在包含远东的亚洲 - 太平洋地区，国家间对超大型机场的建设展开了竞争。目前在亚洲地区，为了减少跑道和集散站的混乱，16个机场建设项目正在进行中，它们的总投资规模超过了500亿美元。另外，为满足今后10年运输需求的增加，预计还需要投资100亿美元。对这些港口建设资金的筹集上，虽然国家间会有一定程度上的差异，但都非常重视民营资本的参与。

在中国，预计在今后的10年中会建设20个新国际机场；今后的5年中会有超过40个机场得到改建；除此之外，吉隆坡、曼谷、悉尼、孟买的新国际机场也都在建设或计划中；在加尔各答、马尼拉、新加坡、越南、胡志明市、万象，对现有机场的大规模的扩建也都在进行中或设计中。从韩国的立场上来看，中国北京机场的扩建、上海浦东机场的建设、台湾台北的桃园国际机场(Chiang Kai Shek(CKS))的扩建、 高雄(Kaohsiung)国际机场的建设以及正在扩建第二跑道的香港赤鱲角(Chek Lap Kok)国际机场还有新加坡的樟宜机场的扩建，都会对仁川国际机场的竞争力造成很大的影响。

第二节 大规模枢纽机场的成立条件

从机场的方面来看，只有确保使用机场的航空公司以及乘坐飞机的乘客不断的增加才能保证枢纽港的发达，机场之间为了争夺航空公司及乘客就会产生竞争。而相比航空公司，乘客对机场的选择存在更大的不确定性，因此在机场的经营上，如何确保乘客的持续增加成为一个重要的课题。

在这里我们将探讨持续乘坐需求都受到哪些变数的影响，以及成为枢纽港口需要具备的条件。

1. 基本成立条件

枢纽机场的参数包括机场内的航线数、航班数等需求要素；客、货运能力、乘机设施、价格体系等营销政策和整备情况；地理位置等物理条件；航空对策和机场制度等制度性要素。

这中间最重要的要素是航线数和航班数。从经验上来看，乘客会倾向于选择具有更多航线和航班的机场，而航空公司也倾向于选择具有更多乘客的机场，这样的机场就会被选定为枢纽机场。航线数、航班数都依存于各个机场的旅客、货物运送需求，其结果就是包括持续乘坐的航线数、航班数在内都要依存于Terminal Demand的大小。

2. 其他经济·技术条件

虽然成为枢纽的主要条件是Terminal Demand，但如果港口间在这方面没有太大的差异，则需要注意经济·技术方面的要素。

① 地理有利性

地理有利性也是竞争要素之一。那些因为地理位置不佳导致航空公司运航费用大幅度增加的机场不能作为枢纽。换句话说，即使其他竞争条件不利，但如果处于主要网络的中心位置，具备地理上的有利性，某种程度上也可能作为枢纽发挥功能。例如，哥本哈根、安克雷奇、香农机场等在某种意义上是依靠地理有利性而被称为枢纽的。

但是这些机场在地理上的优势正随着飞机制造材料的技术革新和航空市场的制度变化而变得越来越淡化。地理上的便利性虽然是作为枢纽机场的基础，但为了能获得长期的竞争优势，应在环境变化前对其进行最大的开发和利用。

② 与直航航班的竞争

HSS(Hub and Spoke System)实施的目的是要通过减少单位费用、增加航班的方法来提高竞争力，但在另一方面其可能会因为换乘而引起时间费用和非效率的发生，还会出现竞争航空公司通过增加直航航班来同HSS相竞争的情况。

由于技术革新使飞机的续航能力不断的提高，如枢纽机场因为某种原因(例如制度上的混乱等原因)而出现利用困难的情况，则航空公司则除了向次位的枢纽机场转移以外，也有可能会选择增加直航航班。

③ 机场的营销政策

航空市场的自由化正在进行，在枢纽机场的激烈竞争中机场的营销政策变得越来越重要。新加坡和阿姆斯特丹作为世界性的枢纽机场呈现繁荣的原因之一，就是因为这些国家在实施航空自由化政策的同时，并且机场实施市场指向型的营销策略，对机场使用费进行系统的研究，对搭乘设施进行了完善。

营销政策的核心要素是市场调查、价格体系、服务质量，如果机场当局没有自主决策的能力，就不能开展营销活动。在欧洲，包括完全是民营资本在运营的英国机场集团(BAA)在内的欧洲大多数首都机场，都以公司、工业区、特殊公司的形态进行自由经营。

④ 核心航空公司的存在

枢纽机场的成功取决于机场的航线・航班的集中程度。这种情况下，如果航线数和航班数相当，机场在枢纽化发展的过程中吸引核心航空公司将比吸引混杂的小航空公司更为有益。

另一方面，枢纽间的竞争是动态性的，机场的客户没有永久使用该机场的保证。为了枢纽性的持久性，有必要实施使核心航空公司和机场成为一体的营销策略。

⑤ 国内和国际的一体化

对机场来说航空货运、客运以及航空公司从经济角度来看没有国内线与国际线的区别。枢纽机场的功能，也没有必要区分国际和国内，而要作为一个统一的概念来理解，考虑到国际间相互连接功能的同时，也要考虑到国际和国内的连接以及国内间相互的连接功能。除了个别与国际市场完全没有联系的国家以外，枢纽机场的航空需要应该是包括国内和国际两方面的。

⑥ 关注「陆上辐射(Spoke)」

HSS的展开虽然可以只考虑航空路线，但考虑到中转需求，陆上和海上交通机构的存在同样很重要。例如，在法兰克福的城市间是通过特级列车(IC)来连接的；为了连接日本关西机场，京都和神户的快速线也投入运营；而在法国包机的乘客可通过包车到达布鲁塞尔；在英国，地方机场给想要包机旅行的游客提供专车，从数百公里远的地方到机场。

陆地交通机构通常需要接近机场，它本身也是机场运营的重要课题，为了提高枢纽机场的竞争力，有必要进行积极的应对。

⑦ 现有枢纽机场的运力不足

现有的大规模枢纽机场中多数都有运力不足的情况，尽管如此很多机场的扩建也面临着诸多的困难。这当然会降低该枢纽机场的竞争力。如果某个设施出现问题，则最需要的是根据乘客需求对该设施进行扩建，同时如果某个设施出现不足的话，则也说明针对这个设施的投资能确保收益性，从而使比较艰难的扩建在经济上找到了依据。

从国际运输需求来看，如果一国为了防止首都机场的运力不足向国内的地方机场分散需求，而在这种情况下，如果其它国的首都机场进行扩建，那么国际需求就会向扩建首都机场的国家转移。

英国根据〈1978机场白皮书〉计划向地方机场分散国际运输需求，但因为没能得到机场使用者的支持而失败，最后又重新回到首都机场的扩建上来。在欧洲的其它国家也一样，比起向地方机场分散运输需求，更倾向采取诸多手段，使首都机场能应对更多的需求。

当然，并不是强调只能向单一机场集中运输需求。例如法国正在努力使尼斯成为继巴黎之后的第二大枢纽机场，而德国也正在努力使慕尼黑成为继法兰克福之后的第二大枢纽机场。

（图 10-1） 欧洲高速铁路和机场的连接计划

(资料：EU的运输政策)

⑧ 枢纽机场的等级

以上对大型枢纽机场的形成以及相互间的竞争做了一般性的说明，但是整个航空网络并不只是由大型的枢纽机场组成的，除此以外还有中型的枢纽机场以及小型枢纽机场。

虽然并不是严格的定义，但在欧洲和亚洲各地区中，一般作为各地区代表，处于主导地位的规模以上的机场可以被称为国际枢纽机场。而也有些机场则被称为区域性(regional)枢纽机场，主要是指联接近距离的国际航线和国内航线且具有结点功能的枢纽机场。因此，如机场要提高作为枢纽的功能，打算吸引更多的中转需求时，有必要充分地研究该机场在枢纽机场的等级中处于什么位置，以什么需求作为吸引对象，以及竞争机场所处的位置等问题。如果在功能上只能作为区域性枢纽机场，却一味扩建，树立成为国际枢纽机场的计划，那么这样的计划无疑是毫无意义的。

第三节 机场交通和机场运营

近来，很多国家都增加了对连接机场的轨道的投入。日本成田机场铺设的单轨铁路曾经是世界最初的通往机场的轨道系统。之后，欧洲的众多机场也引进了类似的轨道系统。在汽车众多的美国、亚特兰大、芝加哥的奥黑尔、中途岛、波士顿、华盛顿也都在铺设通往机场的轻轨系统(light rail system)。

在欧洲，机场间的竞争很激烈，不仅有连接市中心和机场的铁道，正在进行的工程也正努力使机场位于城市间高速道路的通道上。戴高乐和希普霍尔的TGV投入工作正在进行，在德国统一后的全国交通计划中，也构想用ICE将法兰克福，杜塞尔多夫，慕尼黑等连接起来(图10－1)。

欧洲各国都想要扩大国际机场的腹地圈，由此在包含陆上交通在内的各个方面都存在着激烈的竞争，这些机场为了提高国际竞争力，大量地减少国内航线。例如，汉莎航空公司正在推出短距离的国内航线和不能盈利的航线。而美国也根据1991年制定的《陆上交通运输效率化法案(ISTEA)》谋求机场与其他陆上交通体系的连接效率。在美国，州际间

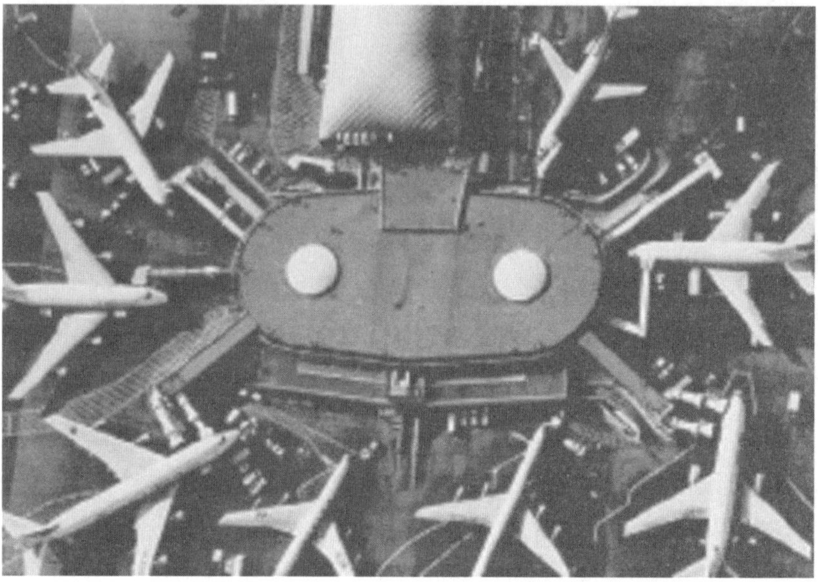

(Interstate)高速公路网的建设虽然从40年前就已经开始，但除JFK，欧黑尔，巴尔的摩，亚特兰大等主要机场以外，其它高速公路并没有和机场直接连接。

机场只是被动的去应对乘客的需求是不够的，另外也要考虑乘客需求以外的内容。而应积极的在机场周边区域配置能够产生航空需求的产业设施、物流设施，同时通过设置与航空需求无关但能给人们提供便利的设施，使机场成为吸引人们聚集的地方。简单来说就是要使机场同周边地区的开发一体化，这不仅仅是在满足机场使用者的需求，而是能从机场使用者外得到开发收益从而有利于机场的效益产生。

在实现机场和周边地区开发的一体化的同时，组建专门的运营机构，制定相应的制度，对机场周边的设施及机场内的设施进行管理经营管理是极为必要的。否则就不能保证周边地区开发的有益性，不能实现开发效果的内部化，使机场丧失得到开发盈利的机会。只有制定合理的制度，使机场本身业务及机场周边、内部的附加设施的管理和经营实现一体化，才能最大地满足机场使用者的需求，实现机场及周边设施的使用效率化。

为了更好的满足机场使用者的需求，实现高盈利的经营，委托民营资本管理机场将会是比中央政府或自治团体直接管理机场更为有效的办法。机场经营是一项高成长率的产业，仅依靠国家的预算并不能使机场得到顺利的发展，应给予机场能够应对市场、自主决定投资·运营政策的权利，这也是机场应该实现民营化的理由之一。在英国，主要机场通过完全民营化来进行经营和管理，而地方机场则采用股份公司的方式。

与机场的民营化相同，管理制度的民营化也是要研究的重点课题。如机场的管理靠国家实现，在管理上没有弹性，则不可能按地区的实情和需求进行对应的运营，会成为影响机场效率化运营的障碍。如管理制度能实现民营化，各个机场可根据自己的需求分配塔台调度员，给予相应的待遇，则能增加飞机起飞、着陆的次数，增大机场收益。同时随着机场使用费管理的自由化，出发与到达的间隔分配，时间及地区上不同的收费等级则是今后需要研究的课题。

第四节　企业性概念的机场

1. 机场的变化

最近机场企业正在以营销为中心的策略逐步实现市场化。机场的作用从单纯的运输模式(mono - modal)向着多式联运的中心(multimodal hub)，或“多种目的企业(multipoint firm)”形态发展。这种企业概念的机场以吸引观光客和航空爱好者；举办会议和提供物流设施；提供购物空间以及咨询服务等不同的盈利形态发展，为多样的需求提供服务。因此，国际机场除了传统功能外， 正在通过创造新的价值产业，满足多样的需求，提高机场收益的方法，向企业型的机场转变。

航空运输产业是相当复杂的大型产业。产业内很多活动都依据当事人的互补，相关联的网路进行，即为了最终满足消费者的需求，乘客和货运航空公司(cargo airlines)、快递公司(integrators)、机场当局，货运代理人(handling agents)、地勤服务公司(in - flight catering firms)、航空公司总代销商(general sales agents)、汽车租赁公司、航空经纪人(air brokers)、飞机制造业、集散港建设企业、旅游观光相关联的企业等在同一网络中互动。

严格的法规及国营的形态一直以来被认为是机场发展的必须方式，但在如今的市场经济体制下，机场很难实施有弹性的战略，同时也很难满足多样的消费者的需求，而传统机场的作用实际上是作为为公共提供服务的主体来吸引众多的航空公司，这一目标需要国家支付大量的补贴来实现。从这种观点来看，传统机场的作用与它的主要顾客航空公司有关联，又或者作为公共政策的目标，与地区产业发展有关联，即机场仅仅起到满足航空服务部门为了航空运输而提出的各种要求的作用，而作为一个企业来运营则会受到各种限制。

[图10 - 2]表现了机场和机场相关的企业以及B2B或B2C的关系。在图中，除了传统的产业之外，还体现了B2C，即机场同最终消费者间的关系。说明机场管理者应该对机场产生新的认识，通过提供多样的服务来提高机场的收益。

(图 10-2) 航空关联企业间的关系图

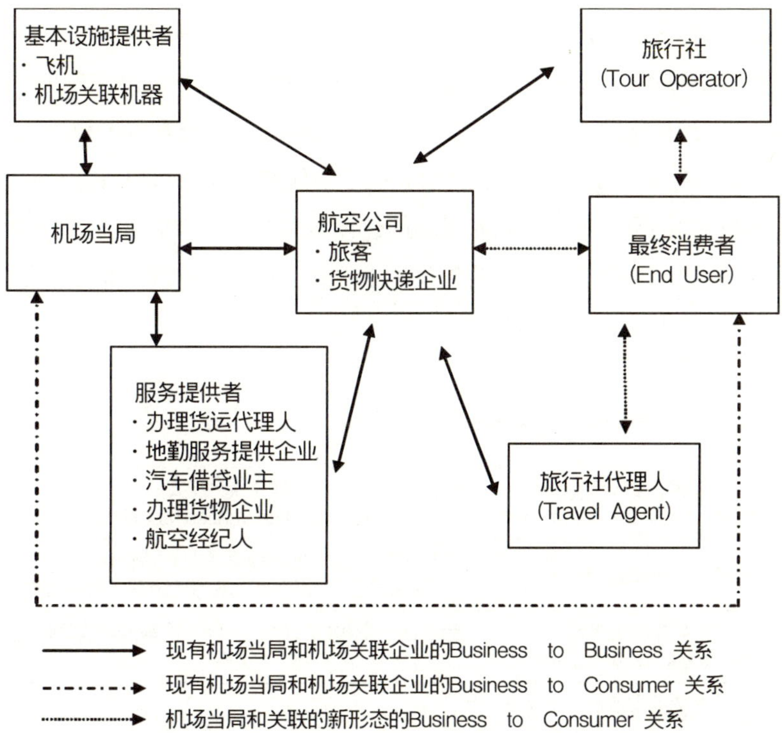

2. 机场的发展方向

A. 从单一运输(mono - modal)向多式联运发展

单一运输形态下机场的战略、运营目标是吸引更多的乘客及货物，使机场客货输送量持续增加的一种方式。但是最近机场的作用开始发生了变化，更多的机场在相互间竞争的同时，也在为了吸引其他运输方式而努力。机场为了应对持续增加的国际运输需求，并不只注重固有而单一的航空运输经营，而是试着通过多样运输方式的结合来追求更多的利益，即机场自身正在向着成为多式联运的中心而努力。如果机场能成为多式联运的中心，则机场的使用者可自由地选择从空运到陆运，从铁路运输到海运等多样的运输形态，使货物的整个运输过程更加流畅，而机场也可以实现运输量的增加。机场要成为多式联运的中心必须从以往的机场与陆地运输完全无关，仅仅是经营航空运输的主体这样的概念中脱离出来。表(10 - 1)把机场的进口分成了与航空关联的进口以及与航空无关的进口两类，如今大量新机场的建设与现有机场的扩建引起了机场间竞争的进一步加剧，机场若仅仅注重与航空相关联的进口业务则会在发展和竞争上受到很大的限制。

(表 10-1) 机场的航空关联活动和非航空关联活动

航空关联活动 (Aviation related activities)	非航空关联活动 (Non aviation related activities)
卸货费 (landing fees)	总代销商，机内食品提供企业，运输代理人，货物运营企业，旅行社，旅行社经营场所租赁费
航空交通管理费 (air traffic control fees)	精品店，免税店，银行，停车场等的经营场所租赁费
旅客及货物搭乘费(passenger and cargo boarding fees)	依靠机场经营的卖场
手续费(handing fees)	机场内可能发生的各种经营活动

B. 向商业机场(Commercial Airport)发展

机场现在已经不单单被认为是一个交通设施，而是一个集房地产开发、店铺开发与经营、物流仓库经营以及相关功能为一体的复合体。最近各国都认识到机场商业化发展的重要性，并为此扩大了民营资本对机场开发经营的参与范围。通过机场的商业化可以确保机场的收益性，从而使筹措资金维持机场运营以及扩建变得较为容易。从借贷方的立场来看，没有比机场的收益更为可靠的担保。而政府在这其中的作用就是要为确保机场的民营化能顺利的进行，实现机场的未来收益提供各种所需的条件。从民营资本的立场来看，为了确保机场的收益性则应开发多样的盈利点，制定费用节减方案，进一步努力改善服务质量。

商业化机场概念的提出使机场的发展战略从传统的促进客货空运向前发展，机场开始从保守的、传统的空运业务中脱离出来，成为一个吸引更广范围的客户、提供更多样服务的商业中心，机场的角色也开始向"多种服务提供企业(multipoint service - provider firm)"转变，其潜在的顾客不仅包括乘客及空运关联企业，还包括周边居民、直接或间接参与机场内活动的企业及雇员、游客、航空爱好者等。根据这样的定义，机场除了进行传统的活动以外，还应包括以下四项内容：

商业服务(commercial services)

观光服务(tourist services)

会议服务(congressional service)

物流服务(logistics services)

① 商业服务(commercial services)

这里的商业服务是指满足顾客需求的所有商业化经营活动，其服务对象大体可分为四类，第一为现有的乘客，这些乘客从出发地到目的地以及换乘地的过程中会有购买必需品或礼物的需求；第二为接机人员，在机场内等候的过程中接机人员会有购买活动；第三为机场、航空公司、相关航空服务提供企业的雇员，这些人会因为工作上或个人的需要在机场内进行购买活动；第四为机场周边居民，受机场内购物便利性的吸引，机场周边的居民会到机场来进行购物。

从供给的层面来看机场内的服务主要可分为三种，第一为机场内的时尚名品店、宝石店、免税店等；第二为机场内的饭店及食品店；第三则为银行的自动取款机、书店、药店、宗教服务店等。

② 观光服务(tourist services)

以观光和休闲为目的的机场概念是指需要通过创意的营销活动来吸引与航空公司机票无关的需要(Levitt，1980)。而天文观测者(spotters)和航空爱好者(aviation enthusiasts)则是观光服务所要吸引的首选目标。伦敦的希斯罗机场和德国的慕尼黑机场从几年前开始，为了给天文观测者提供更好的观测位置，在人工山坡上设置和开放了平台。进入这个平台则需要支付一定额度的入场费，因为地点是在机场内，这就给机场带来了额外的收入，但现在大部分的机场因为安全和军事机密上的考虑不允许开设这类服务。为了吸引游客，机场除了这类服务以外也会在旅游淡季作为积极的'促销活动举办者(event organizer)'开设各种的服务，如德国的法兰克福机场在候机楼内开设迪斯科舞厅，荷兰史基浦机场在换乘地域内运营赌场等。

③ 会议服务(congressional service)

会议服务是指机场提供宽阔的空间和会议进行时所需的必须设备，使各种大小会议能顺利进行的服务。机场必须要在以下两方面处于竞争优势地位，才能确保或吸引会议召开。第一，会议场所的提供较为容易。第二，使会议参加者到达机场内会议举行地的时间最少化。会议举行的时间越短则越能体现机场提供会议服务的便利性，而这样的服务现在大部分都通过机场同酒店间的合作来实现。法国巴黎的戴高乐(Charles de Gaulle)机场正是由于周边有众多的较为集中的酒店，才能作为一个理想的会议召开地而闻名。而今后在机场建筑内召开会议也将成为可能，欧洲的许多机场也为此展开了众多的研究。

④ 物流服务(logistics services)

不管是过去还是现在，机场都被看做是将产品和原材料在国际市场间快速运送的物流产业的基础设施，即机场的基本设施只被看做是单纯的传送物品的外部媒介。而随着经济的发展，物流服务发生了很大变化，以鹿特丹港口为例，现在鹿特丹港的'Distripark'成为这类物流服务的变化最为成功的例子。所谓的'Distripark'是指在鹿特丹港口内设立的能够提供各个产业领域产品的仓储服务(warehousing)和零部件改造(partial transformation)等服务的空间。如果在机场内也设立这样的空间用于加强对航空货物的处理，则可以增强港口的竞争力，吸引更多的货物，从而增加港口的收入。

以上活动的盈利被认为是由非航空关联产业所带来的，而非航空关联产业的收益范围在如今还受到一定的限定，但随着机场间竞争的加剧，其一定会成为机场树立差别化服务战略、保持竞争优势、获取利益的一个重要源泉。

第十一章 物流基地

第一节 物流基地的概念

物流基地是一种作为运输机构的基础设施，具备特殊设施的地理上的空间。物流形态大体可以分为与运输机构的运输方式相关的「线」部分(link)，机场，港口等的「点」以及节点(node)。这其中节点就是指物流基地或者物流据点。点的作用是物流基地内的装卸、包装、流通加工、保管、信息等物流功能的集中，物流基地是物流合理化的主要源泉。

1. 物流基地的形态

运输线(link)有公路、铁路、水路及空路；运输方式有汽车、火车、船舶及飞机。物流节点的功能就是使不同的运输方式间能顺利地联接。物流节点可分为以下5个种类：

① 与货车运输有关的 - 货车集散地，流通业务园地，内陆仓库，流通中心，配送中心

② 与铁路运输有关的 - 货物站，站内仓库

③ 与海上运输有关的 - 港湾，集装箱集散站，港口仓库

④ 与航空运输有关的 - 机场，航空货物城市集散地
⑤ ①~④的组合有关 - 复合集散地

2. 物流基地的功能

在物流节点除了装卸、保管的基本功能外，也进行各种流通加工性的辅助活动，如：

① 转运功能 - 运输机构相互转运
② 混合装运 - 少量货物的合并、分类
③ 流通保管功能 - 流通过程中的暂时保管功能
④ 流通加工功能 - 商品的少量化包装、贴标签、组装、装配、切断、加工等以需求形态的合理化
⑤ 配送 - 终端运输
⑥ 信息处理功能 - 各种咨询、场所预约、货物运行到达的信息，库存管理信息等信息服务

3. 物流基地的构成

物流基地主要有以下设施：

① 域间运输的发送到达设施－货车集散地，铁路的货物站，为其它货物提供装卸的设施
② 站间运输和域内运输的装卸设施－关栈、货场
③ 站内运输的集中发送设施
④ 为小量混合装运提供的设施
⑤ 暂时保管或者为了合理库存的保管设施－仓库、露天堆货场
⑥ 物流有关的信息处理设施
⑦ 为集装箱和托盘流通的设施

⑧ 加油站，停车场，休息室和一般办公室的必要设施

第二节 货车集散地

1. 货车集散地的功能

货车运输依据用途被分为以下几个部分：第一，利用汽车流动销售，或者利用城市中的汽车可以像广告一样被人们看见这一运输方式。这在近距离运输中，被广范围使用。第二，从一个地方向很多地方货物的配送；或者，从很多地方集货再向一个地方集中发送。这些方式在近距离范围内被广泛使用。第三，从一个地方的发货者到另一个地方的收货者的直接运输形态。这是需要运输量适合货车的装载能力的情况下被使用的。第四，从发货者到该地域承运的集散地为止，用小型集货卡车来运输，然后和其他货主的货物一起用大型货车从集散地装载，运输到收货者所在地域的承运集散地的运输方式。这种运输形态距离长，特别是在运输需求量少，只用一台卡车的情况时使用。

货车集散地必须具备以上这四种形态。企业会根据多次实验来确定路线进行定期运输。

货车集散地一向是由运输业者各自专用的，或者只作为企业公共营业手段来计划运营的。但是随着最近货车运输路线的增加，为了符合这一趋势，作为城市间的运输和城市内的运输或者城市间运输中转的设施，货车集散地和营业仓库、批发店铺、正在往大都市的周边分散选址发展。

货车集散地有如下5种功能：即 ①转运功能、②混合装运功能、 ③保管功能、④ 流通加工功能、⑤ 收集信息的功能

当初，以货车运输业者的立场来说，迅速运输、节省运输费用、提高

运输效率等是主要目的。即，重视转运功能和混合装运功能。但是按照物流系统的要求来看，只有这些功能是不充分的，应增加保管功能，流通加工机能也可以创造更高的附加价值，因此同样非常的重要。除此以外信息的收集、分析、处理等功能也必须要具备的。

2. 货车集散地的整备

汽车集散地类似于火车站、航空运输的机场、海上运输的港湾，是汽车的综合收发的空间。汽车集散地可以分为公交集散地和货车集散地。并且，货车运输业的目标是为了企业自己的运输事业，所以也被称为专用集散地，而其他集散地则被称为一般集散地。随着货车路线中企业活跃度的变化，货车集散地的必要性也被更加强化。

(表 11-1) 公共货车集散地的主要效果及其归属的主体

<table>
<tr><th rowspan="2"></th><th rowspan="2">货主</th><th rowspan="2">运输业者</th><th rowspan="2">国民</th><th colspan="2">市民</th><th colspan="2">行政团体</th></tr>
<tr><th>集散地周边</th><th>一般</th><th>国家</th><th>市</th></tr>
<tr><td>1. 削减运输成本</td><td>◎</td><td>◎</td><td>○</td><td colspan="2">○</td><td>○</td><td>○</td></tr>
<tr><td>2. 物资的安全供给</td><td>◎</td><td>○</td><td>○</td><td colspan="2">◎</td><td>○</td><td>○</td></tr>
<tr><td>3. 土地的有效利用</td><td></td><td></td><td></td><td></td><td>○</td><td>○</td><td>○</td></tr>
<tr><td>4. 交通量的削减</td><td>○</td><td>○</td><td></td><td></td><td>◎</td><td>○</td><td>○</td></tr>
<tr><td>5. 防止居住环境的恶化</td><td></td><td></td><td></td><td>△○</td><td>○</td><td>○</td><td>○</td></tr>
<tr><td>6. 增加周边地域的交通量</td><td></td><td></td><td></td><td>△</td><td></td><td></td><td></td></tr>
<tr><td>7. 周边地域的开发整备</td><td></td><td></td><td></td><td>◎</td><td>○</td><td></td><td>○</td></tr>
<tr><td>8. 提高周边服务</td><td></td><td></td><td></td><td>◎</td><td></td><td></td><td></td></tr>
</table>

注：1. ◎为正的效果直接的效果
2. ○为正的效果间接的效果
3. △为负的效果直接的效果
4. △○是实行对策的话，将可能出现正的效果，但是不实行对策的话将会出现负的效果

资料： 山野边义，陆运业界，教育社，1995，p.89.

另一方面，由于城市内运输条件的恶化，导致道路拥挤情况也更加恶化。货车集散地的运行效率也被相对降低了，依靠大型车进行城市间长距离运输，依靠小型车进行城市内的集合配送变得迫切需要。

政府正在努力促使大城市市中心过度集中的批发商、仓库、市场等流通设施向城外适当的地方迁移。为此，首先要对运输基地、运输、保管、装卸、停车、加油、修理等的附加设施进行整顿。公共货车集散地向城市周边的迁移存在以下的问题：

① 需要大城市周边的大规模用地

② 需要巨大的用地费 · 建设费

③ 如作为公共财产来看，集散地的土地使用费用征收受限

由于以上理由，企业如只凭自己的资金能力很难完成向城市边缘迁移的过程，因此，政府要考虑这些货车集散地的公共性、紧急性及企业的低收益性，通过民间资金以外的政府、地方公共团体的出资和长期低息的财政支持帮助相应企业设立必要的公共货车集散地。

第三节 火车站

铁路货物运输的长处是运输量大、大重量货物、远距离的运输，而不能实现货主的门对门(Door to Door)集中配送服务则是它的短处。为了克服这点，要寻求从设施和轨道方面上的改善措施。

首先是联运(Intermodal Transportation System)功能的强化：

① 向生产者和消费者门前引入铁路线的建设

② 货物集合运输的据点基地(Hub Freight Depot)的建设

③ 建设可以批次办理货物的集合配送、装卸、保管的火车站物流基地(Physical Distribution Depot)

④ 构造整批运输系统(Unit Load System)，使运输集装箱化(Containerization)和托盘化(Palletization)

⑤ 系统化推进货物运输信息网的构成等

1. 铁路货物运输据点基地

据点基地的概念是依靠铁路可以进行集货，集中配送、装卸、保管活动的小规模的物流基地。对于据点基地来说，在生产者或者消费者较分散的情况下，可以选择一个能够依靠铁路、汽车或者人力来进行集货和配送的地点，设立相应的装卸场地、保管仓库和停车场，安装必须的设备。

据点基地作为地域内集合配送的"面的运输"和地域间干线运输的"线的运输"的结合点，选址显得尤为重要，其必须具备如下的选择条件:

① 能够谋求城市交通协调化和物流效率化

② 和干线铁路 · 支线铁路相临，靠近高速道路 · 国道

③ 邻近生产地和消费地周边，靠近高速道路 · 国道

④ 在生产地和消费地周边

⑤ 可以充分利用铁路大量、安全性、环保等特性，并要在经济上处于优势的铁路运输位置

2. 火车站的物流基地建设

和铁路相关的主要物流功能有提供运输基础、运输、保管、装卸和包装等。如想通过提供附加服务为货主节省物流费用，从而促进运输量的增加，则需要活用火车站内的空间，积极研究建立综合物流基地的方案。

特别是在火车站附近一般都有专用的煤场和散货堆场，在必要的情况

下可以像民营车站一样，把煤炭或散货放在站内轨道附近，从而节省一定的空间。

由于每个火车站物流基地的选址条件、功能和规模都不同，因此不能只用一个模型来设定。必须考虑到货物中即有如煤炭、石油、水泥一样的散货，还有不能用槽车运输的粮食以及国内外通用的集装箱货物。从运输功能考虑，还必须要设置本线路以外的侧线、留置线、入换线、上·下车装卸车槽、以及装卸场和保管仓库、集合配送中心、小型运输车的停车场和装卸作业场等设施。

为了使具有综合物流功能的进出口集装箱能够通关，则需要取得检疫和金融保险设施的信息，这包括物流、贸易两方面的信息，可以通过构造与KLNet(Korean Logistics Network)和KT - Net(Korean Trade Network)链接的自身的流通信息网来解决此问题。此外，作为物流的附带服务，还应该考虑增加销售、组装、加工等附加服务。

第四节 集装箱集散地

定期航线的一般货物(general cargo) 是用集装箱这一标准化大型运输容器为单位进行装载卸货，这样的运输能显著的提高效率、缩短在港口的装卸时间。最近集装箱专用线正在向着大型、高速化的方向发展。

集装箱集散地大致可分为：①船舶靠岸的岸壁，②机械化装卸起重机，③集装箱大型堆场， ④混装的LCL货物在集装箱的开箱后进行移交及接收的集装箱货运站(Container Freight Station)，⑤集散地运营的综合管理处。

集装箱堆场(CY)是指进行集装箱的出入、交付、保存等活动的场所，集装箱堆场，一般比较靠近岸边，设置了装卸机器，可以在码头前沿操

作装卸集装箱。FCL货物向集装箱集散地移交时，根据多式联运合同，集装箱堆场(Container Yard ： CY)的出入口(gate) 成为货主和多式承运人间或者多式承运人和实际承运人间对于合同货物所负责任的分割点。运进集装箱堆场的集装箱货物，通关后在通过Truck Scale(实测重量)测定重量的同时，检查集装箱的外部状态和封印的情况，在此之后因需要通知收货人，要和材料一起提交给集装箱堆场海运经纪人。而集装箱集散地入口前gate house可以直接处理FCL、LCL货物的签收、交付，以及集装箱日常的出入业务。

堆场内的装卸方式有：Straddle carrier方式，Transfer crane方式，Shassis三个，选取哪种方式，取决于起重机驾驶员的熟练程度。一般装卸效率为1个小时内完成20 - 30个集装箱。堆场内装卸作业是依靠集装箱跨运车、吊车、拖车这三种设备进行的。集装箱跨运车，由于在堆场内移动集装箱要比利用拖车的装卸多两圈的原因，因此有了这个名称。正是使用了集装箱跨运车才使堆场内能直接堆2 - 3层的集装箱。

集装箱集散地有专门的管理处，一般设立在可以看到全部集散地的最高点。在这里可以对集装箱的出入、保管、配置、装载作业、船内配载等相关内容进行监管。同时管理处还办理对D/R的修改、出具船公司文件、手续、装卸作业等业务。

第五节 保税区

1. 保税区概念和功能[1)]

保税区是指经主权国家海关批准，在其海港、机场或其他地点设立的允许外国货物不办理进出口手续即可连续长期储存的区域。

保税区便利于转口贸易，增加有关费用的收入。运入保税区的货物可以进行储存、改装、分类、混合、展览，以及加工制造，但必须处于海关监管范围内。外国商品存入保税区，不必缴纳进口关税，便可自由出口，只需交纳存储费和少量费用，但如果要进入关境则需交纳关税。各国的保税区都有不同的时间规定，逾期货物未办理有关手续，海关有权对其进行拍卖，拍卖后扣除有关费用后，余款退回货主。

保税区的功能定位为"保税仓储、出口加工、转口贸易"三大功能。根据现行有关政策，海关对保税区实行封闭管理，境外货物进入保税区，实行保税管理；境内其他地区货物进入保税区，视同出境；同时，外经贸、外汇管理等部门对保税区也实行较区外相对优惠的政策。

中国的保税区是继经济特区、经济技术开发区、国家高新技术产业开发区之后，经国务院批准设立的新的经济性区域。由于保税区按照国际惯例运作，实行比其他开放地区更为灵活优惠的政策，它已成为中国与

---

1) 百度百科：保税区，http://baike.baidu.com/view/10057.htm

国际市场接轨的“桥头堡”。因此，保税区在发展建设伊始就成为国内外客商密切关注的焦点。

保税区具有进出口加工、国际贸易、保税仓储商品展示等功能，享有“免证、免税、保税”政策，实行“境内关外”运作方式，是中国对外开放程度最高、运作机制最便捷、政策最优惠的经济区域之一。

综合保税区是设立在内陆地区具有保税港区功能的海关特殊监管区域，实行封闭管理，是目前中国开放层次最高、政策最优惠、功能最齐全的海关特殊监管区域，是国家开放金融、贸易、投资、服务、运输等领域的试验区和先行区。其功能和税收、外汇政策按照中国《国务院关于设立洋山保税港区的批复》的有关规定执行。即，国外货物入区保税，货物出区进入国内销售按货物进口的有关规定办理报关手续，并按货物实际状态征税；国内货物入区视同出口，实行退税；保税区内企业之间的货物交易不征增值税和消费税。该区以国际中转、国际采购、国际配送、国际转口贸易和保税加工等功能为主，以商品服务交易、投资融资保险等功能为辅，以法律政务、进出口展示等服务功能为配套，具备生产要素聚散、重要物资中转等功能。

2. 保税区国际物流设施平台的构建[2)]

保税区国际物流设施平台是由多个收发货的“节点”（Nodes）和它们之间的“连线”（Links）以及各种基础设施设备所构成的。所谓节点就是保税区仓库、区内制造厂仓库、中间商仓库、口岸仓库、中转点仓库以及流通加工配送中心等等，国际贸易商品就是通过这些仓库的收入、保管和发出，实现国际物流系统的时间效益，克服生产时间和消费时间上

2) 许仲,罗娟娟，“关于增强我国保税区国际物流功能的研究”，商业研究，2006，No.1，pp.133 - 136.

的分离，促进国际贸易系统的顺利运行。连线是指区内各个节点和区内与区外各个收发货节点间的运输，主要是以高速公路和铁路线为依托。这些网络连线是库存货物的移动(运输)轨迹的物化形式。每一对节点有许多连线，以表示不同的运输路线、不同产品的各种运输服务。

保税区国际物流设施平台的构建主要是用于解决区内进出口货源基地、各层级仓库网点及设施技术、货物流动过程、货物流动的方向和速度等等重大战略问题，应该涉及对外交通运输体系、区内交通运输体系、复合运输体系、集装箱装载系统、仓库堆场、转运站、成组装载系统和保税查验场地等方面的构建，为保税区货物进出、通关监管，区港联动运作机制的建立创造有利条件。

1) 对外交通运输体系

主要是要建设以港口和航空港、以高速公路网和铁路干支线为依托,形成以国际物流为主导，以区域时效性物流配送系统为补充的综合对外交通运输体系。例如厦门象屿保税区在其二期规划中把保税区政策功能涵盖到高崎国际航空港区，实现保税区和港区口岸功能互补，以促进物流产业在保税区的升温，吸引国内外知名物流企业入区运作，提升保税区作为国际枢纽的功能和地位。

2) 区内交通运输体系

区内各个物流节点(包括各层级仓库、堆场、转运站等)均需设置在运输网络连线上,区内的主要运输工具为汽车。车辆在区内交通网络中行驶速度必须不低于20kmPh，以确保保障区内货物的顺畅移动，提高物流运作效率。

3) 复合运输体系

货物在运输过程中，主要将公路运输、铁路运输及内河运输等多种运输方式通过系统集成，使相对独立的运输部门有机结合，成为相互联系的高效运输系统，主要是用于集装箱运输。随着我国对外贸易在国民生产总值中所占比重的不断增加，集装箱运输的需求也相应地大幅增长。对外贸易的发展，使国内外的集装箱货主要求我国集装箱运输系统与国际接轨。因为我国保税区复合运输系统不完善，造成了集装箱物流的不顺畅。集装箱在港口、海关、公路、堆场等环节滞留的时间越长，货物运输过程中的成本就越高，导致货主商品价格相应提高，竞争力下降。所以，加快建立复合运输体系是我国保税区发展对外贸易的重要基础性建设项目。

4) 仓库、堆场

仓库、堆场的面积要适应保税区现代物流发展的需要，其硬件设施和技术方面应达到高水平。例如,采用高层立体仓库，节约土地面积，利用计算机管理及货物自动识别技术、堆垛起重机等等。在有条件的情况下可以使用高水平的仓库物流搬运、装卸、包装、分拣设备，如无人搬运车及其系统(AGVS)、巷道、有轨自动搬运车、自动输送系统自动分拣系统和自动化仓库监管系统等等。

5) 转运站

转运站应设在保税区边缘或紧靠保税区的位置，减少保税区土地开发成本。其主要作用是避免或减少港口地区集装箱装卸业务畸形发展所造成的道路拥堵、货物滞留等诸多弊端。转运站内可设立“一关三检”，使其具备通关功能。转运站一般具有一定面积的场地，供堆放集装箱使用。此外，地内有必要的装卸机械，地外有连接转运站与港口之间货物运输的工具——集装箱运输车。

6) 成组装载系统

把进出口货物集合成一定的数量单位，便于装卸操作的系统。例如先把各种各样的货物放在托盘上，然后用万能叉车送到火车、汽车、轮船、飞机上的一系列装卸活动。完善成组装载系统便于对进出口货物进行管理，有效利用仓库面积及空间等优点，有利于提高作业效率，减少货物损伤，实现物流活动协调化，降低物流运作成本。因此为了进出口货物物流运作的有效衔接，提高国际物流运作效率，在保税区的发展建设过程中，一方面应加强各方面的建设标准，例如物流术语标准、托盘标准、包装标准、卡车标准、集装设备标准、货架标准、商品编码标准、商品质量标准、表格与单证标准、信息交换标准、仓库标准、作业标准，等等，另一方面由于高技术含量的自动装载集配货系统投资巨大，一些国内的物流企业可能无法承受，因此最好建设公用的装载集配货系统，该系统应配置高技术含量的设施。

第六节 复合物流园区

1. 复合物流园区的意义

物流园区作为商业流通场所，可同时进行运输、装卸、保管、转运、组装、加工、通关、商品展示、销售、信息处理等活动。复合物流园区要具备以下两个条件：① 要有两个以上集团化的物流设施，② 物流设施要和上游设施相结合。

复合物流园区的主要设施和功能如(表11 - 2)。

2. 复合物流园区的功能

1) 物流功能

(表 11-2) 复合物流园区的主要设施和功能

分类	主要设施和功能	相关法律
集装箱集散地	· 具备相应的设施来进行集装箱的装卸、货物保管、货物的签收、设备管理等的区域 · 进行集装箱的装卸货及拆卸、分类、装置等业务	港口法中有关港口设施的规定
复合货物集散地	· 可以实现2种以上的运输手段间的连接运输的场所 · 具备货物收取场、铁路运输设施、停车场、配送中心等运输设施	货物流通促进法
ICD	· 集装箱通过临时停靠的港口和铁路与内陆的集装箱基地相连接 · 实现集装箱货物的通关、配送、保管、集合	
集合配送园区	· 制造业和流通企业为了向市内零售商供货，对货物进行集合、保管、加工、包装、配送和处理相关信息的流通园区 · 作为销售（批发）功能的中心物流设施，拥有暂时保管及加工的功能	批发零售业振兴法

流通园区（物流园区）	・具有进行商品运输、装卸，保管、包装、组装、通关、批发零售等活动的相应设施，除此以外还有仓库及配送中心等各种支援设施 ・从商品的供给者到需求者，实现所有物流活动的综合物流中心，包含集合配送园区、复合货物集散地的最广范围的物流设施概念	流通产业发展法，流通园区开发促进法
批发零售园区	・作为农畜产品、一般工业品等的批发零售交易基地，包括专卖店、购物中心、农产品批发零售园区等	流通园区开发促进法，农水产品流通及有关稳定价格的法律

注：以上法律皆为韩国法律

① 转运

以不特定的货主为对象，进行地域间的运输和装卸的据点功能。

② 集合配送

以特定货主为对象，在一定地域内从生产地集货到最终需求者的配送中，经营最终的商品发送。一般来说，国内的私人物流企业都是自身直接担当运输，但在发达国家都是委托给其他运输公司来进行的。

③ 保管

以不特定的货主为对象，对原材料、产品进行分类、保管及部分加工。根据物品的特性，在普通仓库、冷冻・冷储藏库、储藏仓库、危险物仓库中进行加工。

④ 组装/加工

生产者将批量生产的半成品，按照需求者的要求进行组装，或者进行一部分的加工制造，这是物流附加价值(Value Added)之一。

⑤ 集装箱处理功能

以不特定的货主为对象，有集装箱内混装(Vanning)或者以集装箱分类(Devanning)两种形式。韩国的情况大体上只在进出口货物的时候使用，并且这种业务一般是交给大型运输公司来处理。

⑥ 通关

进出口货物通关业务的办理，不在港口和机场，而是在物流园区，这样可以大大节省时间。

2) 上游功能

① 销售

制造业者发出的商品一般销售给中间商或者最终消费者，根据生产者和交易对象的特性一般可区分为批发、一般零售、大型零售等的。

② 展示

将要销售商品的设计和功能直接展示给潜在需求者看，这是增加购买需求的功能。

③ 包装

具有防止商品损伤，提高运输的效率性，保护商品价值的功能。

④ 企划

随着消费者需求和消费模式的多样化，产品生厂商向消费者展示新产品、新功能，这是当今少量多种生产趋势下非常重要的功能。

第四部
国际物流和经营信息

第十二章　出口企业的国际物流

第一节　国际物流的合理化

1. 国际物流合理化的意义

最近电子商务的发展使贸易商品的生产和订货方式发生了巨大的变化。特别是在生产方面，产品的多品种化、小规模化，订购方面的频繁化等趋势尤为突出。因此，从出口企业的立场出发，为了顺应新的变化，在减少库存的同时促进销量的必要性变得越来越突出。为此，出口企业通过构建JIT(Just In Time)和拼箱货运系统(LCL) 等方式努力加快和提高物流合理化。然而，单纯依靠节省物流费用已经不能满足海外市场的客户需求，为了更好的开展国际化物流战略应该构建能够改善客户服务水平的综合性物流体系。这种国际物流体系的变化过程被称为国际物流的合理化过程。

2. 国际物流合理化的动向

观察出口企业物流合理化的近况会发现两个特点：第一，原本分散的发货节点和海外配送节点逐渐集中；第二，企业内部国际物流系统化得到进一步加强。也就是说，出口企业正在展开一方面把原本分散在各国的物流节点进行集约化整理，另一方面通过策划运输的合理化达到提升客户服务水平和节约物流成本为目的的综合性战略。

通过观察企业选择运输方式(Mode)的格局可以看出，原材料和大批量货物主要利用海上运输；而电脑、半导体等高附加值产品，或是时装等具有一定的销售时期并具有交纳期限的产品，以及对新鲜程度要求较高的海鲜类产品等主要利用航空运输。而普通的贸易商品则大多依靠集装箱船来进行海洋运输。特别是近年来基于满足客户的要求和推行物流合理化等原因，对航空和集装箱两种运输模式并行的海·空多式联运的需求正在不断增加。

出口企业促进物流管理合理化的最关键前提是：在何处，怎样布置海外的物流节点，以及怎样建立便于这些物流节点之间相互联系的物流系统。因此在决定把物流节点设定在哪个国家，哪个地域之前，有必要针对该国家或地域的地理和经济条件、政治和货币制度的稳定性、外汇自由化的程度、外籍所有权以及关于针对外籍企业的优惠政策等要素进行比较分析。此外根据贸易商品各自流通形态和特征的不同，应该相应的对物流系统采取最合理的设计和运用。

第二节 国际物流系统的形态和选择

1. 国际物流系统的形态

贸易商品从出口国企业的仓库发货到被送至进口国客户手中的过程中，根据物流路径和处理方法的不同可以把国际物流系统大致分成经典系统(Classical System)、转运系统(Transit System)、直运系统(Direct System)和多国仓库系统(Multicountry Warehouse System)四种形态。当然还存在其它形态的物流系统，但基本都包括在上述四种形态的范畴之内。因此可能会存在一个企业同时混合使用两个以上物流系统的情况，四种基本物流系统形态的概要及其特征具体如下。

1) 经典系统 (Classical System)

经典系统是贸易商品从出口国的企业被发送到海外子公司仓库以后，在接到订单时商品由从对应的仓库发送到顾客手中的全过程，这是最普遍被应用的物流系统。这种系统下，海外的子公司起到仓库的作用，大量的产品从出口国企业的工厂(或仓库)被运送到海外子公司时，要尽可能的采用最廉价的运输工具，同时有必要以最大限度来减少运输次数和加快运输的速度。出口企业一般为了维持较高的客服水平和最优的生产，采用这种运输频率低、发货数量大的方式。经典物流系统具有以下优点。1. 出口企业把货物发送到海外的子公司仓库时，可以利用低速批量的运输方式，从而实现运费低廉的运输。2. 商品可以通过混载的形式被运出，这不仅降低了运费而且便于统一操作，运输业务简化了海运有关文件的处理过程。3. 此外，充足的库存可以随时向客户提供产品，可避免脱销引起的顾客流失。然而，正因为此种物流系统可以实现较大的库存保有量，仓库保管费在总物流费用中所占的比例大于其他任何物流系统，因此较大比例的库存保管费用成为此系统的一大缺点。

2) 转运系统 (Transit System)

转运系统具有同经典系统类似的一面。但是经典系统中海外子公司的仓库只具备储存中心的功能。而在转运系统中，与储存中心的功能相比，海外子公司仓库所拥有的转运功能更加明显。即从出口企业运出的商品在海外子公司仓库仅做短时间的储存后，便被运至物流的下一阶段最终送达客户，所以在此系统中海外子公司的储存功能体现的并不大。并且与经典系统相比，转运系统下出口企业的发货频率相对更高，有利于节约子公司仓库的保管费用。尽管如此也不是说利用该系统就一定能够节约保管费用总额，因为海外子公司的保管费用虽然可以得到节约，但是位于出口国的仓库保管费用却有可能超出子公司仓库的保管费，总的保管费用有增加的可能性。所以当分别采用转运物流系统和经典物流系统的两公司所提供的客户服务、市场范围都处于相同水平时，采用转运系统的公司由于需要快速且多次的转运，与经典系统相比较时存在运费高和拟定贸易相关文件方面负担较重的缺点。此外由于罢工等原因而导致向海外分公司运输货流中断的可能性也不容忽视。

3) 直运系统(Direct System)

所谓直运系统是指商品由出口国的工厂或配送中心发货后直接送达海外子公司的顾客，或者从出口国的配送中心发货后直接送达最终消费者或销售网点的物流方式。海外子公司虽然参与商业流通的过程但并没有直接参与物流的过程。在此系统中可以把所有库存集中保存在出口国的仓库中，因此在节约保管费用方面的优势要大于其他任何系统。然而与其它系统相比，直运系统的发货频率较高，拼箱运输难度较大，拟定相关文件的次数及费用方面的负担较重。而且为了维持较高的客户服务水平，在必要时会用到航空运输，这样不仅产生了较高的费用问题而且由于需要客户亲自办理进口通关手续，同时也增加了客户的业务负担。此外，在此运输系统下如果发生罢工则会导致断货造成商品供给困难，进而会产生客户流失的危险。

4) 跨国仓库系统(Multicountry Warehouse System)

跨国仓库系统是指通过在EU、东北亚等特定经济圈内设立的子公司，在相应经济圈的主要国家内建立起中央仓库(Regional Center)，并通过中央仓库向在此经济圈内的所有国家统一进行商品供给的运输模式。在此物流系统下，商品由出口国生产后被大量运输到特定经济圈内的中央仓库，然后再统一转运到此经济圈内各个国家的子公司仓库或直接送达客户。中央仓库具有保管型和转运型两种功能，因此通过该系统能够体现出多种多样的运输形式。此物流系统在把库存集中存放在特定经济圈内的中央仓库内，与在各个国家存在普通仓库的经典系统相比削减了库存量，节约了保管费用。但是与将货物统一储存在出口国仓库的转运系统相比保管费用还是相对较高。与经典系统相比，跨国仓库系统的一次商品出货数量更大，从而可利用整合运输的方式。因此该系统主要在由中央仓库到属于同一个经济圈的其他国家子公司仓库或客户之间的运输环节中能够节省较多的运输费用。

另一方面，该物流系统由于通过中央仓库来提供运输服务，因此会受到地理条件的制约。例如，从地理条件方面来看，对于运输便利的地区可以提供较高水平的服务，反之在运输不便利的地区由于很难维持高水平的服务，因此需要保有大量的库存来予以应对。此外，该系统仍存在一定的缺点。即位于中央仓库所在地的客户由于地理上的优势可以优先得到服务，而位于其他国家的客户则不能享受这种待遇。此外，中央仓库的管理维护费用怎样公平合理的分担给每个子公司也是非常棘手的问题，许多子公司为此发生纠纷，严重时会出现母公司不得不亲自出面来维护和管理中央仓库的情况。

2. 国际物流系统的选择

以上分析了国际物流系统的四种基本形态，可以看出，出口企业使用何种物流系统的选择问题是非常重要的。上述的物流系统都具有各自的优缺点，根据不同的情况，有时并不一定只选择一种物流系统，有必要时可同时采用两种或两种以上的物流系统。在做出选择某种国际物流系统的决定之前，分析相关地域的经济、环境、管理等方面的条件尤为重要，然而最终的决定还应遵循该出口企业的综合经营战略。

1) 经济条件

分析经济条件，主要需要考虑商品特性、商品种类和数量、商品需求的特点以及订单的规模等方面的问题。考虑商品的特性主要是指商品的单位价值越高单位时间的库存费用也随之越高，因此运输高价值商品时应该采用交付时间相对较短的物流系统。

也就是说，对于价值高、重量轻(容量小)的商品应采用空运的直运系统；价值低的大批量商品应该采用海运的经典物流系统，易腐烂商品应采用交付时间较短的直运系统。从产品的种类和数量的角度考虑，如果出口企业在处理较多种类的商品时，为了提高客服水平往往会将货物集中储存和出货，这种情况下采用交付时间较短的物流系统是正确合理的。从需求的角度考虑，需求大的商品利用拼箱运输的可能性较大，因此应主要采用经典系统和转运系统。对于特殊需求商品则要采用直运系统。一般需求商品基本会采用多国仓库系统进行运输，而根据商品具体情况的不同也可同时采用多种系统，如销售额高且高价的部分商品采用转运系统，而销售额高但低价的商品可采用转运系统。与经典系统联合使用的形式来运输。此外，针对订购规模较小的顾客一般采用经典系统，订购规模达到可使用集装箱装货的大规模订购的情况则大都采用直运系统。

2) 环境条件

环境条件包括客服水平、运输路径、进口国法律等要素，其中客户服务水平是选择国际物流系统的最重要因素。例如，假如客户希望在短期内得到货物且不希望利用空运方式时，一般可采用经典系统。此外，在选择运输路径上是否能够采用高速运输方式也对出口企业选择物流系统有较大的影响。进口国的法律法规也在很大程度上限制了物流系统的选择。例如，进口国从制度上规定必须由进口方顾客直接办理进口许可的情况下就只能采用直运系统，进口国对药品等特殊商品实施特殊品质管理的情况下就必须采用经典系统。

3) 管理条件

管理条件中需要考虑的因素包括库存费用的多少，进口国是否有必要对商品进行最终品质检查等。由于经典系统下的库存费用一般情况下由母公司承担，子公司会为了提升客服水平和提高销售量尽可能保持在经典系统下作业。相反，库存费用如果由子公司来承担，一般会采用转运系统。另外，进口国在商品最终送达顾客之前，子公司有必要对商品进行最终品质检查的情况，采用直运系统是不合理的。

第三节 国际物流系统的运营和企业经营

1. 国际物流系统的运营方式

出口企业的物流系统运营方式大致可以分为将营销和物流管理委任给销售子公司的节点分散型，以及母公司将物流管理人员集中起来对物流业务进行统一管理的集中促进型这两种方式。所谓节点分散型是指由于距离或地理上的不利因素母公司无法直接参与营销及物流管理，将其委任给子公司的方式。这种方式下子公司有自行决定营销方式的自由并对其承担责任，以此方式来运营物流系统。与之相反的集中促进型，则是母公司不仅全权负责货物的储存业务，而且亲自决定子公司所采用的物流方式。

1) 节点分散型运营方式

采用节点分散型运营方式的海外子公司不仅承担提高利润的重任，而且收支管理也亲自操作，所以在被赋予权限的同时也承担相应的责任。

也就是说海外子公司自行设定对顾客的服务水平，同时自行决定商品由出口国到子公司市场之间的物流系统。然而与销量最大化相比利润最大化才是企业的真正目标，对子公司经营状态的评价也是依据利润多少而非销量多少来判断的。评价子公司的经营情况时，子公司的流通费用之中是否包括总物流费用是一条非常重要的评价准则。例如，采用经典系统时，母公司承担诸如库存费用(保管费用)等一部分物流费用，因此，在计算子公司的利润时就有可能疏漏掉这部分库存费用(保管费用)。也就是说，从经营活动中获得的利润减去消耗的费用得出子公司的纯利润，实际已经消耗的保管费用如果不包括在子公司费用内，算出的利润值将是错误的。一般说来子公司的库存越大，客服水平和销售额就会相应越高，因此子公司往往有扩大库存量的倾向。在此情况下，子公司往往忽略了随之增加的保管费用，而光考虑收入的增加，因而产生错误的计算结果。正因为母公司完全承担保管费用的支出，所以子公司一门心思提高销售量并且积极遏制其下滑。在这种形式下，尽管采用直运系统可以节约开支，但是由于会产生降低客服水平的负影响进而会导致销售下滑，所以子公司对此持反对态度。

在节点分散型运营方式下，出口企业应该正确计算子公司的利润收益，为达到扩大子公司规模的目的，应把对应市场营销量的物流费用计算到子公司的支出费用中；同时，有必要把能够影响子公司自身利益的一切相关决定权都赋予给子公司。只有这样，在商品从出口国到子公司顾客手中的整个物流过程中，才能使子公司从整体利益出发自由制定物流政策和选择正确的物流系统。假如在没有赋予子公司权限的情况下，与客服水平和物流费用有关的决定权由母公司掌握，而子公司管理者只能实行一部分权力，这样便无法正确评价子公司的经营状况。

在节点分散型运营方式下，子公司并非以独立企业的形式执行流通业务，而是作为出口企业的一部分行使责任，因此具有以下局限性。第一，由于多数乃至所有物流系统决定权都集中掌握在母公司手中，由此引起的综合效应可能会使企业失去获取潜在利益的机会。第二，多种物流系统的交叉使用或者临时性组合使用、完成交叉或组合时所需的对现有装备条件的整修、以及具体执行策略的制定等，诸如此类任务仅凭子公司的力量几乎是无法独立完成的。

2) 集中促进型运营方式

在此运营模式下，企业本部制定的物流政策对子公司的收益和支出会产生重要影响。同时子公司不享有任何关于物流政策的决定权，自身的收益目标值取决于出口企业的整体收益目标值，因此子公司的收益目标值是通过子公司负责人与母公司的关联项目负责人之间商议而决定的。这时子公司工作重点集中在提高客服水平上，母公司的工作重点则集中在制定全盘的政策方针上，由于各自重点不同，为达成协调统一两者间的协调工作必不可少。一般情况下，订货商品是通过子公司出货还是采用直运物流系统，以及该企业物流政策的适当性、效率性等问题的决定需要本部和子公司共同磋商。否则制定出的物流政策存在误差会导致子公司的销售成本过高、利润减少等不良后果，甚至可能发生经营状况恶化、子公司陷入困境的情况。例如，本部负责人为了提高集装箱的满载率和节约运送成本，而延迟发货时间的情况将导致子公司客户流失，或库存费用增加等不良后果的产生，换句话说本部的政策方针对子公司的经营成果有着重要的影响。

2. 国际物流系统间的调解机能

在企业经营的过程中，节点分散型与集中促进型两种模式往往被相互折中使用，为了促成两者的折中，企业是否具备调解机能十分重要。通常情况下由负责国际部门的副经理负责行使这种调解机能。实际上，企业本部的负责人是在调查研究与调解有关的建议及物流费用的削减方法后，继而制定经营战略政策的。制定出的经营战略在不影响子公司的客服水平的情况下不会构成问题。然而，假如采取诸如设立中央仓库、实施拼箱运输、选择直运系统等能够影响顾客服务水平的经营战略政策时，将会受到子公司负责人的强烈反对，结果需要企业国际部门的副经理等负责人出面来协调这些矛盾。企业的目标是追求最大利润，但是一般来说子公司的收益却取决于物流费用和Trade - off关系。

第四节　货主的国际物流和运输管理

国际物流是指在两个或两个以上国家(或地区)之间所进行的货物的流通。一般定义是：有形或无形的货物从一国出货人送达另一国收货人的过程中存在时间和空间上的隔离，有效地克服这种隔离的国际经济活动就被称作为国际物流。国际物流具体包括国内或国际间的运输、装卸货、包装、保管、流通加工和情报信息等活动。

国际物流在两个或两个以上国家之间进行，因此国际运输是必不可少的。为了使之更有效地进行，国际运输往往伴随着包装、装卸货、保管、流通加工和情报信息等活动。

从原料采购到生产销售的整个过程，企业通过采用一整套的合理化物流系统达到削减物流费用和提升客服水平的目的。这种物流合理化过程在实践中往往在采集原料、产品出口等环节中受到制约，此外，一些外部要素也会对其产生制约。国际物流及其相关的生产和消费，深受各国特殊的生产结构、市场结构以及各国相异的制度、习惯、环境等要素的影响，与国内物流相比，国际物流的可变动性较大，且很难实行整体式运营。因此在国际物流中“从生产到消费的过程中通过整合及运营整体化的商品流程来提高商品流通的合理化”显得尤为重要。

如果说过去国际物流管理的重点放在削减费用上，对营业及销售部门采取部分支援的消极政策，那么，近年来为了积极推行促进销售、扩大交易的经营战略，以战略的方式谋划国际物流管理的功能型变革。特别是在最近对商品的多品目、小批量生产体系的促进趋势下，通过对贸易商品差别化来强化销售战略，通过减少库存量来提高经营效率。在这种形势下，通过订购、生产、销售三位一体化的信息情报系统JIT(Just In Time) 的确立，进一步提高物流管理在整个交易流程中的重要性。

分析国际物流管理的系统构成，可以总结出以下几个特征：

第一，在建立JIT生产体系、销售体系的同时，建立最大限度地活用物流信息情报的物流系统。JIT原本在汽车业等制造行业中被广泛应用，近年来为了缩短商品生命周期、削减库存、提升客服水平、防止商品过时，JIT作为"速度型物流系统"在销售业中也得到应用。此外运输过程中正确、快速的把握运输货物相关信息的重要性也日渐增高。也就是说无论在哪里生产，无论是通过哪种销售渠道，被订购的商品总能够满足"适时适量"的要求。这种短时间内应对各种复杂情况，集制造、销售、物流三种机能为一身的战略型物流系统已经开始被重视并开展。

第二，为了应对贸易商品的多品目小量化的趋势，积极推广拼箱运输。在商品多品目小量化以及企业的国际化趋势的影响下，物流节点的集约化以及节点的再设立，已被企业作为一项合理化政策而推行。各个物流节点内的商品被集中后统一流通，同时通过拼箱化、单元(Unit)化从而对国际物流系统的合理构建也在进行。

以上特征只是国际物流系统的一般性趋势，在实际情况中根据企业生产销售状况的不同，还可采用更为多样化的国际物流管理战略。

在选择国际物流系统时，货主如何选择最有利于自己公司的运输方式尤为重要，特别是如何正确组合运输方式是成败的关键。例如，集装箱运输需求者有必要站在货主的立场上对总物流费用进行分析，分析的顺序如下：

- 列举可行的运输工具、方法和路径。
- 计算各种运输方法下的总运输费用以及所需时间。
- 确定为了如期交货所需要的运输速度。
- 最终决定运输方式。

另一方面货主决定运输方式时所需的信息资料如下：

- 商品类别、目的地类别的运输成本和运费
- 出发港到目的地港所需的时间
- 运输所需时间的不确定性
- 服务的频度和航次
- 商品的FOB价格
- 运费、包装费、仓库保管费
- 运输途中商品价值的降低率(单位时间)
- 资本利息、保险费用、关税等附带费用
- 延期交货导致的损失或安全库存、运输库存费用

(表 12-1) 出口活动中与物流有关要素的重要性排序

顺序	与物流有关的要素	重要性的平均值	标准偏差
高	1. 收货可能性 2. 提供专业知识 3. 文件制度	3.25 3.17 3.07	0.95 0.98 0.95
中	4. 提供维修服务 5. 运输部署 6. 包装 7. 共同配送	2.98 2.67 2.60 2.52	1.04 0.97 0.98 1.01
低	8. 决定运输速度 9. 货物保险 10. 部署仓库	2.32 2.27 1.27	0.97 0.95 0.88

近来世界范围内的技术扩散导致商品相似度上升，物流在国际竞争中的潜在力量逐渐得以发挥。下面是关于美国制造业在出口时对物流部门重视程度的一篇调查。

一调查对象：1004名中小企业的国际物流部门负责人(这里的中小企业指年销售额在5000万美金以上的装卸货器械企业、与航空有关企业、或者工业机械企业等)。

一重要性测定：4(非常重要)、3(重要)、2(一般)、1(不重要)

一调查问卷有效回信率：23.6%

通过调查可以看到这些企业对影响客户服务水平的要素十分重视。顾客服务大体可以划分为销售前服务和销售后服务。售前服务主要是指营业活动中涉及市场信息情报收集、广告、销售战略，而售后服务则主要针对零件的收货可能性、修理、保养维护和提供专业知识信息等。

第十三章 贸易商务和海上运输

第一节 海上运输流程

1. 装船流程

一般情况下，贸易合同签订后卖方为了把货物发送给买方开始着手准备运输工作。[1] 此时卖方利用船舶进行运输时需同船公司签订运输合同。虽然签订件杂货运输合同(Affreightment in a General Ship)时需要考虑一般货船或者集装箱船的选择问题，但是签约流程与一般运输合同是相同的。首先卖方需按照信用证上的出运日期(shipping date)并且参照船期表(sailing schedule)决定将装船的运输船舶，然后向船公司提交申请舱位(ship's space) 的定舱委托书(shipping request; S/R)，船公司对此接受(acceptance) 并且签发托运单 (booking note)标志着运输合同成立。即在签订件杂货运输合同时，往往无需单独签订运输合同，一旦提单(Bill of lading; B/L)被签发，合同即时有效，提单便是合同成立的凭证(prima facie proof)。[2]

---

1) 合同中规定卖方承担运输义务的情况下卖方依照合同履行此行为。也就是说，在签订包括运输合同或者含有运输条件的国际贸易合同时，需要同时签订运输合同。

2) 吴元奭, 国际运输论, 1995, p.45.

船公司接受货主的舱位申请后，将其内容记入仓位登记簿(space book)，登记过程被称之为booking。海上运输合同签订后，船公司将向船长下达指示，令其将合同中的货物装载并运往目的地，相关指示类文件被称之为装货单(shipping order; S/O)。此装货单经由货主或者船舶代理转交给运货船舶的大副(chief mate)后方可装船。

装船时到场的海关人员对照装货单、出口许可等文件后开始装船。装船结束后，海关人员在出口许可证(Export Permit)上做装船确认的背书后将其交还货主。验收人(tally man)通过检查货物的数量和状态，确认船方和货主是否遵照装货单装货，合格后出具验收单(Tally Sheet)，并且对照验收单与提单后签发大副接货收据(mate's receipt; M/R)。发生与提单记载货物不符，或者包装情况异常时，将其记录在M/R的Remarks(备注栏)，这里的M/R被称为不洁收货单(foul receipt)；将其记录在提单上，则此提单被称为不洁提单(foul B/L)。通常情况下信用证要求使用清洁提单(clean B/L)，因此使用不洁提单时，往往因为文件不合要求而被银行拒绝受理；发货人可以通过向船公司提供装货事故赔偿保证书(Letter of Indemnity; L/I)后换取清洁提单。

(图 13-1) FCL货物的内陆运输流程

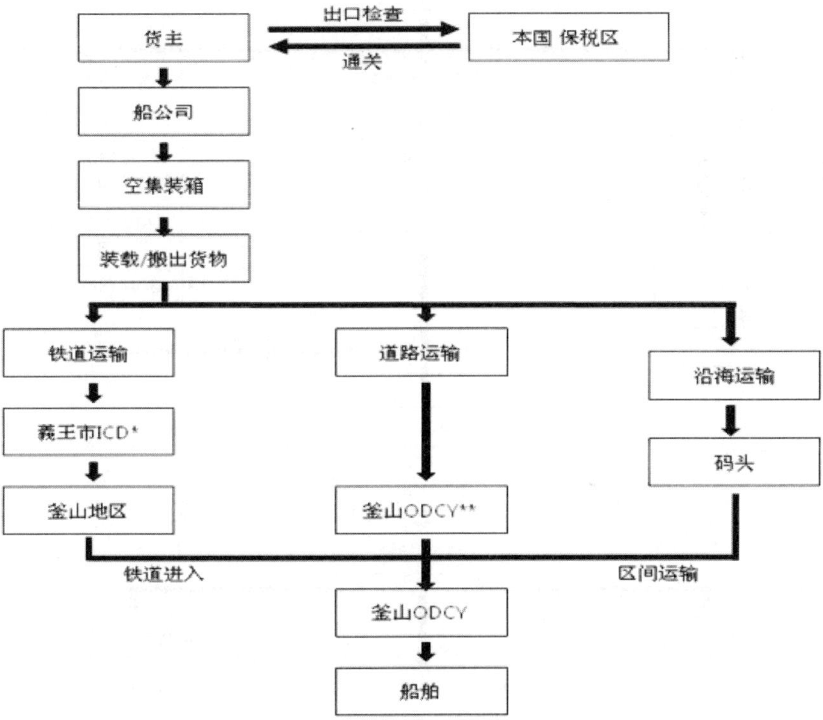

* ICD : Inland Container Depot

** ODCY : Off Dock Container Yard

出处：韩国贸易协会，贸易实务manual，2001，p.245.

然而海上运输的装船流程并非完全一致，集装箱方式的采用与否直接影响装船流程。根据货物类型的不同(例：FCL Cargo、LCL Cargo)，集装箱运输装船的检测和办理通关手续的时机也随之不同。

(图 13-2) LCL货物的内陆运输流程：Door通关

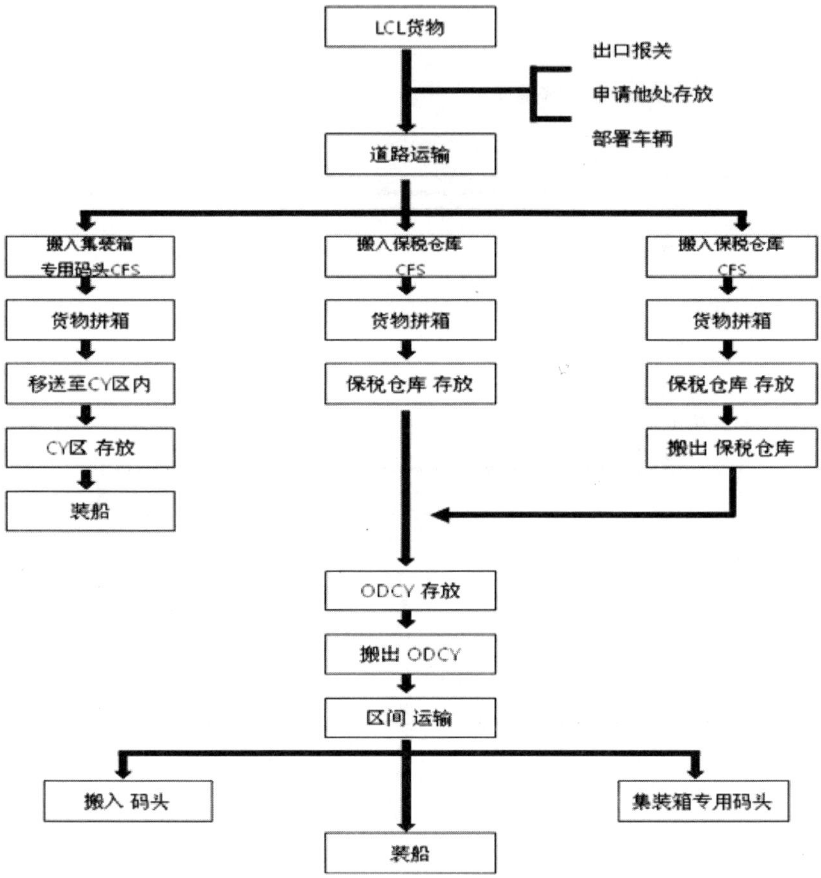

出外：韩国贸易协会，贸易实务manual，2001，p.246.

货物类型为FCL(full container load) Cargo时，空集装箱从CY (container Yard) 被搬运至工厂或保税仓库，货主负责把货物装入集装箱后再次被搬运到船公司指定的CY，并交付给CY Operator，最后由船公司负责装箱上船。

货物类型为LCL(Less than a Container Load) Cargo时，货主自付费用把货物从工厂或仓库搬运至CFS(container freight station)，并交付给CFS Operator，CFS Operator将不同货主的货物进行拼箱，然后将拼箱交付给 CY Operator从而装船。[3)]

(图 13-3) LCL货物的内陆运输流程： 装船 通关

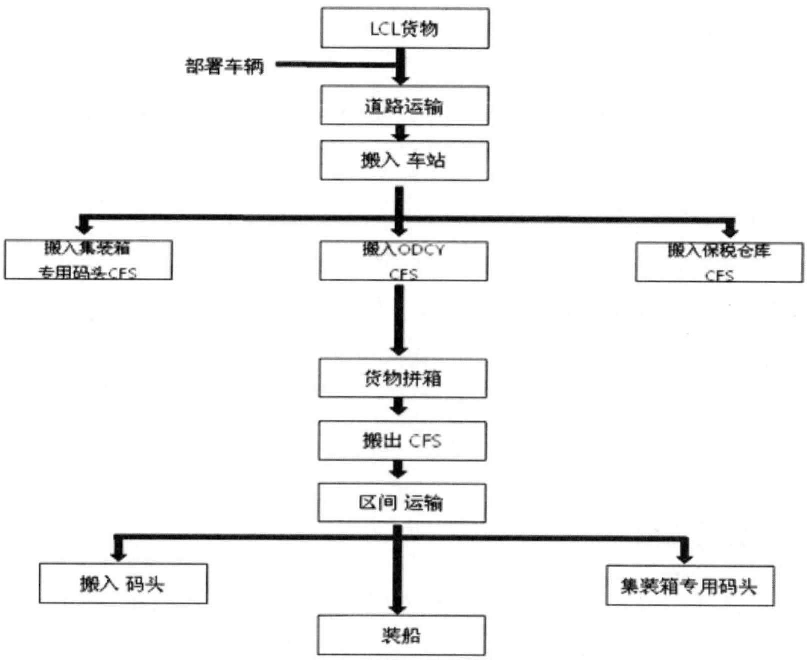

出处：韩国贸易协会, 贸易实务manual, 2001, p.247.

如果货物类型为FCL，在货主将货物交付CY Operator 时，CY Operator

---

3) 货物类型为FCL时，货主跟船公司之间的责任划分是货物交付CY的时刻；货物类型为LCL时，责任划分是CFS的交付时刻。

确认集装箱内部货物后签发场站收据(Dock Receipt; D/R)，并将其交给货主，随后货主可以用场站收据(D/R)换取集装箱提单(container B/L)。

货物类型为LCL时有两种不同的情况，一种情况是货物检测报单结束后被搬运至CFS；另一种情况是货物被搬运至CFS后进行检测报单。第一种情况CFS Operator将货物拼箱后向货主签发提单；第二种情况是货物被搬运至CFS后办理出口申报和报关手续，手续结束后方可将货物交付CFS Operator。[4)]

一般情况下，关于出口货物在运往装船港口之前会经过内陆运输流程，其流程如图13 - 1。

既一般货船的装船流程是先将货物搬入保税仓库后进行检验和办理通关手续，随后获得出口许可后方可装船。船内的装卸工(Stevedore)完成装卸货后，货物数量由验收员进行验收，结果被记录到点货单交付给货船的大副。大副签发M/R，依据M/R将准确的货物数量记录在B/L上。M/R备注里无记载内容的被称为清洁收货单据(Clean Receipt)，装船结束后海关签发出口许可，拿到出口许可后出港流程[5)]结束，货船便可驶向目的港。

2. 卸货流程

船舶入港后通知提单上的被通知人(Notify Party)，被通知人(收货人)将从银行[6)]拿到的提单向船公司[7)] 出示，此时如果是运费到付(freight

---

4) 领取集装箱B/L的理论程序是：货主取得M/R或D/R，将其交给船公司，并支付包括各费(Charges)等费用在内的运费后方可领取。实务操作上是CY/CFS Operator对D/R、进口许可等文件进行Cross Checking且签字后，将其交付船公司。既一般货船和集装箱船两种情况下货主都不会申请M/R或者D/R。(吴元奭，前述书，p.53).

5) 主要出港流程(韩国的情况)：从港湾厅领取出港许可，出入境管理处领取emigration以及从海关领取出港手续许可。

collect)，则要付清运费后才能得到出货单(delivery order: D/O)并领取货物。船公司一般会指定卸货代理人(landing agent)进行卸货，卸货代理人对仓库、驳船、人力进行安排以后在指定的地点卸货，并将货物交付收货人。收货人(进口商)在领取货物前需将进口声明书(Import Declaration)上交海关，并办理缴纳进口关税、进口许可、进口通关等手续。

如果采用运费到付的方式，运费付清后承运人(船公司或指定卸货代理人)回收提单并交付出货单(delivery order: D/O)。[8] 如果货物是FCL，收货人便在CY进行领取，如果是LCL便在CFS进行领取。为了方便陆地运输，应提前部署陆地承运人。

收货人领取的货物需同装船时完全一致。通过检查发现货物不一致时，要将其记录在卸货记录(Cargo Boat Note: B/N)[9]的摘要栏里。摘要栏主要用于记录货物受损或事故的种类等内容，这种记载方式便于发生意外事故时确定事故责任方。

货物在运输途中受损(非意外事故)主要有以下几种类型：非指定卸货地'错卸'(Mislanding)、卸货时超过B/L指定数量'溢卸货'(Overlanding)、卸货量不足'短卸'(Shortlanding)、与提单记录的货物不一致的'错误交货'(Misdelivery)等。

---

6) 信用证方式下提单是按照 '承运人→付款银行→开证银行→收货人' 的顺序被转交，收货人通过付款或者T/R的方式，从开证银行获取提单。

7) 然而，因为距离或是其他原因导致货物先到港提单后到港的情况发生时，收货人需要从进口地银行拿到银行保函(Letter of Guarantee: L/G)，并将其交付船公司后方能要求提货。这种情况下收货人必须在拿到提单后立即交付船公司，并回收保函。

8) 主出货单与提单不同，出货单不具备流通性，只是一般的指示书。

9) 卸货记录（B/N）同装船时的大副收据（M/R）一样，依据 '点货单' 制定而成，B/N和M/R的Remark栏内容一致时说明运输途中无货物受损，因此B/N是能够明确运输船只在运输途中是否有所失职的证明性文件。

(图 13-4) 进口货物的陆地运输流程

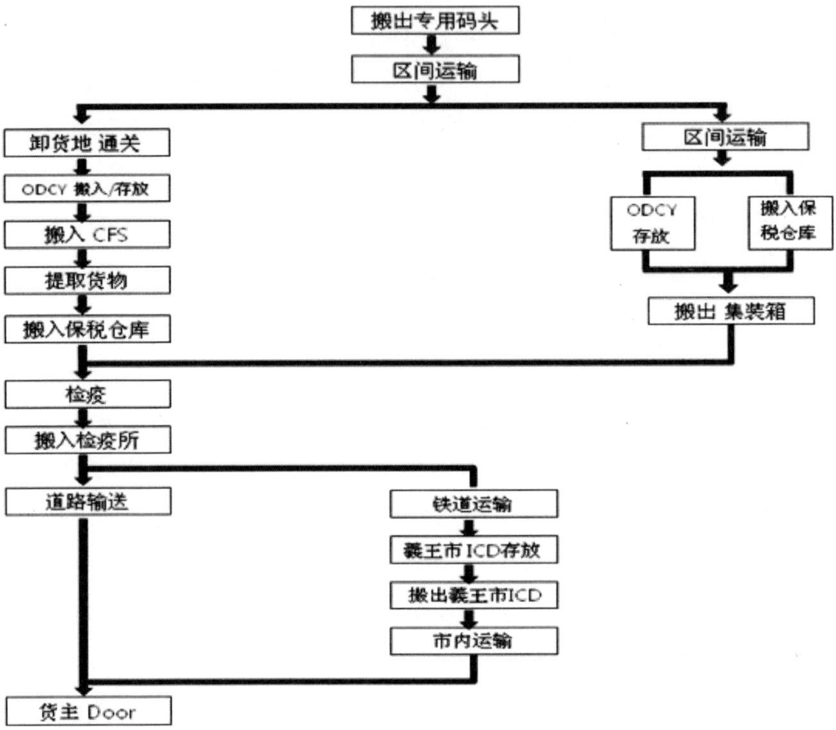

出外：韩国贸易协会, 贸易实务manual, 2001, p.247.

第二节 海上运输文件和UCP

1. 海运提单

1) 意义和功能

海运提单是用以证明海上货物运输合同和赋予管理及收取货物权力的文件。作为货主和承运人之间签订的运输合同的凭证，海运提单是保证承运人接收、装船，经过海运向提单持有人交付货物的有价证券。

海运提单被赋予关于货物的权力，因此一般情况下海运提单通过背书的方式流通。海运提单作为汇兑结算的重要文件，在通过汇兑结算的方式付款的当今社会，同发货单、保险凭证被称为三大必备文件。

承运人签发的海运提单得到收货人认可后宣告合同成立，因此也被称为诺成合同。合同成立后承运人负责提供运输服务，货主则负责支付运输费用。因此海运提单也是在支付合同上规定的运输费用的前提下交货的证明类文件，其功能有以下三种：承运人保证凭以交付货物和可以转让的物权凭证、海上货物运输合同成立的证明文件，以及证明承运人已接管货物和货物已装船的货物收据。

① 物权凭证

海运提单最重要的功能便是物权凭证。海运提单的合法持有人，有权在目的港以提单来提取货物，同时具有处理货物的权力。负责运输的承运人必需凭提单发货，即使是真正的货主，所持有的提单未经过记名方式签发，且无正当背书过程，这种情况下也是无权领取货物的。

海运提单不是通过背书便可以自由流通的无因证券，而是需要具备一定的条件才可以转让的有价证券。即 i)提单上有'Negotiable'的语句，且在'Consignee'栏中有指示性记载，方能具备流通功能。韩国法律上并未禁止背书提单，而且规定记名背书具有流通性。[10] ii)提单应由其合法持有者转让或流通。iii)持票人做出将提单转让给受让人的表态后，提单才具有流通功能。

② 运输合同成立的证明

海运提单本身不具备合同的性质，而是证明合同成立的文件。但在实

10) 韩国商法第130条规定"记名式收货凭证也可以通过背书的方式转让，收货凭证上明确记载禁止背书的情况除外"；第820规定，第130条的规定对于海运提单也适用，如收货凭证中没有禁止背书的记载，则记名的收货凭证可以转让。

务上，除海运提单以外并不签发其他可以证明运输合同的文件，因此海运提单是唯一能够证明合同成立的文件。运输合同上的当事人是承运人和送货人，然而收货人通过合法手段取得海运提单后，也对承运人行使当事人的权力。

海运提单是运输合同成立的证明文件，因此运输合同的内容必须和提单上的正面条款和背面条款相互一致。目前的简式提单一般没有背面条款，而是被直接省略掉了。[11)]

海运提单由承运人签发，因此承运人的免责条款便成了提单的中心内容。尽管在特定条件下需要承运人承担责任，但是由于责任上限已经事前决定，所以货主很难得到足够的赔偿。因此货主签订除运输合同以外特定交易条件下的其他保险合同是非常必要的。[12)]

③ 货物收据

海运提单是承运人从货主处领取货物的数量、重量及状态与提单上记录一致的表面证据(prima facie evidence)，[13)] 同时海运提单的签发日也成为确定装船日的证据。[14)] 除承运人能够出示装船货物与提单上记录不相符的证据的情况外，承运人必须将提单上记载的货物原封不动的送达收货人。

送货人负责承担包装集装箱货物任务的情况下，海运提单的签发完全依据送货人的申请书，且在提单中批注“不知条款”，因此承运人可免除货损责任。[15)]

---

11) Uniform Customs and Practice for Commercial Documentary Credits. 1993.（信用证统一惯例第5次修正版，以下简称UCP500）。第23条a项v.中对简式提单的受理作出了规定。

12) CIF, CIP中规定海上运输过程中货主有义务签订保险合同。

13) The Carrige of Goods by Sea Act. 1924 第3条。

14) Warsaw Oxford Rules for C.I.F. Contract.1932. Rule 3, (ii)。

15) UCP500 第31条 ii)中规定可以受理记有未知条款的运输文件。“Unless otherwise

2) 海运提单的法律性质

① 有价证券

海运提单是具有保证物品同一性的权利和义务，具有物品的处置权和受领请求权并受法律保护的有价证卷的性质。

i)流通证券：海运提单具有通过背书或者交货来转移货物权力的流通性，是可以代表货物物权的有价证券。

ii)要因证券：海运提单的发行是依照此前的运输合同承运人因为接受货物而发行的，因此海运提单也被称为要因证券。

iii)要式证券：海运提单上明示商法或者准据法关联项目，因此被称为要式证券。海运提单上记载的内容与运输的货物必须统一。

② 指示证券

指示海运提单可以通过背书或移交的形式进行转让。海运提单的指示方式一般为背书，通常为白纸背书。记名海运提单依据韩国商法也可以通过背书而进行转让。

③ 债券证券

海运提单的合法持有人可以向发行提单的承运人提出移交货物的要求，因此具有债券的效力。

④ 交换证券

货物的移交必须凭海运提单的交换才能进行。[16] 一般海运提单以多份的形式签发，按照惯例在装运港海运提单只有货物请求权，而在卸货港通过一份海运提单将货物交付，其他的海运提单则自动失效。

---

stipulated in the credit, banks will accept a transport document which bears a clause on the face thereof such as 'shipper's load and count' or 'said by shipper to contain' or words of similar effect."

16) 韩国商法第129条规定为 "如不与填写完毕的货物交换证一并交换，则不能提货"，第820条及第129条则遵循信用证上的规定。

⑤ 引渡证券

海运提单的合法持有人具有货物本身的所有权。

⑥ 处置证券

签发海运提单的情况下，应依据海运提单处置货物。[17)]

3) 海运提单的种类

① 已装船提单及备运提单

根据货物是否装船，可分为“已装船提单”(Shipped B/L)和“备运提单”(Received for shipment B/L)。在提单上加注“已装船注记”后，即成为“已装船提单”。船公司在受领货物(或者存放港口仓库)后，但未装船的情况下签发备运提单。[18)]

② 清洁提单和不清洁提单(Clean B/L; Foul B/L)

根据报单上对货物的完好状况有无不良批注，可分为“清洁提单”和“不清洁提单”。在海运提单的备注栏里不填写或者记载“shipped on board in apparent good order and condition”的情况为清洁提单，即没有记载或无保留事项的话，则为完整的海运提单，[19)] 如果在备注栏里记载未完全包装，数量不足，或者是货物有明显损失的情况，则为不清洁提单。[20)] 国际贸易结算中，银行只接受“清洁提单”，即承运人未在提单上批注货物外表状况有任何不良情况。[21)]

---

17) 韩国商法132条规定为“应与填写完毕的货物交换证一并处置货物”，第820条及第132条则遵循信用证上的规定。

18) UCP500第23条规定备运提单上标记“On Board Notation”后与已装船提单具备同等效力。

19) 朴大衛，贸易实务，法文社，1994, p.149.

20) 在这种情况下，货主可以向船公司发行保函而得到清洁提单，但保函可使船公司和保险公司免除责任，最终只能由货主来负责。

21) UCP 第32条b款“Banks will not accept transport documents bearing such clauses or notations unless the credit expressly stipulates the clauses or notation which may be

③ 记名式提单和指示性提单(Straight B/L; Order B/L)

记名提单，该栏记载特定收货人名称，只能由该收货人提货，不能转让。指示提单，又分不记名指示提单(Order)和记名指示提单，记名指示提单填写"Order of A"，说明该海运提单可以转让给A。

④ 可流通提单与不可流通提单(Negotiable B/L; Non - Negotiable B/L)

一般情况下，海运提单以可以转让的指示性形式发行三份原件。船公司签发的原件以外的海运提单均应记载不可流通(Non - Negotiable)，即可流通提单的副本是不能流通的。在英国，不可转让或不可流通的记名式海运提单被称为不可流通提单。[22)]

⑤ 联运提单(Through B/L)

联运提单是最初承运人在运输业者不同的全部区间内，承担统一责任的情况下签发的运输证券。[23)] 例如，美国海陆运送统一管理的Overland B/L, over common point B/L(OCP B/L)。[24)]

⑥ 转船提单(Transhipment B/L)

转船提单是指在运输区间内转移货物至另一船舶的情况而发行的提单。最初签订运输合同的承运人以转船为前提，发行可以覆盖整个运输区间的海运提单，在区间内的运输则由其他船公司完成。在信用证中无特别禁止的情况下，则银行受理转船提单。[25)]

---

accepted."

22) 朴大衛，同上如前，第152页。

23) UCP500要求原承运人签发的海运提单在运输业者不同的全部区间内承担统一责任，第23，24条规定，"the entire ocean carriage is covered by one and the same Bill of Landing."

24) OCP是指征收共同运费的落基山脉东侧较远的地区(Dokota，Colorado, New Mexico等)，经由太平洋沿岸港口运输的货物为OCP货物，对这些货物发行OCP B/L。

25) UCP第23、24、26条规定，由于多式联运是以转船为前提的，故在多式联运的受理条件中对允许转船与否无明确规定。

⑦ 简式提单(Short Form B/L)

由于全式提单(Long Form B/L)相对冗长而复杂，为简化复杂的发行过程而产生了简式提单，简式提单的背面通常是白纸。[26] 如发生纠纷则以全式提单所规定的船主和货主的权力义务为准。[27]

⑧ 紅色提单(Red B/L)

紅色提单是兼海运提单及保险单为一体，对可能发生的危险进行保险的提单。船公司将货物向保险公司统一投保。

⑨ 租船提单(Charter Party B/L)

在货主租赁不定期船运货的情况下，依据货主与船公司签订的租船合同而发行的提单。[28]

⑩ 集团提单(Groupage B/L)

集团提单是指将零碎货物集中在一起集体装运时发行的提单。代理货物的中介商从船公司取得集团提单后，再向个别的货主发行货代提单(House B/L)。[29]

⑪ 过期提单(Stale B/L)

过期提单(Stale B/L)一般情况下是提货延期的提单。所有的运输材料一旦发行，要在信用证上记载的日期内出示。如对出示日期无特别规

26) UCP第23条a项v中规定：背面空白背书和简式提单都予以受理。

27) 为了使简式提单与全式提单具有同样的效力，在简式提单上通常印有这类字句：""All the terms of the carrier's regular long form of bill of landing are incorporated herein with like force and effect as if they were written at length herein. A copy of such bill of landing may be obtained from thecarrier, its agent, or the master"", 朴大衛，同上如前，参照p.153.

28) 第5次修正版信用证统一规定(UCP500)上规定如信用证合用C/P B/L亦可受理。参照UCP第25条。

29) 货代提单（House B/L）如无装运证明书则不是海运提单，故不具有权力证券的效力。如果货代提单不能证明承运人或者代理承运人的身份，则银行不予受理。因此发行House B/L时发行人的身份至关重要，吳元奭)，同上如前，pp.192~193.

定，海运提单发行后21天后向银行出示，则银行不接受过期提单。[30]

4) 海运提单的受理条件

如果信用证的受理银行要求出示海运提单时，无论以何种名称出现，银行必须受理以下材料：[31]

① 以承运人的名义及承运人、船长或者代理人的签名等方式认证后的材料

② 明确货物装船或证明已装船的材料

③ 装运港与受托港/卸货港与最终目的港不同，或是明确装船港与卸货港的同时，明确预定装运港及卸货港的情况下，明确信用证上的装运港及卸货港的材料

④ 由单一原件或是多份原件构成的'全通'文件

⑤ 与运输有关的背面条款或是无相关条款格式的材料

⑥ 凭租船合同，或以帆船运送等没有任何明确字样的材料

⑦ 其他满足信用证上所有规定的材料可被受理

以项目分类整理如下。

海运提单上应明确签名的当事人，即除指定承运人外，船长或代理人签发或认证的海运提单也予以受理。签发的海运提单上应有船长或指定承运人的签名，如为代理人，则应另记所代理的船长或指定承运人的签名。

① 如有标识货物装船的条件，则应以海运提单上印有的已装船条款或者记载货物装船日的关联条款为凭证。

② 海运提单上如有印刷的已装船条款，则装运日期应以提单发行日期为准。如果以插入条款的形式，则不需要表示装运日期和提单发行日

30）参照UCP第43条。

31）参照UCP第23条。

期统一的签名。即承运人、船长或代理人任何一位都可以签订已装船条款。如有在海运提单发行时船舶未定的情况，在确定后填写已装船条款时必须填入日期及船名。

③ 港口对港口的海运提单发行时，必须在信用证上记载装运港和卸货港。若银行发现出示的提单上未记载装运港和卸货港时可拒绝受理。

④ 发行量在2份以上的海运提单应全部交付原件。

⑤ 不仅是全式提单，简式提单亦可受理。

⑥ 不受理明示租船合同或以帆船运输的海运提单。特例要求的情况除外。[32)]

⑦ 受理条件不仅要求以上列举的条件，而且同时需要满足信用证上的其他条款。

信用证上未被特别禁止的条件下，转运是允许的。转运海运提单如在全区间统一发行即可受理。即使信用证上禁止转运，但如果转运是通过集装箱，拖车或是子母驳船[33)]而进行的，则此海运提单亦可被受理。

(表 13-1) 海运提单与海运单的比较

NO	项目	海运提单	海运单
1	功能	运输物品的物权凭证	货物装船事实通知书
2	证明运输合同成立	可能	可能
3	充当货物收据	可能	可能
4	承运人标识	领取货物时标识	无需标识

32) 参考UCP第25条。

33) LASH船为内装子驳船的专门用船。LASH是“Lighters Aboard Ship”的简称，LASH Barge则为子驳船的意思。

5	有价证券	既是有价证券又是物权证券	既不是有价证券也不是物权证券
6	权利行使者	合法持有人	收货人
7	流通性	可流通	不可流通
8	合同当事人	可变更	不可变更
9	收货人	可变更	不可变更
10	付款保证	向议付银行提供物质担保	不可利用物质担保 议付银行无担保购入汇票
11	用途	传统交易，长距离运输	少量或样品交易，子母公司间交易，近距离运输
12	UCP400	允许	不许
13	UCP500	允许	允许
14	受理条件	第23条规定	类似海运提单受理条件，第24条
15	新设动机	无对应内容	收录到Incoterms 1990，运输业界的要求

2. 不可转让海运单

1) 意义

最近20年运输技术的发展使得货物比海运提单提前到达的情况屡屡发生，面对这种情况，保函(L/G; Letter of Guarantee)被广泛使用。然而L/G的应用也带来了诸多问题。为了解决伪造L/G事件的发生及苛刻的L/G签发条件带来的不便，英国1970年开始使用原本在货物受领时无需交付的“不可转让海运单”(non - gegotiable Sea Waybill: SWB)。最近行驶于北大西洋航路的定期船的绝大部分集装箱运输正在用不可转让海运单代替B/L。[34)]

Incoterms中除 EXW, DAF以外的11个术语解释都承认不可转让海运单是交货的凭证，且视其为货物的收条。在UCP500中也有类似规定。[35)]

国际运输法规上承认使用不可转让海运单，[36)]国际海事委员会(Comit´e Maritime Internationale: CMI)于90年6月制定了相应法规「CMI海运单统一规则」(CMI Uniform Rules for the sea Waybill)，[37)] 同时UCP500中也规定信用证中要求使用不可转让海运单，以取代海运提单，同时要求对不可转让海运单进行受理。

2) 受理条件

不可转让海运单受理范围的制定是以海运提单相关条款为基础的，故可理解为与可转让海运单的受理范围是等同的。然而其法律性质和功能却与海运提单相差甚远，不同点见表13 - 1。

3. 租船合同提单

1) 意义

到UCP400为止，租船合同提单一直是被拒绝受理的文件。UCP500中做了调整，规定信用证中要求使用或允许使用租船合同提单的情况下，银行需按其要求进行受理。[38)]

---

34) 吴元奭，关于Seaway Bill问题点的小考，仲裁265号(`94，3月).

35) 从信用证统一惯例第5次修正（UCP500）开始承认其为新的运输文件并规定予以受理。参照第24条。

36) Hague规则第6条，Hamburg规则第2条1项d号、e号， UN国际货物多式联运公约第5条1项。

37) 本法规还对海运单的适用范围、权利、义务，签订运输合同的代理权，货物的支配权等8项内容作了相关规定。签约中将SWB规定为运输文件的情况，应将本条法规写入合同用以参照。

38) UCP500 第25条. UCP500于94年1月1日开始实行。

2) 受理条件

信用证中要求或者允许租船合同提单的情况下，银行需要受理船长、船主或代理人签字的租船合同提单。考虑到送货人在准备运输文件时并无明示承运人的必要性，因此银行对于不记录承运人名义的租船合同提单也予以受理。除此以外，租船合同提单的受理条件与海运提单属于同一脉络。

(表 13-2) 海运提单与租船合同提单的受理条件

NO	项目	海运提单	租船合同提单
1	条款	23条	25条
2	是否新设	UCP400 第26条	新设条款
3	新设动机	无对应内容	运输原油、谷物、木材等大量特殊货物时租船情况较多，使运输界的要求新设该条款
4	签发人	承运人，船长或者代理人	船长，船主或者代理人
5	承运人标识	需要	不需要（货主即是承运人）
6	装船日	需要记录装船日期和船舶名	制定船舶装船，因此发行日即为装船日
7	装船、卸货港	需要制定，明示	同左
8	转船	限制	不限制
9	租船合同审查	无相应内容	银行无审查义务
10	有价证券可信度	充分得到法律上的保障	弱（拖欠租船费时，可能会发生船主扣留货物，滥发海运提单甚至诈骗等行为）

注：对比UCP500 第23.25条归纳而成。

然而银行没有审查租船合同的义务，因此银行不对合同负责，只将租船合同提单转交给下一当事人便可。[39] 即不管作为提单基础的租船合同内容如何，银行只需要按规定受理便可。[40] 租船合同提单的受理条件跟海运提单的基本相似，但是要注意的是租船合同提单没有转运限制，而且作为有价证券的可信度也相对较低。与海运提单的不同点参照表13 - 2。

4. 电子提单

1) 意义

当今，贸易商务自动化系统已基本构建完成，许多贸易机构的电脑系统连接到数据通信网，实现了贸易流程自动化。随着许多相关贸易文件开始以电子方式发行，电子海运提单能否被受理成为关注的焦点。

国际商务术语在国际贸易交易中被广泛用以明确当事人的责任及减少相互误会和纠纷。国际商务术语Incoterms分别在1990年和2000年被做过修正，其中1990年是因为随着电子文件和EDI收信方式的扩散，为了保障双方在文件传送中的法律权益而修正的。Incoterms规定多种文件，例如发货单、通关文件、运输文件等都可以用相应的EDI文件来代替。最近一些船公司利用电脑签发海运提单，当收到货主的申请时，船公司将海运提单的相关数据输入电脑，然后利用电子通信回路将其传送到目的地。以此种方式不直接发行海运提单，只通过电子方式向承运人发送携带海运提单内容的信息，承运人将其保存到电脑中，利用密码(Private Key)与送货人或者收货人以EDI方式相互交流。Private Key是权力转移的证明，即，通过移交密码的方式实现对货物支配权(或处置权)的转移。这种方式的海运提单便是电子提单。[41]

---

39) 银行以并非当事人的身份审查租船合同并不合理。

40) 尽管银行并不审查，租船合同仍要提交的原因是：一方面运输文件包括租船合同中的参照事项，另一方面卖方需要提供租船合同的副本。

1990年6月，国际海事委员会(CMI)为了实现情报信息传送的加速，通过了「国际海事委员会电子提单规则」(CMI Rules for Electronic Bills of Lading)，其中规定了利用电子信息通信手段代替传统签字形式的海运提单的情况下当事人双方的权力和义务。[42)]

2) 受理条件

目前全世界100多个国家的2000多个外汇银行利用SWIFT(Society for World - wide Interbank Financial Telecommunication: 世界银行间金融电算网络)系统处理信用证的相关通信业务。为了适应结算方式的变化，信用证统一惯例进行了第5次修正(UCP500)，并于1994年起开始实施。其中一项主要修正内容是规定EDI系统适用于信用证以及相关一切文件。[43)] 因此对于利用电子方式发行的信用证和装船文件，即使信用证无特别规定，银行也应对其原本进行受理；此外本次修正追加了关于利用电子方式认证电子文件的规定。[44)] 电子提单的受理条件是否应遵循前述的海运提单的受理条件，以及其他运用方面出现了一些问题，目前相关解决方案正在探索中。[45)]

---

41) 梁暎焕, 吴元奭，贸易商务论，法文设 1994. pp.144~156.

42) 此规则共11条款，只有当事人双方协商后才适用，使用电子B/L交易时应将本规则视作为参照事项。主要内容包括EDI的标准和流程、形式和内容、运输货物的支配权和处置权，电子资料的有效性等。

43) 参照UCP500 第20条。

44) UCP500 第20条 b项，“A document may be signed by handwriting, by facsimile signature, by perforated signature, by stamp, by symbol, or by any other mechanical or electronic method of authentication.”

45) 韓南星, 电子B/L利用过程中的问题点, 贸易商务研究 第7卷，1994, pp.358~364. 中提到 ①关于诉讼时能否作为法律证据的问题，②关于鉴别电子通信文的真伪性的问题，③关于电子通信文能否满足法律上要求的书面(Writing)或者签名(Singature)的问题，④关于解决电子提单当事人与EDI提供者之间的责任界限和风险分担的问题，⑤关于保护电子提单相关资料的问题。

5. 集装箱提单

1) 意义

目前的单件货物(Unit Cargo)大部分依靠集装箱方式运输，运输文件也几乎都是集装箱提单。即使文件名称为"Bill of Lading"，只要背面条款中包含了关于集装箱的条款，此B/L便是集装箱提单。集装箱B/L的一般名称是"Combined Transport Bill of Lading"或者 "Container Bill of Lading"，UCP500 中还规定多式联运单据的名称为"Multimodal Transport Document"。

2) 受理条件

集装箱提单一般是指集装箱交付CY Operator后签发的领取提单，需要装船后标识装船批注(On Board Notation)才能成为有效提单。多式联运中签发的集装箱提单银行也应受理。[46)]

海上运输的情况，集装箱提单发行后，其受理条件与海运提单一致。即，标记的On Board Notation的条件与海运提单是相同的。

6. 货运代理人发行的运输文件

1) 意义

现行的UCP500中规定，在没有承运人、多式联运承运人或其代理人的资格的情况下，仅以货运代理人的身份签发的所有运输文件(包括FIATA B/L)银行都是不予受理的。

---

46) 参照UCP500 第26条。

2) 受理条件

货运代理(freight forwarder)以承运人、多式联运承运人或其代理人的身份签发的运输文件与信用证一致时，银行有义务对其受理。但要注意不具备以上资格而签发的文件，银行是拒绝受理的。[47]

不仅是FIATA提单，所有货运代理签发的运输文件都必须取得承运人、多式联运承运人或其代理人的资格后，并在运输文件上有所标识才具备受理资格。

7. 提单样式和记载事项

根据用集装箱运输或是用传统散装船的方式运输，提单样式和记载事项多少有些不同。但大体上基本一致，本节主要以多式联运提单为中心进行说明。

(表 13-3) Bill of Lading

<table>
<tr><td colspan="2">① Shipper/Exporter</td><td colspan="3">⑪ B/L No.</td></tr>
<tr><td colspan="2">② Consignee</td><td colspan="3"></td></tr>
<tr><td colspan="2">③ Notify Party</td><td colspan="3"></td></tr>
<tr><td>Pre-Carrage by</td><td>⑥ Place of Receipt</td><td colspan="3"></td></tr>
<tr><td>④ Ocean Vessel</td><td>⑦ Voyage No.</td><td colspan="3">⑫ Flag</td></tr>
<tr><td colspan="5">⑤ Port of Loading ⑧ Port of Discharge ⑨ Place of Delivery
⑩ Final Destination(For the Merchant Ref.)</td></tr>
<tr><td>⑬ Container No.
⑭ Seal No.
Marks&No

Total No. of Containers or Packages(in words)</td><td>⑮ No. & Kinds of Containers or Packages</td><td>⑯ Description of Goods</td><td>⑰ Gross Weight</td><td>Measurement</td></tr>
</table>

47) 参照UCP500 第30条。

<table>
<tr><td>⑱ Freight and Charges</td><td>⑲ Revenue tons</td><td colspan="2">⑳ Rate</td><td>㉑ Per</td><td>㉒ Prepaid</td><td>㉒ Collect</td></tr>
<tr><td>㉓ Freight prepaid at</td><td colspan="2">㉔ Freight payable at</td><td colspan="4" rowspan="3">㉖ Place and date of Issue

㉘ ABC Shipping Co. Ltd.
as agent for a carrier, zzz Liner Ltd.</td></tr>
<tr><td>Total prepaid in</td><td colspan="2">㉕ No. of original B/L</td></tr>
<tr><td colspan="3">㉗ Laden on board vessel</td></tr>
</table>

出处：韩国贸易协会，贸易格式记载要领，2000，7，pp.279 283.

(1) Shipper

托运人的姓名或者公司名称

(2) Consignee

收货人

(3)Notify Party

到货通知书

(4) Ocean Vessel

海运船舶的名称

(5) Port of Loading

注明装货港口和国家名

(6) Place of Receipt

托运人收货地

(7) Voyage No.

运送公司或者船舶公司的名义下运送船舶的编号

(8) Port of Discharge

货物的卸货港和国家名

(9) Place of Delivery

托运人交货地

(10) Final Destination

最终目的地

(11) B/L No.

提单号

(12) lag

船舶的注册国籍

(13) Container No.

装载货物的集装箱号码

(14) Seal No.

集装箱内装载货物的铅封号码

(15) No. ofCONT or other PKGS

集装箱数量或者其它包装数量

(16)Description of Packages and goods

Packing List 和 Invoce上记载商品的内容一一列举记载

(17) Gross Weight, Measurement

注明经计量公司检测的重量和容积，如果有和 Packing List, Invoice上记载内容不一致的情况，要在Remark上做好记录，如果货物有异常情况，应该向托运人要求保函文件。

(18) Freight and charges

详细标明货物运送中所产生的各种费用

(19) Revenue Tons

计费吨数

(20) Rate

每吨的运费价格， 注明 C. F. S charge, wharfage, B. A. F, C. A. F的百分比率。

(21) Per

标明容积单位，重量单位，Full container情况下用Van单位表示

(22) Prepaid, Collect

采用C. I. F条件出口的情况下, Prepaid栏内标明运费结算。F. O. B

条件出口的情况下，在Collect栏里标明结算情况。

(23) Freight Prepaid At

C.I.F条件出口的情况，运费支付地

(24) Freight Payable At

FOB条件出口的情况下，如果运费是收货人承担的话，收货人的运费支付地

(25) No.of Original B/L

正本提单的数量

(26) Place of issue

B/L签发地

(27) On Board Date and Issue

B/L的装船日期

(28) Carrier Name

承运人签名

8. BOLERO电子提单系统

1) 概念

BOLERO(Bill Of Lading Electronic Registry Organization) 系统是国际商品买卖、运输、保险和结算等贸易交易中以网络电子文书(Electronic Message)代替传统书面材料的一种商业系统。

2) 推进过程

① 1994.欧共体推进的BOLERO pilot工程由代表世界性银行间结算系统的SWIFT和代表海运业界的TT CLUB各出资50%合资成立。

② 1995.由对BOLERO project感兴趣的企业为中心创建了Bolero Association Limited。

③ 1996. Bolero Project启动
④ 1997.7. 发布了由挪威国营石油公司Statoil,日本三井物产的实验结果。
⑤ 1997.12. 以Bolero project的研究结果为基础的企业实证计划启动。
⑥ 1998.4. 在SWIFT和TT Club的投资下，Bolero International Limited成立。
⑦ 1999.9. bolero.net 商用服务系统开始运行。

2002年 5月，加入的韩国企业有:韩汇银行、外汇银行、三星电子、浦项制铁公司、现代商船、朝阳商船、韩进海运、大韩海运、巨洋海运等。

3) BOLERO的组织和机能

(1)Bloero International Ltd(BIL)

- 是SWIFT和TT Club 以50：50的比率出资合作投资公司。
- Bolero负责系统的运营。
- CMI规定，承运人个人密码的发行、取消、以及管理者的确认任务由中央登录系统执行。
- 列举出BIL提供的吸引用户服务、保安、用户支援服务、以及BIL要求事项的包含与否等事项的运用服务合同(Operational Service Contract)的达成。

(2) Bolero Association Ltd(BAL)

- 是Bolero系统的所有用户构成的组织
- 为了确认想成为 Bolero 系统用户的公司或者个人的身份而进行资料收集工作，在登陆系统时扮演重要角色。

- BAL作为每个用户的代理人，为每个用户代理的同时，还负责现有用户、未来潜在用户以及其他所有用户和Bolero Rulebook 基本系统使用合同的签订。

4) Bolero的合同结构

图：

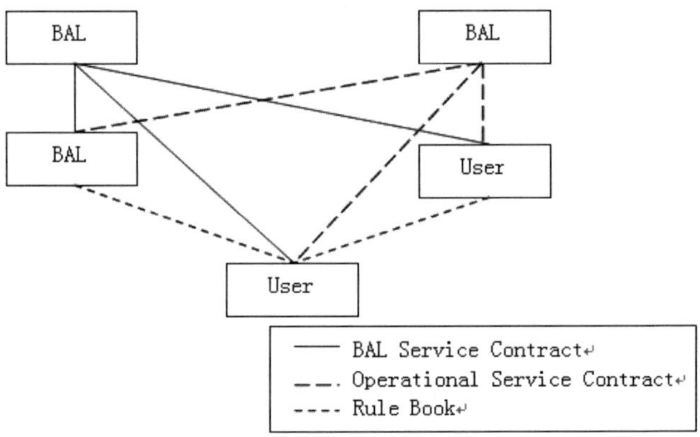

5) Rulebook

(1) 结构

① 定义

② 电子凭证的地位问题，关于信息的收发问题和信息的责任问题

③ Bolero 提单的权利问题和有关事项。

④ 以运用程序(Operational Procedures) 命名的单独文件里包含的运用规则而构成

(2) 基本战略

传统提单中当事人的权利在电子文件中同样遵守，尽最大可能的不去侵害现存的合同关系。

(3)中心内容

- BBL(Bolero Bill of Lading)的产生由BBL的权利，所有权转移，运输合同的更改等部分构成。
- 再就是BBL不仅对有关当事人(即托运人、运输者、持有者、担保者、收货人等)的功能和权利有所规定，而且对非BBL 用户的当事人进行货物转售时的书面提单转换也有所规定。

(4)意义

- Bolero的任何用户在得到Bolero系统使用许可以前，都要在Rule-book上签名，签名的意义在于对电子文件的文件性表示认可，并对Bolero电子签名的有效性表示认可。
- Rulebook和EDI下的双面性交换约定不一样，他是作为BAL构成因素的一切用户表示对Rulebook同意的一种义务签名，是对所有用户的约束合同，也可以说是多方交换合同。

6) 主要特征

① 拥有全球性和排除一般公司过度拥有所有权的特征

② Bolero提供的服务具有局限性，依据Rulebook增强约束力。

③ 加强与现存制度环境的联系。

④ 值得信赖的第三方(trusted Third Party)，即提供服务的系统在出现故障时可以向 Bolero公司提出损害赔偿。

7) Bolero系统上的权利转移

(1)权利注册系统(Title Registry System)

- 以BBL和中央电子数据库记载的持有人相关信息为基础，根据合法持有人的指示改变记录的信息，将商品权转移的系统。

- 一但持有人的信息在系统上登录，只有登录的持有人有权发出商品权转移的指示，本系统采用了这样的安全装置。
- 如果在权利注册系统上，持有人通过指示将BBL的持有人信息改变，以前持有人的记录将删除，持有人没有权利再做出指示。

(2)CMP(Core Message Platform)

- Bolero的系统用户之间交换的所有信息都经过CMP传送，因此Bolero系统起着中转站的功能。
- 为了系统用户能够安全地交换电子信息和能够在权利注册系统上进行信息传送，CMP担当着对电子信息真实性和完整性检测的电子公证人角色。
- 经过CMP系统的所有信息采用非对称性的密码方式进行电子签名，在CMP认证以后传送给收信人，收信人确认收到的信息后将确认信息传送回CMP系统。

(3)Bolero系统的所有权转让过程

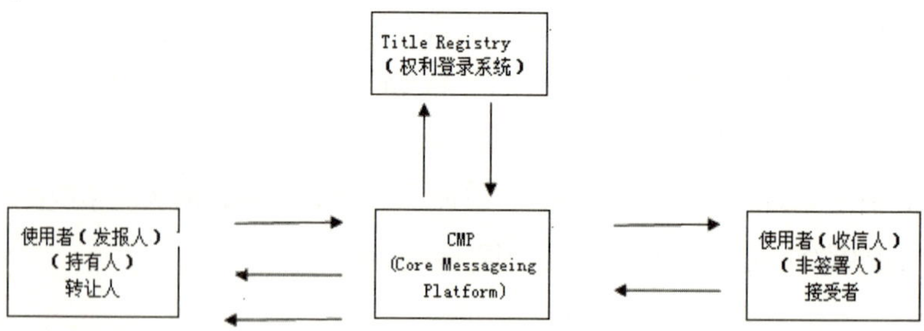

① BBL持有人(转让人)对Bolero的CMP系统传送信息(SMsg)，根据有

关信息标题里的指示登录新的持有人的RID(Root Identifier)，将新的持有人登录以后进行电子签名，并出送给CMP。

② 对传送到CMP上的信息的真实性和完整性检测以后，如果没有异常，将确认通知传送给转让人。

③ 判断CMP用户传送的信息没有异常的情况下，删除权利登录系统上以前持有人的RID,登录新持有人的RID。

④ 权利登录系统上数据库更新完成后，将结果(code)传送到CMP。

⑤ 将转让人在CMP上传送的信息以告知信息(FMsg)形式通知接收人。

⑥ 接收人在收到信息后传送告知信息(UAck)给CMP。

⑦ CMP向转让人发出转让通知(DNot)。

(图 13-3) 包括Title Registry 指示的Bolero信息结构

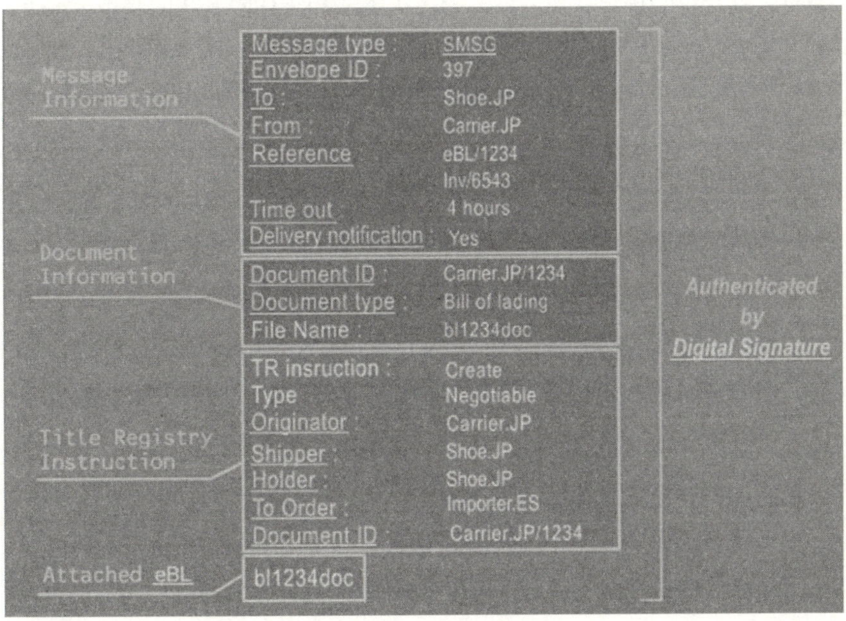

第三节 运送人的责任和国际海运法规

1. 哈特法(Harter Act，1893)

1982年，在美国议员迈克尔哈特(Michael Harter)的建议下，提交并于1983年由总统签字通过了由八项条款组成了哈特法。这部法律最大的特点是对船主的免责特权做出限制和禁止。第一条，有关货物的装船、理舱费、保管、交货时因船员的过失或者怠慢发生损失时，即使船主在海运提单上签订免责条约也视为无效，禁止对于商业过失的免责条约。第二条，规定船主要特别注意确保船舶适航性，限制签订船长或者船员在货物的收取或交货时，义务减轻或者免责的条款。第三条，规定对于船主在船舶的适航性方面做出充分注意的情况下发生的航海过失，可以免除赔偿责任。第四条，关于海运提单的发行做出规定。第五条，关于处罚、留置权的规定。第六条，有关火灾法和责任限制法的修正。第七条，有关动植物。第八条，关于本法的有效日期等做出了规定。

2. 海牙规则(Hague rule，1924)

1) 海牙规则的制定

Harter法制定以后，国际上普遍认识到了制定有关海上运输统一条约的必要性。1921年在海牙国际法协会上，参加会议的船主、货主、银行、保险公司的代表们通过了ICC草案。在那以后，国际海事法委员会(CMI)将这个草案进行修正。3年以后，即1924年在布鲁塞尔召开的“有关海商法的国际会议”上，制定了海运提单统一规则(International Convention for the Unification of Certain Rules of Law Relating to Bills of Lading. 1924. 简称 海牙规则)。

2) 海牙规则的使用范围

韩国现在还没有加入这一条约，因此韩国规定本国发行的海运提单的最高条款或者地方条款要以这个规则为基准。除了海牙规则的规定违反商法的强行规定(第790条)的情况以外，以韩国国内商法为优先。[48)]然而并不是所有的货物运输都适用于海牙规则。即活动物和甲板装载物不包括在货物范畴内。[49)]不适用于租船合同或者特别货物的运输，发行不能流通的海运提单等情况。[50)]

3) 海牙规则中承运人的责任和免责

① 承运人的义务

承运人的主要义务是谨慎处理相关事宜使船舶适航，妥善配置乘务员，船长和必须的供应品。为了正常安全地接收、运送和保存货物，承运人应当对于货舱、冷藏舱、冷气舱，以及货物运输时船舶所必须装备的所有部分做出特别的注意。

除此以外，承运人还应小心谨慎的处理货物的装载、办理货运、船内作业、运输、保管、管理和卸货。[51)]

② 承运人的免责项目

同规则中对承运人的免责事项做出了列举，被称之为免责名录。[52)]

---

48) 韩国商法上规定承运人出航时不是因为战争、暴动以及内乱等原因，而是因为不注意懈怠等原因造成船舶在安全航海和运送货物的适当收取、保存和运送出现问题时，不能给予损害赔偿免责。再就是规定了由承运人出示非不注意证明书。第787条，第789条。这种由于不注意造成损害的情况下，当事人之间签订的承运人责任减轻或者免除的特约视为无效，第790条，即除了不适用于这些承运人免责情况外，海牙规则都适用(参阅崔启元，商法学概论，博英社，1995，pp.129~130)。

49) 韩国商法第790条2款. Hague Rules 第1条。

50) Hague Rules 第6条。

51) Hague Rules 第3条，承运人的义务。

52) Hague Rules 第4条，免责条款第2款中（a）-(q)17个项目对免责条款做出规定，还

1. 航海，船舶管理上的过失(errors in the navigation and management of ship)
2. 火灾(fire)
3. 海上固有风险(perils of the sea)
4. 自然灾害(acts of God)
5. 战争行为(act of war)
6. 遭遇海盗(act of pubic emenies)
7. 被执政者扣留(arrest or restraint of princes, rules or people)
8. 检疫措施(quarantine restrictions)
9. 托运人的过失(act of omission of the shipper)
10. 同盟罢工和公司倒闭(strikes or lockouts)
11. 暴动和内乱(riot and civil commotions)
12. 海上救援(saving or attempting to save life or property at sea)
13. 货物本身的瑕疵(loss or damage arising from inherent defect)
14. 货物包装的不充分(insufficiency of packing)
15. 标识不充分(insufficiency or inadequacy of marks)
16. 潜在的瑕疵(latent defects not discoverable by due diligence)
17. 其他原因(any other cause)

但是，承运人为了获得免责，货物的损害不以承运人本身的过失、故意或者怠慢为依据。[53)]

有4款对合理的理由的免责做出规定。

53) Hague Rules 第4条3款。"The shipper shall not be responsible for loss or damage sustained by the ship arising or resulting from any cause without the act. Fault or neglect of the shipper, his agents or his servants."

③ 承运人的损害赔偿界限

托运人在装船以前应告知货物的性质和价格。提单上没有记载的情况，承运人的损害赔偿责任的界限是每包装或者每个货载单位不超过100英镑。承运人、船长或承运人的代理人得知货物具有易燃性、易爆性、危险性等特点后，对于这些不允许装船的货物，承运人在卸货前不论什么时间什么地点都没有赔偿的责任，并有权利将其卸载、破坏或者无害化。[54)]

④ 承运人的其他责任

i)有关适航性担保的注意义务：承运人有关适航性担保注意从装船开始到出航为止，不能有一点疏忽。承运人有义务提供适航性注意的证明。[55)]

ii)航海过失：航海过失是指航海或者船舶自身操作过程中船长或者船员的过失。因为航海过失造成的货物损害，承运人可以免责。[56)]

iii)商业过失：商业过失是指货物在装船、理舱费、运输、保管和卸货时由于不合适、不慎重的行为而造成的货物损害，在这种情况下，即使承运人有免责条款，也不能给以免责。虽然承运人在航海过失中给予免责，但是在商业过失中应当承担责任。[57)]

iv)火灾：原则上给予承运人免责，船舶发生火灾时装载的货物有全部烧毁的可能性。火灾的原因是因为船舶造成的还是货物造成的很难查究。货物因火灾造成损失时主要考虑货物保险，给予承运人免责。[58)]

---

54) Hague Rules 第4条5，6款。

55) Hague Rules 第3条1.a.承运人的适航性担保义务规定不是航海时适航能力的担保，而是到船舶出航时为止时有关适航能力注意义务的规定。即，具有资格的检查官出航前做出具有适航能力的判断的话承运人做到了注意义务并可以免责。(朴大伟，国际贸易法规，博英社，1991，pp.250~256).

56) Hague Rules 第4条2.a

57) Hague Rules 第3条2.

3. 海牙 - 维斯比规则(Hague - Visby Rules, 1968)

1) 海牙 - 维斯比规则的制定

1963年Stockholm CMI会议上讨论了Hague Rules的改正案，此后经Visbly市讨论后于1968年2月在Brussels签字，生成了Hague Rules的改正议定书。[59]全文由17个条款构成，Visby protocol(维斯比议定书)作为1924年的Hague Rules的一部分而生效。[60]

2) 海牙 - 维斯比规则中承运人的责任

① 责任限定金额

在海牙规则上定义承运人每包装责任限额是100英镑，维斯比改正书上将限额提高，货币单位也采用了航空国际条约使用的非流通通货单位Franc。每包装责任限度额由100英镑提升到10000Franc。[61] 同时，对于货物重量1kg由30Franc为单位来计算，通过许多方面增大承运人的责任限度。在此之后海事条约的货币单位通常使用由IMF制定的特别提款权(Special Drawing Right:SDR)，随之Visby Rules的10000Franc和30 Franc各自改正为667SDR, 2SDR。

② 货物损害赔偿额的计算

货物损害赔偿额的评估原则是根据货物交付时到达地的价格为基准，海牙规则上没有这样的规定，对于班轮的货物运输以提单上发货单价

58) Hague Rules 第4条2.b

59) 原名称是"为了统一关于提货单法规的国际协定议定书"(Protocol to Amend the International Convention for the Unification of Certain Rules of Law Relating to Bills of Lading: 一下"海牙-维斯比规则.").

60) 杨英焕.徐正途.国际贸易法规.三英社. 1994，p.559.

61) 1Franc的价值基准是纯度为900/1000的黄金65.5mg. Visby protocol 第4条5.d. "A franc means a unit consisting of 65.5 milligrams of gold of millesimal fineness 900"。

格为基准的宗旨，根据这一条款做赔偿(Claim)处理或者以维斯比规则(Visby Rules)的到达地价格为基准处理。[62]

③ 责任界限

对于货物的损害是由于承运人故意还是由过失造成的很难认定，然而维斯比规则(Visby Rules)中承运人责任界限规定的利益没有得到的情况下承运人存在“故意”、“有意识的过失”等原因时，规则中明确规定不使用责任界限规定。[63]

④ 运人的使用人责任

规定的宗旨是承运人的使用人或者代理人得到承运人的责任界定认证或者享有对事情由来的抗辩。[64]然而船内装卸工人和类似于承运人的外包业者与承运人签订外包合同，合同主体(Independent Contractor)是独立的，因此不适用这一规定。

4. 汉堡规则(Hamburg Rules, 1978)

1) 汉堡规则的制定

因为有人主张海牙规则、海牙 - 维斯比规则是以发达国家船主的利益为主制定的，而对货主不利。随着UN贸易开发会(United Nations Conference on Trade and Development:UNTAD)的强势发展，1972年UN国际贸易法委员会(United Nations Commission on International Trade

62) Hamburg Rules 1978年再次删除该条款，由于考虑到达地价格算定的具有繁杂性和费用等问题做此决定。

63) Visby protocol 第4条5.e款.” Neither the carrier nor the ship shall be entitled to the benefit ofthe limitation of liability for this paragraph if it is proved that the damage resulted from an act oromission of the carrier done with intent to cause damage,or recklessly and with knowledge that damage would probably result.”

64) Visby protocol 第4条2.

Law: UNCITRAL)开始着手修改工作。1978年3月在Hamburg通过了关于海上货物运输的UN协定(United Nations Convention on the Carriage of Goods by Sea. 1978. 简称汉堡规则)。该协定于1992年11月1日开始生效，经批准加入的国家仅20多个。

2) 承运人免责的废除

汉堡协定由40条条款和附录构成，规定活体动物和甲板上装载的集装箱货物也属于货物的范畴。[65] 汉堡协定主要以海上运输区间为中心，并对若干其他运输方法作出规定，如集装箱运输和有关的集货和交货，甚至与海上运输临近的陆地运输区间都包括在内。

承运人的责任区间从海牙规则中的"from tackle to tackle"范围扩大到汉堡协定的"from port to port"。[66]

此外承运人的责任限度额提升到每包装或装船单位835SDR。[67] 汉堡协定修改事项概括来说主要是增加了承运人的责任，其中主要内容下面详细介绍。

① 航性担保

海牙规则中对于承运人适航性担保的义务作出了规定，而汉堡协定中没有这一规定。汉堡协定中虽然承运人对货物的消失、损伤或者迟延交货引起的损害有责任，但如果能够证明为了防止事故发生承运人对所有合理要求都已经采纳并实施，则不用承担责任，汉堡规则以过失责任主

---

65) Hamburg Rules 第11条5款."'Goods'in cludes live animals:where the goods are consolidated in a container, pallet or similar article of transport or where they are packed. 'goods'includes such article of transport or packaging if supplied by the shipper."

66) Hamburg Rules 第1条6款，"'Contract of Carriage by Sea'means any contract whereby the carrier undertakes against payment of freight to carry goods by sea from one port to another."

67) Visby protocol是667SDR.

义为原则。[68)]

假使有非适航性造成货物损害的情况，也要根据承运人责任的一般原则来处理。即，只在航海前或航海开始时对适航性有高度的注意并不充分，承运人在管理货物的阶段，对于适航性要一直给予注意。

② 航海过失免责的废除

海牙规则规定承运人应对商业过失负责，而对于航海过失可以免责。但是汉堡协定中废除了航海过失免责的有关规定。

③ 火灾免责规定废除

对于海牙规则中船舶内火灾的免责条款，在汉堡协定的免责规定中并未保留。但是火灾时由于承运人的过失或者不注意而引起的情况下，承运人为了防止火势蔓延使出了所有的合理手段，尽最大努力救火，承运人的过失或者不注意导致的火灾应接受损害赔偿。但是对此货主必须提供证明。[69)]

④ 免责名录的废除

海牙规则中列举的17个免责名录全部废除，采用承运人责任的一般原则。即，虽然主张承运人对事故发生导致损害应该负责，但如果为了防止事故采取了合理的措施，则可给予免责的一般原则。

⑤ 迟延损害

海牙规则中对迟延损害没有明文规定，但汉堡协定中对此做出了明确

---

68) Hamburg Rules 第5条1款. "The carrier is liable for loss resulting from loss of or damage to the goods. as well as from delay in delivery. If the occurrence which caused the loss. Damage or delay took place while the goods were in his charge as defined in article 4. Unless the carrier proves that he, his servants or agents took all measures that could reasonably be required to avoid the occurrence and its consequences."

69) Hamburg Rules 第5条4款. "The carrier is liable for loss of or damage to the goods or delay in delivery caused by fire, if the claimant proves that the fire arose form fault or neglect on the part of the carrier. His servants or agents."

规定。即超过货物交付日期60天以内还没有交付货物的情况下，和要求货主迟延损害赔偿相比，取而代之的是视为没有收到货物，可以要求对全部货物进行货款赔偿。[70)]

⑥ 高责任限度额

汉堡协定中，货币单位使用SDR，责任限度额提高到每包装单位 835SDR。比维斯比规则的限度额提升了25%。

⑦ 责任期限的延长

废除了海牙规则中传统的'from tackle to tackle'，采用'from receipt to deli - very'，延长了承运人的责任期限。

从指定地港口码头收货开始到卸货港交货履行为止，使地点界限扩大到'from port to port'。[71)]

⑧ 担保函效力规定

汉堡协定明文规定不得用托运人和船舶公司间惯用的货物破损担保函来对抗托运人以外的善意提单持有者(第三方)。[72)]

⑨ 合同承运人和实际承运人

汉堡协定规定合同承运人和实际承运人是分离的，托运人以及签订合同的承运人要对整个运输区间负全责。[73)] 实际承运人在管理货物的期间

---

70) Hamburg Rules 第5条3款. "The person entitled to make a claim for the loss of goods may treat the goods as lost if they havenot been delive red as required by article 4 within 60 consecutive days following the expiry of the time for delivery according to paragraph 2 of this Article."

71) Hamburg Rules 第4条1款. "The responsibility of the carrier for the goods under this convention covers the period during which the carrier is in charge of ghe goods at the port of loading. During the carriage and at the port of discharge."

72) Hamburg Rules第17条2款.

73) Hamburg Rules 第10条1款. "Where he performance of the carriage or part thereof has been entrusted to an actual carrier, whether or not in pursuance of a liberty under the contract of carriage by sea to do so, the carrier nevertheless remains res-ponsible for the entire carriage according to the provisions of this conventin."

不管有没有运输合同都应当承担责任，合同承运人和实际承运人对托运人有连带性的责任关系。[74)]

第四节 海上运输和国际贸易术语

1. FOB合同和海上运输

1) 风险费用的承担

Incoterms上的FOB(Free on Board：船上交货) 条款中规定承担风险的划分点是“货物通过本船的栏杆起”。[75)] 货物在向船侧移动中本船栏杆已经通过即使还没有放到甲板上，从这一刻起货物的损害由买方承担。然而这是从法理和概念上的意义上来讲的，实务上理解为到甲板装载为止更为妥当。[76)] Incoterms上的FOB合同的意义如果理解为以甲板或者舱内装载完毕，采用FOB stowed方式将不会有问题。Incoterms上规定，对于费用承担划分点与风险承担划分点是等同的。[77)] 出口通关费用和出口关税及装载费用等由卖方承担。

FOB stowed条件下，理舱费(stowing charges) 虽然由卖方承担，但Incoterms上规定的FOB合同上是由买方承担的。

---

74) Hamburg Rules第10条4款. “Where and to the extent that both the carrier and the actual are liable. Their liability is joint and several.”

75) Incoterms 2000.FOB.A5. “…bear all risks of loss of or damage to the goods until such time as they have passed the ship’ s rail at the named port of shipment.”

76) 吴元奭，贸易合同论，三英社，1994. p.193.

77) Incoterms 2000.FOB.6. “…pay all costs relating to the goods until such time as they have passed the ship’s rail at the named port of shipment.”

2) 提供的材料

卖方提供的材料有商业发货单、包装明细表、质量证明书、数量证明书，为了证明是本船交货，还应该提供清洁大副收据。Incoterms上的FOB合同中，虽然作为货物运输的证明卖方只要提供大副收据就可以，但汇票特约书FOB合同中也要提供清洁装船提单。除此之外，卖方应该提供原产地证明书(Certificate of Origin: C/O)、领事材料等合同要求的材料。

2. CIF合同和海上运输

1) 风险和费用的承担

CIF(Cost, Insurance and Freight: 成本、保险加运费条件) 合同中货物风险承担的分界点和FOB合同一样，都是以装运船的船舷为界(ship's rail)。在FOB合同中卖方按照合同的要求将货物在指定的装运港搬运过船舷后，卖方即完成交货任务，但在CIF合同中货物本船交货同时还要提供证明货物符合合同要求的运输材料。在CIF合同中风险的划分点是在装运港由卖方转向买方，买方可以通过卖方签订的货物保险合同来消除风险，并且拥有根据由卖方提供的材料中运输合同的内容向承运人提出赔偿的权利。但是由于运输合同中承运人的责任限定有很多免责条款，因此主要是以保险赔偿为主，保险公司代替承运人进行责任赔偿。

CIF合同中货物到达目的港以前所需要的运费和保险费等费用都由卖方承担。[78] CIF合同中的费用包括出口成本，海上运费及海上保险费。海上运费中班轮的装卸费用也包括在内。

卖方应与信用良好的保险公司或者保险人订立海上保险合同，对于担

78) Incoterms CIF A6.

保条件没有明确说明时，应根据最低担保条件的平安险(FPA)或者ICC条款中最低保险险别即110%投保。也就是说，在没有其它约定条款的情况下，以FPA条款或者ICC(C)条款作为补充条款。对于战争、罢工、骚乱、暴乱等危险，在应买方要求并由买方承担费用的条件下，卖方可以加投相关保险。[79]

2) 提供的材料

CIF合同中卖方必须提供的材料除了同FOB合同中要求提供的相同材料以外，还要提供运输单据和保险材料。卖方向买方提供的主要材料是运输单据，保险材料及商业发票等。要提供的保险材料主要是保险单(Insurance Policy)或者保险证明(Certificate of Insurance)，占保单(Cover Note)不适合作为保险材料。卖方提供的材料可以由具有同等作用的电子数据交换(EDI)文件来代替。CFR(Cost and Freight: 运费包含条件)合同中的风险承担中除了保险费卖方不承担以外，其他的风险承担条款和CIF基本一致。提供的材料中除保险材料以外其他的也和CIF一致。

---

79) Incoterms CIF A3. “The insuranceshall be contracted with underwriters or an insurance company of good repute and failing express agreement to the contrary. Be in accordance with minimum cover of the Institute Cargo Clauses.” “When required by the seller shall provide at the buyer’s expense war, strikes, riots and civil commotion risk insurances if procurable. The minimum insurance shall cover the price provided in the contract plus ten percent(i.e.110%) and shall be provided in the currency of the contract.”

第五节 国际多式联运法规

1. UN国际货物多式联运协定

1) UN国际货物多式联运协定的制定

所谓的"国际多式联运"(International Multimodal Transport) 就是多式联运承运人在进行国际间货物运输时，在海上、航空、陆地中至少选择两种不同的运输方式来实现货物的运输。[80] 多式联运承运人对于从货物的接收开始到交付为止的整个运输过程中发生的货物的丢失、损伤或者交付迟延所产生的损害都负有责任。[81]

随着集装箱运输的发展多式联运也变得更加活跃，制定规范多式联运的统一国际协定的必要性已经被充分的认识。继1978年联合国制定了关于海上运输的汉堡规则，1980年制定了关于国际货物多式联运的UN协定(United Nations Convention on International Multimodal transport of Goods, 1980)。

20世纪40年代在「国际统一司法协会」(International Institute for the Unification of Private Law: UNIDROIT) 的建议下首次试图尝试建立多式联运的法律体系。1965年国际海事委员会(Comite Maritime International: CMI) 开始开发有关多式联运的法律制度，并于1969年制定了「东京规则」。以后在制定了「罗马草案」的UNIDROIT的大力支持下于1971年制定了TCM协定草案。然而这个协定草案在起草立案阶段就遭到了各国的反对。

1973年联合国经济社会理事会为了制定国际货物多式联运协定的草案，在UNCTAD的支持下设置了政府间准备小组(Intergovernmental Pre-

---

80) UN多式联运协定第1组 1款。

81) UN多式联运协定第1组 2款。

paratory Group: IPG)。到1975年末制定并采用了多式联运协定，但由于发达国家和发展中国家间对于经济方面影响的意见对立而使协定的完成遭到推迟。在这个过程中，以国际商会(International Chamber of Commerce:ICC)为首促进了国际规则的制定。1973年制定了「关于多式联运书面材料的统一规则」(Uniform Rules for a Combined Transport Document)，经过修改后于1975年开始实行。但是联合国经济社会理事会的IPG从1973年开始到1977年经过6次会议讨论独自制定了协定草案，并于1980年5月在日内瓦召开的联合国会议上提交并最终制定了UN协定。这个协定里绝大部分是以汉堡规则的海上运输有关规定为基础，并且在很大程度上依据UNIDROIT的TCM协定草案和ICC的多式联运统一规则而制定的。

2) 多式联运承运人的责任

联合国国际多式联运协定是以过失责任主义为原则的。但是该协定把多式联运的无过失责任转嫁给承运人，而且没有规定海上运输区间内承运人的免责条款，取而代之的是规定了承运人的责任。UN协定上，多式联运承运人责任的基本原则是对货主在整个区间内采用单一责任原则，对承运人的免责条款虽然不予承认，但在运输区间内不明原因的货物丢失或者损失的情况下，由该区间的责任限度额根据协定规定的一般原则来确定，此区间内的责任限度额低于最低限度额时，采用一般原则中所适用的修正单一责任体系。

本协定对多式联运承运人的责任规定与海牙规则、汉堡规则一样，都是以货主的利益为中心的硬性规定。

本协定规定多式联运承运人(MTO)对于多式联运过程中发生的货物丢失及损伤、交付迟延、及本人或者其他辅助人员不能证明为防止这些事故而采取过防范措施时应对此负责。[82] 因为该协定没有对承运人过失责任原则有任何例外规定，因此本协定和现存的一些运输协定下承运人的责任有很大的差别。

UN协定上多式联运承运人的责任界限做出了规定。即对于不明区间内的损失，通常承运人应担负的责任是一个包装或者一个运输单位不超过920SDR的情况下，规定对损失或者损伤的货物给予每千克2.75SDR赔偿。[83)]在损失区间已知的情况下，货物的损失或者损伤的责任标准是根据现存的某些国际协定或者国内法所采用的修正单一责任体系来划分的。[84)]

2. UNCTAD/ICC多式联运单据统一规则

1) 规则的制定

本规则是通过与联合国国际货物多式联运条约(1980)进行对比，与UNCTAD海运委员会中与海运有关的国际机构进行协调，并以现存的国际运输规则 Hague Rules(1924), Hague Visby Rules(1968), ICC统一规则

---

82) UN多式联运协定第16条 1款. "Themultimodal transport operator shall be liable for loss resulting from loss of or damage to the goods. As well as from delay in delivery, if the occurrence which caused the loss, damage or delay in delivery took place while the goods were in his charge as defined in article 14."

83) UN多式联运协定第18条 1款. "When the multimodal transport operator is liable for loss resulting from loss of or damage to the goods according to article 16 His liability shall be limited to an amount not exceeding 920 units of account per package or other shipping unit or 2.75 units of account per kilogram of gross weight of the goods lost or damaged. Whichever is the higher."

84) UN多式联运协定第19条. "When the loss of or damage to the goods occurred during one particular stage of the multimodal transport. In respect of which an applicable international convention or mandatory national law provides a higher limit of liability than the limit that would follow from application of paragraphs 1 to 3 of article 18. Then the limit of the multimodal transport operator's liability for such loss or damage shall be determined by reference to the provisions of such convention or mandatory national law."

等为基础，研究有关多式联运单据的新规则，于1988年由UNCTAD和ICC组成的联合作业小组经过3年的时间制定成UNCTAD/ICC 多式联运单据统一规则(UNCTAD/ICC Rules for Multimodal Transport Document 1992)。该规则从1992年1月1日起开始实施。[85)]

2) 多式联运承运人的责任

本规则是由全文和13个条款构成的。本规则是在多式联运合同中指定使用本规则的时候才有效，不是强行执行规则。因此在多式联运合同中如果有国际协定或者国内法的硬性规定，可以比本规则优先使用相关规定。本规则中多式联运承运人的责任原则和责任界限，是以过失责任主义和修正的单一责任体系为依据的。多式联运承运人的责任限度额是每包装或者每单位666.67SDR，如果货物损失或者损伤，按照损失或者损伤货物每千克做2SDR赔偿。此外多式联运承运人在船长、船员、船公司及承运人的实际使用者在航海过程中的过失，以及承运人的过失或故意造成的火灾等情况下可以得以免责。

第六节 多式联运承运人的责任制度

1. 网状责任体系 (Network Liability System)

在这个制度下，多式联运承运人的责任分为货物损失或损毁的运输区间已知和未知的两种情况。承运人的责任是根据适用于承运货物的损失或损毁区间的国际条约或者强制执行的国内法来决定的。即根据海上、

85) 吴元爽，前揭书. pp.361~371.

陆上、航空等运输区间或运输方式的不同，依据各自固有的法律法规来执行。在损失或损伤等损害发生的区间未知的情况，或者即使知道也没有适用的条约或者强行法规的情况下，即使使用网状原则也须按照一定的责任原则来执行(TCM条约第9条和第10条)。根据该制度的规定，货主和各个运输方式的承运人签订不同的合同，因此多式联运中存在各种责任制度，根据这一原则可以防止多式联运上的规则和已有的其他运输规则在法律上的冲突。与多式联运有关的ICC统一规则和FIATA、BIMCO等发布的多式联运单据接受网状原则。

2. 单一责任体系 (Uniform Liability System)

根据这一制度，多式联运承运人承担责任时，与货物的损失或损毁等损伤与事故发生的运输区间或者运输方式无关，损伤发生地可以查明或者不能查明情况下都应该承担相同的责任。即多式联运承运人有独自的责任原则、责任限度，它和单一运输方式(Unimodal Transport)的情况完全不同。由于这个制度简单明了，因此该制度被认为可以减少当事人之间的纠纷。也就是说作为托运人等原告或是承运人不需要考虑损害发生地或发生时间时，这样可以消除不必要的诉讼。然而对于多式联运承运人要求转包承运人作出赔偿等问题，反倒手续复杂、增加费用。

但是从理论上来说，单一责任体系具有一致性和合理性的一面。如果按照网状责任制，承运人要对运输过程中采用的各种国际协定和国内法的责任内容全部了解，这是非常困难的。但是在实务上，商业界认为网状责任体系具有现实性，而单一责任体系具有很大的理想主义性。当今在集装箱提单和多式联运单据中几乎都采用网状责任体系。

3. 折中式责任体系 (Flexible Liability System)

折中式责任体系是上述两种责任体系的折中，多式联运承运人的责任体系采用一概责任原则，责任的程度和界限根据损伤发生区间的规则来确定的一种责任体系。但是，这种体系存在责任的界限超过基本责任界限时是否适用的问题。一般来说，发达国家看好网状责任体系，发展中国际看好单一责任体系，UN则看好折中式方式。[86)]

第七节 多式联运书面材料和UCP

1. 意义

多式联运指在船舶、铁路、飞机及汽车中至少采用两种不同的运输方式，在不同国家间将货物运输到交货地或收货人的一种运输方式。为了证明多式联运合同的执行，多式联运承运人在收到货物以后会发行多式联运单据。多式联运承运人即使没有自身的运输工具，作为和托运人签订合同的主体，在整个运输区间内负有责任。

多式联运单据根据责任形态分为责任分割型单据和单一责任型单据，根据是否具有流通性分为流通性多式联运单据和非流通性多式联运单据，根据制定方法分为记名式和无记名式，多式联运单据中提单名称分为“combined(multimodal) transport bill of lading”和“Combined transport document。” 值得注意的是也有不采用提单名称的情况。[87)]

---

86) 房熙錫,海上运输论,博英社. 1995, p.313.

87) UCP500 第26条中称为 “multimodal transport document” (多式联运书面材料)。但是，因为多式联运书面材料的流通性得到认证，在实务中和提单具有一样的权利。

UCP500和「UN国际货物多式联运协定」中规定多式联运单据不属于流通性单据，只能作为非流通性单据发行，而非流通性多式联运单据不属于有价单据，只具有证明单据的功能。承认非流通性多式联运单据的原因是在航空运输的情况下，与运输单据相比，货物往往先到达目的地，如果采用运输单据交换的方式运输货物反而会降低运输速度。韩国商法中规定，只将有价单据的提单和取货证两种作为运输提单。[88] 有关多式联运单据的TCM条约已经形同虚设，而关于UN国际运输单据的统一规则、UNCTAD/ICC的多式联运单据规则，以及信用证统一规则的改正(UCP 500)使得在实务中多式联运单据和海运提单具有同样的流通性。

2. 可修改的条件

(表 13-4) 海运提单与多式联运书面材料受理条件的比较

NO	项目	海运提单	多式联运书面材料
1	条款	23条	25条
2	开证人	承运人、船长或其代理人	承运人、多式联运承运人、船长或其代理人
3	本船装载标识	本船装载标识	明确发生、委托及本船装载
4	装、卸货港	必须与信用证一致	装货港和委托地及/或卸货港和最终目的地不同的书面材料，有关预定的船舶、装船港及卸货港的材料也可受理
5	简式材料	受理简式提单	受理简式多式联运材料
6	转船条款	有规定	无规定(以转船为前提)
7	禁止转船时的受理条件	即使信用证禁止转船，海运提单上标明"将转船"或"可以转船"字样的提单可受理	即使信用证禁止转船，多式联运材料上标明"将转船"或"可以转船"字样的提单可受理

88) 韩国商法第128~133条中规定取货证的发行和效力也适用于第820条中的提货单。

UCP500上对于多式联运书面材料的修改条件做了如下规定：[89)]

① 以承运人或者多式联运承运人的名义，由承运人、多式联运承运人、船长及其他代理人签名或者以其他方式得以认证的材料。

② 有关货物的发送、收取或者本船装载等材料。

③ 装船港和收取地及卸货港和最终目的地不一样的材料，或只注明预定的船舶，装船港或者卸货港的材料。

④ 单一的原本材料或者几份原本材料构成的材料。

⑤ 存在关于运输的背面条款，或者没有此类条款的文书样式。

⑥ 没有明确表示适用于租船合同或者帆船运输的材料。

⑦ 其他满足信用证上所有规定的材料等。

信用证的惯例应该随着运输行业的变革和运输量的增加有所改变，并适用于新的环境。因此如果对于信用证限定的港到港装船海上提单没有特别要求，银行应受理适用于两种不同运输方式的、以不同样式发行的多式联运材料。对于海运提单中适用于多式联运材料的有关条款可以不做改变而直接采用。即关于承运人或其代理人签名的条件、货物的发送、收取或者本船装载日等事项的决定问题，还有排除租船合同或者帆船有关的材料时，可以依据海运提单有关的规则。因为两者只在发行人的资格(包括多式联运承运人)、转船条款中省略的问题(以换船为前提的多式联运)等方面存在很小的差别。海运提单与其受理条件的比较图表可参照(表13 - 4)。

---

89) 参考UCP500 第26条。

第八节 多式联运和贸易术语解释通则

1. FCA合同

集装箱运输的登场使海上运输中传统运输合同FOB、CFR和CIF中以越过船舷为界的风险划分方式失去了意义。多式联运中不是以船舷为界，CY、CFS和内陆Depot(保管仓库)中收到货物的承运人在整个运输区间内负有责任。这样的承运人称为多式联运承运人，这样的多式联运承运人发行的运输书面材料成为收托式运输材料。这些内容在Incoterms(2000)中有所体现，FCA(Free Carrier: 货交承运人)，CPT(Carrige Paid to:运费支付)及CIP(Carrige, Insurance Paid to:运费和保险费支付)等多式联运中采用的交易条件都已形成定式。在这些贸易术语中风险转移地是卖方从最初承运人(first carrier)的手里得到货物的交付地。

FCA合同与海上运输中的FOB合同相似之处是卖方不在本船交货，而是在指定地、在承运人的管理下将货物交付并完成自身的义务。即在FCA合同中，风险、费用及责任应以指定的地点为分界点。虽然承运人的货物码头(Cargo Terminal)常常被当作指定地，但是CFS和内陆Depot也常常被作为指定地。如果买方没有指定交货地，卖方可以指定自己最方便的地点为交货地。买方在买卖合同达成以后签订运输合同，同时应支付运费并通知卖方。FCA合同的承运人(Carrier)不一定是指在整个运输过程中负有责任并拥有自己的运输工具的人。运输代理人(Freight Forwarder)也负有这样的责任或者由承运人指定的代理人也可以具有承运人的资格。根据买方的请求，也有卖方签订运输合同的情况，这种情况下，卖方代替买方的风险和承担费用而签订运输合同。这被称为「卖方附加义务」。

2. CPT, CIP合同

CIP和CPT合同与FCA不一样，签订的运输合同的范围要到卖方指定的目的地为止才支付运费。但是卖方对于货物承担的风险只到向最初承运人交付完成货物转移为止。在所有条件中，在卖方需要提供运输材料的情况下，需出示承运人发行的材料并完成自身的义务，结汇时如果用于银行担保，必须出示流通性多式联运单据。

CIP合同中除要求卖方对于运输货物进行运输保险投保以外，其他的条件和CPT一致。因此在CIP合同中对于买方承担的风险卖方应签订保险合同。货物发生损坏时，和CIF合同一样买方可以向承运人申请赔偿，因为承运人的责任限度额有所限定，因此一般从保险公司获得赔偿。

CIF合同中卖方的最低责任是通过FPA条件或投保ICC来实现的，在多式联运中以海上运输为前提的FPA条件不能成为正当的担保条件。因此在CIF合同中，与卖方的最低责任有关的担保条件应该通过双方协议来决定。但是如果没有进行协议，CIP合同也和CIF合同一样以最低限额的保险条件投保。应买方要求，卖方加投关于战争或者暴动等保险时，应由买方承担费用。最低投保金额应是签订合同货款的110%。

第十四章 跨国企业的国际物流

第一节 从出口到直接投资的发展阶段

1. 企业的国际化类型

一般来说，企业在进行直接投资以前主要以出口为主。企业在实行新的直接投资时，有通过减少以前出口量的方式(出口代替型直接投资)，有出口活动和进口国当地生产同时进行的情况(出口补充式直接投资)，也有直接投资和出口活动完全无关的情况(独立型直接投资)。

此外与企业的国际活动相比，更高层次的发展是在世界各地同时展开从产品开发到生产销售等活动，实现出口 · 进口和直接投资 · 当地生产等综合型全球联网式经营。

2. 出口 · 直接投资的发展阶段

1) 产业的生命周期模型

产业的贸易活动和直接投资相结合的模式分为进口型，(面向国内市场销售为主的)国内生产型、出口型、出口投资综合型(出口补充式直接投资战略型)、当地生产型(国内空洞型)五类。

(图 14-1) 企业海外活动的发展过程

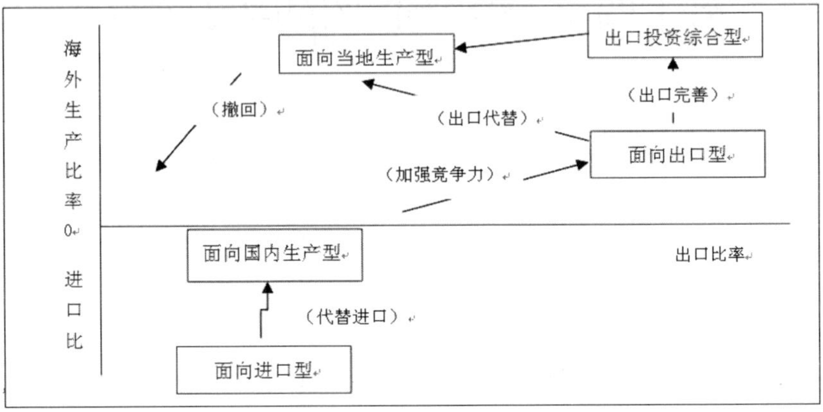

(图14 - 1)横线表示出口比率，竖线下半部分表示进口比率(进口依存度)，上半部分表示海外生产比率，从图中我们可以看出各个公司长期生命周期的发展过程。首先，从依靠海外进口的进口型开始，随着进口的不断发展逐渐向国内生产型转换，随着国内生产的扩大和生产力的不断强化，再逐步转向出口型产业。

接下来从出口转向直接投资型，海外生产的比率逐渐上升。可以看出，在这种情况下，虽然出口完善型直接投资不断发展，但主要向出口投资综合型发展。根据出口形式，如果出口比率降低并且当地有生产形式形成，就会转向当地生产型。出口投资综合型也是如此，如果形成当地生产形式，就会减少出口并向当地生产型转换。一旦撤出当地海外子公司，就转换成了国内生产型。虽然产业变化的长期性生命周期过程可以这样分析，但不一定仅像这样单纯的变化。

2) 企业的海外活动模式

虽然上图表示的只是有关产业的发展阶段，但在产业长期发展中的企业活动与贸易活动以及直接投资的发展形态却完全一样。

首先，在国内生产有困难的高新技术产业灵活利用进口为起点，产品具备国际化发展的条件后，企业转向国内生产，并开拓国内市场。随着市场需求的增长，企业机械设备规模的扩大，依靠规模经济和劳动熟练度，在强化产品的价格 · 质量的同时增进企业的国际竞争力。

当企业在国内市场上的供给量有剩余时，企业就会走向国际销售。通过综合贸易公司和当地的代理公司为流通渠道，间接形成以当地为中心的销售市场时，就会建立当地的子公司，从而依靠自主力量来开拓当地市场。

通过活跃的出口活动从而获得的关于当地市场的信息和各种国际经验资源，会促进企业内部发展。但是，在海外市场中出口大幅度增加的同时要面对贸易摩擦的激化和当地政府对于企业限制的各种政策，因此企业为了维持和保护当地市场要不断做出努力。此时如果在内部市场积累了丰富而优秀的经营资源，特别是技术、诀窍及与国际活动有关的无形经营资源，可以比较容易的越过进入外国市场的障碍，并可以推动由

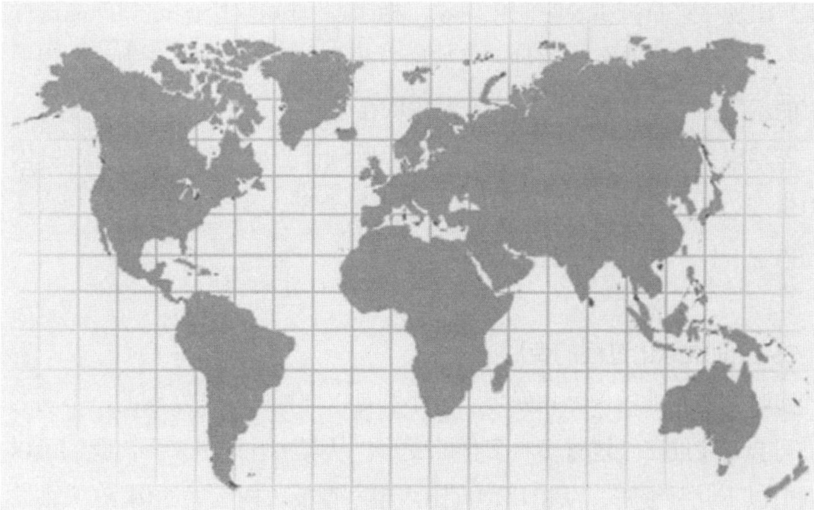

出口到当地生产的转换。

产业发展阶段的五种类型与企业国际化的阶段相互对应。从替代进口的国内生产出发，企业经历以下阶段转向海外出口。如果出口比重增加则转向以出口为主的方向，由当地生产代替出口时，海外生产的比率就会增加。在广阔的世界市场上积极扩大出口时，先从邻国的市场开始，以后再在更广阔的地域建立生产据点。如果在世界市场上出口和当地生产都不断扩大，则向综合型出口投资方向发展，并在企业的内部市场，包括本公司的工厂在内形成全球化的生产销售网络。

最后，如果在远距离市场进行由出口向当地生产的转变，则来自本国的出口比率会下降，就是说来自本国的总公司的出口比重会逐渐变小，形成通过在世界各地成立的子公司以生产为中心的当地生产模型。国内工厂出现生产量减少及空洞化现象，相比之下扮演对国外进口产品进行调节等更重要的角色。这种模式被称为在全球物流网中，作为生产根据点的本国工厂地位降低的国内空洞化依存型。

若追求企业国际化活动的长期发展，则预计会由(国内市场为主的)国内生产为主型向出口为主型、出口投资综合型以及当地生产为主型(即国内空洞化·进口依存型)的方向发展。

3) 企业国际化过程的变形

实际上，企业的国际化发展阶段不都是以同样的路线发展的，不同的公司会对发展路线进行多种多样的变形。从现实发展中来看，我们可以列出以下几种变形。从出口型向国内生产型反方向发展的例子(失去比较优势以后进入直接投资市场有困难的情况），从出口型直接转换到当地生产型的例子(代替出口型直接投资)，还有从国内生产型直接转换到出口投资综合型发展的例子等等(在新兴领域实施的出口与投资并用的国际化战略)。

从出口到直接投资的转换中有必要积累经营资源，如果没有充分拥有关于海外市场的无形信息等经营资源的企业，随着比较优势的丧失，企业的海外活动只可能越来越落伍，这样的情况非常多见。不应认为国内生产型到出口投资综合型的转换是出口到直接投资型转换。然而对于高新技术研发的集约型企业来说比起其研究成果，更重要的是为了快速回收广大的商业市场，因此在产品的开发·设计阶段开始应考虑全球市场的需求，使出口和当地生产有机结合起来并同时进行。在世界经济的相互依存关系更加紧密的地球村社会中，对新兴高新技术产业的海外活动来说，比起从出口到直接投资转换，更重要的是从起步阶段就以两种海外战略综合展开，这个问题成为了全球经营论的主要课题。[1)]

第二节 产业内分工模式及直接投资型企业内部分工模式

产业内分工，可分为同一产业内的产品差异化分工，和由于生产工艺不同而进行中间产品交换的生产工艺分工。前者的产业内分工可以分为水平和垂直两种。水平产品差异化的产业内分工，即产品在附加值和技术水平方面不存在差异的产业内分工；垂直产品差异化的产业内分工，

---

1) 田中拓男，国際貿易と直接投資，有斐阁．1995，pp.218~221.

即产品在附加值和技术水平等方面存在差距的产业内分工。产业内分工在出口方面也可以转换为直接投资。

产业内部市场的国际交易被称为内部交易，即在产品方面，基于生产分工的各个海外子公司和总公司之间的交易关系。在内部市场组织层面的指令体系中，具体进行的生产分配和基于指令体系的企业内部交易被称之为企业内部分工。进入其它国家的多数子公司之间通常进行生产产品的调配，在各自的内部市场进行产品交易。这可以看作是企业组织内部的分工生产，因此这种内部市场的交易通常属于企业内部分工的范畴。

基于直接投资，如果发展企业内部的分工，很大程度上会受到国际贸易潮流的影响。亚洲地区，以日本企业为中心的优秀外国企业的内部分工，在促进地域经济统合方面发挥着带头作用。特别是ASEAN地区的经济统合，通过政府间的协力形成的自由贸易区，使跨国企业的内部分工体制加速发展，结果使这一地区经济的相互依赖度不断上升。

1. 基于水平产品差异化的分工及直接投资

1) 产品丰富的优势和广告活动

在通过研发积极地开展产品差异化的情况下，根据品质和品牌差异使水平产品差异化分工将逐步扩大。在垄断性竞争模型里，以各个公司供应一个差异化产品为前提，通过集中企业内部的经营资源可以更积极的运用规模经济。

实际上，与灵活运用企业内部市场的经营资源、技术及核心技术相比，企业更致力于开发多样化的产品。相比较而言，在新出现并在成长的产业内，出现新产品的频率更高。其结果是，一个公司生产和销售大多数是差异化产品。虽然，陈旧的产品在市场中会被淘汰，但也存在其混合在新产品中进行销售的情况。

在差异化产品数量不断增加的情况下，产品种类也变得丰富多样。信息化时代中，在消费需求呈现多样化的情况下，为了实现差异化新产品的高知名度，需要积极地进行广告宣传。通过丰富的产品类型，加强销售能力的竞争优势。如果不断的进行广告活动，在消费市场中就会形成一定的企业形象，对其他种类的产品销售也会产生协同效应。在这种情况下，如果灵活运用企业内部的经营资源，就会拥有更多纯粹的差异化产品。

2) 基于分工专业化的规模经济

多种多样的产品差异化的支撑后盾是企业内部积累的经营资源。在一个内部市场中，大多数差异化产品的生产和销售是统一进行操控的。在市场范围内，企业的各种差异化产品都具有各自的垄断竞争力。但在固定的市场需求下，同一家公司的差异化产品之间进行竞争，随之而来的是产品数量每增加一个，就会让另一个产品的市场需求相应缩小。因此，产品差异化程度与生产规模之间的关系就变得尤为重要。

如果引发每种差异化产品在生产中都大力推行规模经济模式，在超过最佳的最小规模情况下，需要引进定量的生产系统。如果小规模生产的子公司在工厂内部进行同一种产品的竞争性生产，将会无法获得大规模生产所产生的经济效益。因此差异化的一种产品在同一家子公司集中生产将具有一定优势。

进行生产的大多数差异化产品所拥有的经营资源，是在企业内部市场进行积累的。这是海外的子公司也可以自由利用的Club Goods资源(以少数人为消费对象的产品)。一些海外子公司可以利用所有差异化产品在生产和销售方面的技术及核心技术。但是为了实现每种差异化产品的规模经济，需要依据内部市场组织层面的指令体系来进行子公司之间产品生产分工的调节。依据总公司的全球经营战略，使同一内部市场的各个子公司之间圆满的实现生产分工。

独立性使较强的子公司之间存在分工产品的竞争，或者由于竞争产生的忧患。但是从产品开发阶段到生产阶段，总公司需要投入大量有形的、无形的经营资源，各个生产点要依据各种产品的竞争生产，将损耗降到最低；同时应该拥有依据分工生产和交换，将协同效果发挥到最大的全球性调节能力。

跨国企业的内部市场拥有大多数的差异化产品，在其水平产品差异化的分工模式内，为了实现更大的规模经济，依据直接投资重新分配生产点，调整各个工厂的分工生产。

2. 基于垂直产品差异化的分工及直接投资

在企业内部多数产品被开发的情况下，对于属于同一范畴内的商品，也正逐步被实施在附加值率和技术水平方面存在差距的产品差异化。一般在新开发年度的技术方面，同时开发附加了企业内部品牌的尖端化产品、高附加值产品和中附加值产品等。在内部市场拥有多数的差异化产品的情况下，跨国企业需要满足各国的外部环境(工资率，熟练劳动供应，一般技术水平，产品生产的发达状况等)，为了总公司开发的差异化产品的分工生产，需要在各地成立海外子公司。基于垂直产品差异化进行的直接投资，伴随而来的是基于垂直产品差异化的企业内部交易。

尖端技术产品及高附加值产品在发达国家工厂生产，出口到周边国家。技术标准化的中等产品被转入到周边国家的生产点，成熟化的低等产品被调配到工资水平较低的第三国家工厂。依据产品的附加值和技术水平，对生产点进行国际性的改组。亚洲企业内的分工情况是，日本承担高附加值产品的生产，包括韩国在内的NIEs生产中等附加值产品，中国生产低附加值产品，相互之间进行企业内交易的情况很多。

一方面，国际市场存在工资上涨及汇率变动等情况，企业内的分工系统必须适应外部市场的环境变化。通过这一环节，附加值率和技术水平可以决定其它产品生产点的国际性改组。

此外内部市场的经营资源，特别是研发成果，会引起企业内部的生产产品分工的变化。研发的尖端高档品是在发达国家工厂开始生产的，之后产品转移到NIEs的工厂，最后从NIEs的工厂转移到工资低的中国或者南亚的工厂。在国际性生产点的改组过程中，存在着新贸易潮流的刺激，即，中等发达国家的产品再进口到发达国家，不发达国家向包括NIEs等在内的中等发达国家扩大出口的现象。

3. 生产工艺的分工和直接投资

在制造工艺阶段，企业生产的产品会被划分，大多数产品会固定划分到各地海外子公司的工厂进行分工和生产。此时，水平的生产工艺分工下，各地工厂分工生产的配件材料是出于同一技术水平的，为了实现规模经济需要进行企业内部分工。而在垂直的生产工艺分工下，垂直的差异化生产无异是随着各国的外部市场环境的变化，进行调节其它配件材料的要素集中度和技术水平。为了实现这样的目的，基于生产工艺分工，在各地为配件材料的生产而设立的海外子公司将进行直接投资。

1) 多种类型配件的生产及规模经济

由于配件材料的种类繁多及市场的细分化，生产中存在着强大的规模经济作用，如果某些工厂进行整批生产，相应的生产费用就会有所缩减，低价产品的供应系统也会有所变化。多数子公司会对少数的配件材料进行专业化生产，企业组织通过指令系统对必要的工厂生产进行安排。

成品生产需要各个品种的配件，如果不能严格遵守品质、缴纳期限及进行平稳的供应，工厂的正式开工会变得困难。并且，包含从各地调拨配件的运费在内的多样交易费用中，存在着从内部市场开始进行配件调拨的问题。为了避开此类问题，在其它国家的生产供应基地，例如，通过亚洲区域内构建的内部市场来实现配件交易。

一方面，每个国家的要素条件、技术条件等外部市场环境存在着很大差别，可以有效地运用这种差别来进行生产点网络的整顿。相对于在低工资水平国家的子公司内，类似于在劳动集约型的工厂内生产配件材料；在富足国家的子公司内部，配件材料则可以在劳动熟练度且技术水平高的工厂内进行生产。如果使各个生产过程中的配件材料商品的属性适合于某一国家的环境，就可以综合的削减配件调配的费用。结果是，分布在各国的配件工厂在发挥规模经济的同时，作为企业整体，通过内部市场的企业内部交易可以享用到分工的协同效果。如果对此类生产工艺的产品进行国际分工，从要素蕴藏方面来看，企业的竞争优势也包含了各国的经济优势。

尤其是，在企业系统生产活动需要较大规模的配件材料的情况下，考虑最佳的最小规模同时，需要导入大多数工厂的生产系统。结果对于工厂突发的供应中断等问题，企业整体积累了充分的应对能力。在较为安全的供应系统内部，为了实现规模经济，内部市场的组织方面依据指令体系，许多子公司的活动必须进行统一的操控。

2) 总公司的配件开发及直接投资

在亚洲，多样化配件材料的供应及所谓的供给产业(Supporting Industry)的发展是十分缓慢的。在发达国家，高水平的配件材料供应也受到当地企业的限制。

在这种情况下，如果企业单独进行优质配件材料的开发，成品市场的强大竞争优势将会随之扩大。向国外出口时，依据这种优势可以发挥出强劲的竞争力。

尤其是基于直接投资，向国外扩大内部市场。如果通过内部市场使海外子公司的生产部门转移其所拥有的优质配件材料，企业的竞争优势将不会流失到其他企业。通过全世界的内部调配网络，拥有单独开发优质配件材料的企业的竞争优势将可以拥有更高的经营性。

3) 通过内部市场的全球物流战略

企业内部的配件交易，是考虑如何进行国际调配活动的企业物流问题。为了能够形成在世界范围内开展的子公司配件生产体制，就必须构建以配件材料调配为后盾的全球物流网络。在全球网络中，海外的配件制造商是配件材料的国际供给点。在本国供给的配件材料在国际上较贵，就会产生寻找可代替的海外供应源的倾向。为了强化当地相关产业的波及效果，所引进的配件调配本地化要求，也对企业的国际调配战略产生着重大影响。

如果在内部市场进行配件交易，跨国企业操纵着交易价格，去除税金后将不获利或使利益减少。各国税率的差异对分工模式的决定产生着重要影响，为了逃避税金，存在着分散配件生产据点的情况。

在全球物流网络内，管理运营包括销售与调配在内的配件企业内分工。构成了不同水平的配件调配网络。基本上，海外子公司在海外市场和国内市场调配原材料，用配件材料做成制品，向国内相关公司、海外相关公司和总公司交货。在当地，并非仅仅是独立的配件生产商，包括各种本国的海外子公司，都在国际化转包体系下进行活动。

在全球物流网络内，全球经营的重要战略决定着海外子公司生产分担的配件材料种类。在各子公司内，配件生产的费用与技术水平、子公司生产状况、国际物流成本、交货期的缩短、正确性等是对生产分担产生影响的重要原因。[2)]

2）见前书，pp.260~268.

第三节 企业内部贸易及网络组织

世界贸易的重要特征是跨国企业的企业内贸易。随着企业内贸易重要性增加，库存削减和生产效率改善相结合，例如：具有Just In Time和Just In Place的新组织形态的生产和贸易，并且创造出将生产和运输业务结合起来的新概念。

国际经营使企业内形成贸易网络，从而在全球展开物流战略。存在着依靠这样的企业内物流网络，及领域外的企业网络型贸易进行的物流网络。根据在世界跨国企业内外形成的二维物流网络，可以看到两者正在相互结合的趋势。例如：世界的主要半导体企业，在创立共同开发研究组织的情况下，领域外的企业网络型贸易会随之发生。像此类领域外网络型物流形成的过程，也可以说是在世界规模的合作中，优秀企业之间相互选择的过程。

领域以外的网络型物流的形成以及企业间联手具有超越国家概念的企业性格。从全球观点来看，在最适合的物流法则支配下，领域外网络型物流的形成与企业合作带有极端企业的性质。在过去10－20年间，国际海运运输业经历了连续的超越国际企业合作的全球性规模合作(Global Alliance)的摸索活动。包括国际海运业领域中，出现了关于国家和海运关系的问题，及超越国家概念的企业性格的研究课题。

从调配、生产、销售来看，制造业的全球化是从国际物流业开始的，海运业和航空业正在要求积极的对应。在全球展开的制造业出现了生产竞争激化、制品寿命周期缩短、信息设备迅速更新等情况。这样的制造业在核心调配与生产上，可以看到集中自身力量的倾向。对于那些不是运输或流通的非核心活动，往往通过合同的形式承包给外部企业。这种情况下，不仅是提供的服务价格，物流品质也会成为问题。随着运输和流通逐渐向职业化、专业化的方向发展，物流机能也正在随之提高。

国际物流链的核心问题是国内物流和国际物流的顺畅结合，特别是如何可以提高这两种物流的连接点港湾的国际竞争力。今后，在全球战略合作展开的工作中，没有拥有国际竞争力港口的国家，在制造业领域将不会存在超越国家概念的企业总部。

为了集散港的有效运营，实现国际综合运输，以及综合物流管理需要物流节点。根据海路、道路、铁路、航空的情况，通过河流或管道形成和内地的广泛纽带是形成国际港的必备条件。此外充分条件是维持具有国际竞争力的服务和价格。在发达国家的区域选址也是为了维持国际竞争力，鹿特丹港就是典型的例子。并且，作为亚洲的流通、物流联络点的新加坡港的服务，也在这个领域起到了先驱的作用。

Global Alliance中，制造业、物流业、港口业为了确立自身地位而进行专业化、专门化，并且必须限定相互的合作伙伴。物流业，特别是包括运输商的国际海运业和国际航空业形成的战略合作伙伴关系，以及制造业中货主和运输商之间合作伙伴关系，在运输方式和转运技术方面会造成集中化和庞大化等后果。这样的物流市场、船主与货主之间关系的变化，必然会引起货主可利用的运输商数量和运输商可利用的港口数目的减少。

运输业原本与载货的质量形态的变化无关，基本上是通过载货场所和时间的变化来增加载货的价值。现在反而是通过运输活动来创造附加值。因此运输业不应在制造业的要求下被动的进行活动。运输业正在成为独立的产业，绝对不再是全球生产系统派生的被动合作伙伴，而是主动的合作伙伴。把生产和运输统一起来的物流概念，是运输业作为独立产业主动合作伙伴的要求。[3)]

具有全球性的跨国企业为了更有效的展开企业内部分工，应考虑与海

3) 宮卜國生，國際經營のロジスティクス戦略,『國際經濟雜誌』, 1996年1月, pp.15~25.

外子公司的国际配置与产品计划等问题。从企业集团内的原料、配件与服务等生产基地开始，向销售基地流通，思考怎样才能更有效率的进行供给，这已成为了重要的流通课题。

跨国企业的国际物流负责人应该注意的事项如下：

1) 利用合理的信息网络使物流系统各部分的费用削减

利用计算机系统适当并适时的获得数据是不可缺少的。如果不能通过信息网络对数据的需要程度和传达频率做计划是绝对不行的。如果以需要的频率在合适的时机进行订货，重要的是需要合适的负责人收取最佳的信息。

2) 物流业务相关知识和技术水平的提高

在国际物流方面，加强对运输体制的要求基本上和国内物流一致。但是由于跨越国境转移是相当复杂的，要学会利用物流业务的相关知识和技术予以正确的对应。

3) 为实现计划和调整，确立总部的功能

虽然总部的主要功能是管理，但由于开展国际物流并实行有效的物流，总部功能是必需要实行的。并且还会发生分权化与集权化矛盾的问题。尤其是在以全球市场为对象的企业组织中，经常要求最高水平的技术和专业性，并且要以少量的经营资源进行有效、合适的运营。

对于总部功能，应采取集权化和全面的调整、控制。在世界范围内，如果不对广泛分布的工厂进行有效率经营管理，在物流方面，低效运输的增加会使整体的功能得不到有效的发挥。然而随着当地生产的进一步深化，会随之带来分权化。这种情况下，组织内的作业单位一定会发生低效利用的情况，会出现没有利用的经营资源增加的结果。因此构建连接总部与各生产单位和销售单位的系统，全面地提高经济性和效率性是至关重要的。[4)]

第四节 国际物流战略[5)]

1. 国际物流的管理及组织结构

国际物流部门是对制造业或流通业的国际物流活动进行管理的部门，相关业种有运输、运输代理及贸易等。部门的管理对象包括从原材料供应方开始到最终使用者(end user)之间存在的一切组织。上述的一切组织不仅是指企业内部的部门，并且还包括中间商在内的外部组织。[6)] 显然，物流管理的目标是将超越交易费用水平的企业利润最大化。国际物流成本占产品价格的25% - 35%，对于该成本的管理决定着企业的竞争力。相对来讲，韩国国内的物流成本在产品价格中占8% - 10%。

物流管理的职能是通过材料管理(企业和材料供应商之间的关系)、生产管理(与投入同时开始的企业活动)、物流管理(企业和客户之间的关系)等三种管理体现的。与这三种管理分开执行情况的成果相比，统一的物流管理能够获得更大的成果。如果实行个别管理，很难综合协调生产部门和销售部门的需求；若采用统一的管理，部门之间则可以进行互相交换，通过限制经营资源的方式可能会以最少的费用提供最佳的服务。

---

4) 山上徹，国際物流のネットワークと港，白桃書房，1995，pp.121~125.

5) 宮下國生，国際物流システムの展望，『海運經濟研究』，1996，pp.128~133.

6) Buckley, P.J. and Brooke, M.Z.(1992), International Business Studies, Basil Blackhall, ch.6.8.

不同的企业组织将构成不同的物流管理，这与四个问题有关。第一，在企业对外活动中，如出口、许可限制、对外直接投资等，在此其中要对哪一项才是最恰当的做出选择；第二，生产场所的选址，选在外国的哪里，并且在哪里活动进行内部化的问题；第三，对于客户信息，是制造业亲自收集还是委托给中间商(批发商或零售商)的问题；第四，由于要解决这些问题，与海外子公司之间网络构成是否继续维持等问题。物流管理与此类企业海外活动的基本领域之间存在着紧密的联系。

物流管理的核心是通过这种过程构成的组织结构与市场部门之间的关系中导入外包要素而形成的统合体。而成功的统合需要优质的、新建立的管理系统。

2. 国际物流战略的确立及维持

从事国际贸易的众多大型企业都想努力成为真正的全球性企业。基于这个目的，存在着确立并维持全球物流职能的必要性。通过物流的职能而统合的全球性企业，是能够在最广的范畴内对应激烈竞争压力的一种组织模式。例如，全球性生产分享作业的确立动机是希望可以降低生产成本。由此本国及外国市场中，正在加强国际竞争商的地位。基于同样动机，许多制造业正在展开全球性的竞争战略。然而在考虑全球竞争优势的时候，为了支持比较复杂和广泛的物流生产活动，就必须确立国际物流战略。物流系统的重要性已超出降低费用的问题，对于企业的客户服务方面的竞争力也产生影响。

在全球化时代，企业必须了解其他国家的跨国企业是如何开展的物流实务的。如果调查发达国家的物流实务，在21世纪会观察到更类似的状态。这是在全球性企业的竞争压力当中唯一能够成功的方法。物流实务趋于标准化是发达国家集团内部的发展趋势。

在80 - 90年代，逾越国家形象的企业确立了明确的市场形象。基于企业自身，物流的概念和实务迅速普及。面对物流的全球化趋势和合并，力求竞争优势的战略在发达国家之间普及开来。其中心是，为了买方和卖方的纵向联合，日本的『看板』方式的重点是实行全面的信息公开和合作。从这个方式当中，美国企业学习到了Just In Time方式，为了代替竞争关系，企业和配件供应者之间导入了协同关系。同时，美国在80年代放宽运输产业规则的契机，是美国认同了欧洲企业长时期采用的物流功能外包的优越性，并决定将此方式移植到美国。

并且为了适应经营环境的变化，出现了CIM(Computer Integrated Manufacturing)和扩大了其综合范围的CALS(Computer aided Acquisition and Logistics Support: 生产、调配、运用支持系统)，以此期待缩减库存费用及订货至交货时间的效果。初期的CALS与JIT相同，主要在调配领域内实现物流成果。之后出现了光速的商业往来(CALS: Commerce At Light Speed)。即，形成了生产、调配系统和EDI(Electronic Data Interchange)等物流和商流系统相融合的国际物流网络。可以实现假想综合数据库的CALS和能够实现假想综合市场网络的EDI合二为一，形成了电子商务(Electronic Commerce)。CALS的出现，使国际物流不是单纯的概念，而是通过具备设计、开发、制造、生产、销售、物流管理等功能的信息网络和数据库的形式具体的得以体现。CALS的最终目的不仅只是缩减库存费用，而是敏感地掌握市场变动，构筑效率性销售的全方位系统。EU的出现更加促进了全球供应链的同期化，相比有效的国际分工，国际性价值的协同生产变得重要起来。国际性的调配、生产和销售的同期化，意味着跨国企业生产系统的信息网络化。在这种情况下，与各国众多高品质的商品生产相比，更多地获得国际性的创造价值更为重要。作为企业，重要的是构筑物流、信息网络以及获得国际增值。

为了扩大企业的附加值，不仅是公司的价值链，还应从购买开始到客户价值链进行多方考虑。基于物流战略，差异化的实质性原则是存在的。米歇尔·福特说，为了拥有竞争优势实施差异化战略的基础是在买方的价值链中卖方和卖方的产品发挥的作用。[7] 所以，包含买方和卖方的价值活动所有联系的卖方，对买方的价值链所产生的影响是差异化的源泉。在要求时间和场所里，给予需要的货物量的JIT方式，是调配领域的物流成果之一。CIM和CALS不仅只是在调配，而且在设计、开发和制造过程中扩大了价值链的网络。附加值是机械设备和实验设备购入、原材料和配件调配、制造、销售和消费的形成过程中的基于联合活动而实现的。

物流战略，是在市场集中、生产分散、产品多样化的进程中，统合国际业务的手段。为了确保国际战略优势，以选择的战略性变数的观点来看，物流是一种新的、未被开拓的战略。

由于需要的快速变化，物流系统的时间性对应是紧迫的。如果不能在要求的地点和时间内到达，就要承担撤出市场的风险。尤其是物质市场的变化趋势在不同的发达国家市场内也有所不同。因此企业面对的调配、生产和销售状况就变得复杂。给予物流系统的课题是，在这样的环境下，如何降低系统的成本。制造费用在全世界范围内正在降低，我们期待物流成本也随着物流系统逐步完善而降低。

7) Poter, M.E. (1985), Competitive Advantage, Macmillan, p.39.

第五节 供应链管理（SCM）

1. 供应链管理的概要

被称为“供应链管理”或“流通总供给网管理”的SCM(Supply Chain Management)，通过对信息通信技术的灵活运用，是一种能够对制造、物流、流通企业的商品流一目了然的总流通供给管理网。制造、物流、流通企业等流通过程中的所有企业共同构成数据库(DB)，以优化库存并缩短交货日期的战略合作形式进行运营。为了成功的建立SCM，在总流通供给网内的所有企业之间形成战略上的合作关系是至关重要的。即，企业应该树立通过相互合作才能确保强劲竞争优势的信念。

要实时掌握和传达距离较远的顾客－零售商－批发商－制造业－配件－材料供应商的动态供应活动，最终提高整个供应网流动现金流(Cash Flow)的效率。SCM被比喻为是给仅以处理数据为主的企业资源管理(ERP)赋予智能的系统。

并且，SCM从产品生产到最终消费者购买货物之前的整个流程中进行信息共享，为的是节省不必要的时间和经费。为了建造能够更好响应消费者实际需要的流通供给网，企业间的BPR(Business Process Re-engineering)是一种方式。

SCM是通过制造、物流、流通企业等与流通过程有关的所有企业共同建立的数据库(DB)，担负着优化库及缩短交货日期的战略合作形式。通过这种方式，与SCM有关的企业通过减少费用、降低价格可以最大幅度的提高消费者满足度。

美国及欧洲等发达国家，通过推行SCM，在整个流通过程中实现了库存减少41%和消费者价格降低5.7%的经济效果。虽然韩国起步较晚，但1999年3月末，在政府、学术界，以及制造、流通企业的负责人的参与下设立了SCM公私联合促进委员会并开始正式运行。SCM公私联合促进委员会的第一年度工作便是推行标准物流条形码标识的普及，并在努力提高物流企业的流通信息化意识。

2. 供应链管理的发展过程

1) 第一阶段

从仓库和运输功能之间的关联性开始。物理性的流通管理是把这两种功能结合起来，更快、更频繁，特别是利用更可靠的运输方法来减少库存。通过更快的仓库操作，可以缩短订货的响应时间；通过更快捷的运输方式缩短预测时间；其结果是提高了预测的准确度。并且应同时考虑运输和仓库运用的能力，为了实现更好的服务和更低的总费用，选定最佳的仓库位置。

物理性的流通管理，是通过不同层次仓库(工厂，区域流通中心)之间改善的资料交换和更复杂的分析(例如总仓储运输费用，运输/仓库网络的优化等)来实现的。通过更好的资料和更先进的分析技巧，可以对更加复杂的情况做出正确判断。因此对于所有的信息进行交换和分析，可以加强对于更加复杂情况的决策控制能力。

2) 第二阶段

第二阶段是“物流阶段”。这是在第一阶段里添加了制造、调配及订货管理机能，通过执行EDI、Worldwide Communications、加强计算机的资料保存和分析能力等来进行支持。

3) 第三阶段

第三阶段是“SCM综合阶段”。综合的功能链被延长，一端是供货商，而另一端是顾客。与只有两种功能的物理性流通网相比，综合的功能链更加复杂。为了处理这样的复杂性，电子资料、电子资金移动、最新通信、电子化的决策系统都是必不可少的。

4) 第四阶段

SCM的下一个阶段“Super - SCM”，是把诸如产品开发、市场营销、客户服务等更多的功能综合起来的系统。通过利用更加高尖端的通信，以及用户熟悉的计算机决策控制系统等来实现。

在这种Super Supply Chain中的产品开发者是供应链组成的一部分，因此更容易进行供应链设置，可以更有利于促进客户化(customize)服务产品的开发，可以向所有供给链的参与者更快、更准确的传达预订货信息和订货信息。使这种综合性处理系统得以实现的是计算机技术和通信技术的爆炸式发展，即信息技术的使命。

3. 供应链管理的效果及优势[8)]

在建立SCM的情况下，通过缩短交货日期可以减少库存。在作为SCM典范的美国，交货期间从104天缩短到61天。运营费和仓库费的降低使得最终价格也随之降低。在欧洲，流通供给管理网运营费减少4.8%、仓库费减少0.9%的情况下，可使最终价格减少5.7%。

通过引进SCM而存活下来的美国服装业的事例非常具有代表性。美国的服装业通过SCM的其中一种QR(Quick Response:迅速反应)减少了库存，从而确保了竞争力。

食品和杂货业的ECR(Efficient Consumer Response:有效客户反应) 使库存负担减小、增加销售量的总流通供给网管理战略也受到关注。SCM首先在美国出现，1994年传到欧洲各国。最近，亚洲地区的国家也为了

---

8) 关于综合性SCM战略确立方法论的研究，2000年9月6日(www.ligistics21.com/cgi-bin/tec...ead)

提高个别企业和整体产业的竞争力正在对SCM进行战略性的促进工作。

SCM的优势简略概况如下：

① 能够提供按顾客分类的Customize化的电子名录及附加的Customize化服务。

② 可以按部分类直接接收或提供多样的价格选择。

③ 能够缩短购买周期，从而维持最小的库存。

④ 能够减少在购买订购过程中的各种业务费用，减少订购过程的间接成本。

⑤ 具有能够缩减产品送货周期，能够24小时满足全世界客户。

4. 供应链管理的成功案例

SCM的最近成功案例是“Johnson&Johnson”案例。90年代中期，以婴儿油闻名于世的“Johnson&Johnson”在美国国内的12个物流网点大幅缩减为3个。在供给数量增加的情况下却减少了物流点，这令很多人感到疑惑。然而该公司在很短的时期内将从订货到交货的时间大幅减少的同时仓库费用也随之减少了。

引进SCM之前，“Johnson&Johnson”的生活用品等三个事业部门分别进行购买、发货系统的运作。商品流信息也由各事业部门分别调控，信息共享仅以部门为单位进行。然而通过把12个物流网点统合为3个，消除了部门间的隔阂。使信息得以共享，并统合了购买和订货系统；共享了客户订货信息以及统合了各事业部门的订货信息。结果使得物流中心运转效率提高30%－70%以上，重复订货或重复持有骤减。

缩减订货－交货时间也可以减少顾客订货负担和商品库存,从而可以提高客户服务质量。诸如批发超市或百货商店等大型购物中心已经开始筹划电子数据交换(EDI)与客户的信息系统进行统合。

如果将需要的物品输入到"Johnson&Johnson"的EDI，"Johnson&Johnson"的所有事业部门都可以即时获得客户订单，并按照交货期进行交货。顾客和"Johnson&Johnson"两者如同在同一家公司进行运营。

3M、吉列、伯利恒钢铁、泰森食品、索尼等大部分先进企业都正在致力于建立SCM。实际上，原材料调配和运输、配件、成品库存管理等发生的费用占据了企业全部成本的60% - 80%，因此SCM对节省经费发挥了相当大的作用。

SCM促进了企业间的合作。如果外联企业、制造企业、物流企业、流通企业等与商品流通有关的所有企业能够共同构建数据库，实现企业间的库存最小化将成为可能。

最近在韩国国内兴起的服装产业的QR、食品产业的ECR等都是企业间合作的例子。在数字时代，流通和物流的核心关键词便是SCM。[9)]

9) 金吉洙, "海运物流及电子商务交易的课题", 2000年度政策研讨会, 釜庆大学, 经营大学院, 海运港湾管理学科，2000.10.20. pp.14~16.

第十五章　国际物流及EDI

第一节　EDI

1．EDI的定义

近年来，在许多领域内不仅只是通过构建电子系统来进行业务处理，利用覆盖全世界通信网络的信息传达技术正在迅速发展。在这种新的潮流下，贸易与国际物流领域也不例外。从前书面文件是通过信件或传真来进行传达的；而最近通过电子通信媒体，使电子化信息在最短时间向世界各国的传送成为可能。通过这样的电子媒体进行电子信息传达的体系，就是所谓的EDI(Electronic Data Interchange:电子数据交换)。

现在，从指定的计算机打印出的信息中约有70%被重新输入到其他的计算机内。在这样的再输入过程中，必然会发生许多错误。如果使用EDI方式，这类错误发生的可能性会大幅减少。特别是电子化的信息不经过打印过程，通过电子数据直接处理、加工、保存，使无纸化(Paperless)成为可能。

根据联合国经济委员会的定义，“EDI是为了使与商业或行政手续处理有关的数据及信息系统化，按照一个指定的标准(protocol)，计算机之间的一种商业或行政手续的电子传输。”具体来看，EDI是 ① 商务往来或者与行政手续有关的数据或信息 ② 以其他企业或组织的计算机和 ③

通信线路为媒介 ④ 使有关企业的计算机处理Format(格式)等可以正确进行转换的 ⑤ 根据指定的标准进行传送的一种数据交换方式。

经过商议达成的标准通信协议(protocol)大体上包含四个附属(Sub)标准规则。

1) 基本交易规则

由于存在计算机间的数据与信息交换，确定在数据交换过程中的哪个阶段可以被看作合同成立等法制方面的规则属于基本交易规则。

2) 业务应用规则

指包括确认交易数据与信息是否到达另一方的程序等与实际应用有关的规则。

3) 信息表达规则

指交易数据与信息的表达方式及表达规则。举例来说，在UN/EDIFACT规定的EDI标准或HS Code等属于此类规则。

4) 信息传达规则

信息传达规则是指计算机间的连接方法和连接顺序·交易数据与信息取得方法等针对网络的规则。

有的企业在签订EDI交易合约时，根据EDI交换协议书来决定基本交易规则与业务应用规则，信息表达规则与信息传达规则以技术附录的形式附加在协议书之后。因此完整的"EDI交换协议书"，应该包含基本交易规则与业务应用规则的交换协议书，以及规定了信息表达规则和信息传达规则的技术附录。

通过实际的商务往来，分析这个规则中各项的关系如下(图15 - 1)。

① 通过A公司和B公司间的EDI，签定运输业务处理合约(根据基本交易规则)。
② A公司通过EDI ，向B公司发出订货要求或者装船要求。
③ 根据信息表达规则，A公司输入的信息转换为EDI信息。
④ 根据信息传达规则，通过VAN进行信息传达。
⑤ B公司收到根据信息传达规则而变化的信息，根据信息表达规则，再次还原信息。

然而，为了此类EDI业务，应该事先和VAN供应商签定使用合同。VAN供应商只负责关于VAN自身的信息处理。

(图 15-1) EDI的系统要素

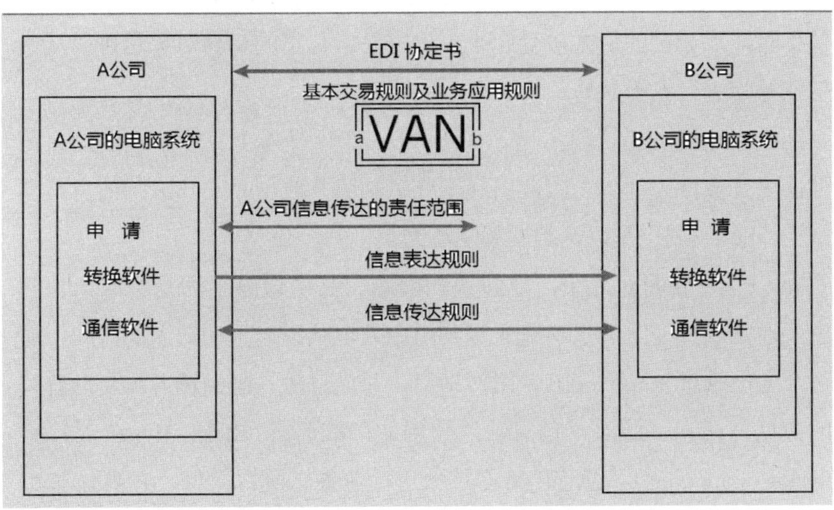

2. Web - EDI的定义

SCM(Supply Chain Management，供应链管理) 是以信息共享为出发点的。事实上，就在前些年企业间的信息共享还主要是以使用专用线或者VAN(Value - Added Network，附加值通信网)的专用EDI(Closed EDI)为基础进行的。最近，随着因特网的快速普及，以因特网为基础的开放型EDI已经逐步成型，这就是Web - EDI。然而开放型的Web - EDI 并不是说所有人都可以连接。这里说的开放型并不是指信息的开放，而是指通信网络的开放。与之前使用的特定封闭性通信网络VAN不同，Web - EDI灵活运用了开放式通信网络的因特网，这就是称之为开放型的意义。

因此通过Web - EDI的信息共享是以会员进入因特网的网站交换电子数据的方式进行的。此时，为了连接Web - EDI专用网站，应获得密码。以因特网为基础的"Intranet(企业内信息网络)"可以被理解为具有双重性的企业扩充。

在Web - EDI下,只要有一台电脑就可以开始进行数据交换。使引进过去的EDI系统比较困难的中小企业或与交易频率低的交易对象进行信息共享时，以会员的形式接受起来更加容易。与新的交易对象也可以从最初就开始进行电子交易。

通过上述的分析可以看出，由于Web - EDI 基本上克服了从前的封闭性，以开放性为基础。因此出现了许多利用开放型Web - EDI的信息共享结构，SCM发展也是以这类发展潮流为契机的。

Web - EDI要面对几个需要解决的问题。其中最棘手的是标准语言问题。通常Web - EDI的资料输入是利用个人电脑通过手动输入的。即，通过个人电脑进入Web - EDI专用网站后，在信息输入画面输入与交易有关的数据与信息。此时，信息输入使用的标准语言是HTML(Hyper - Text Markup Language)。然而HTML是用来进行业务交换的，即，由于不是EDI可以使用的标准语言，在EDI通信系统下会发生无法识别通过HTML输入的数据或信息的技术性问题。因此需要转换软件，使之能够把通过HTML输入的信息转换为EDI通信系统可以识别的语言。近期，为了解决这类问题出现的方案是XML(eXtensible Markup Language)。XML是扩充了HTML

并具有灵活性的通用语言，通过XML[1]而输入的数据或信息在其他通信系统也能够容易地被识别出来。即，可以不需要转换软件的转换，甚至不需要对通过XML输入的信息进行再输入工作。

第二节 国际物流服务及EDI的进程

1. 国际物流服务和EDI的重要性

1) 国际物流服务的变化

(1)国际物流商业环境的变化

近来，货主企业正在面对一些十分重要的变化。例如，商品寿命周期缩短、商品的多样化、全球性竞争等。对于货主企业来说，为了能灵活地应对国际市场的变化，展开适当的经营战略成为企业生存的课题。

(2)全球化SCM的重要性

企业为了机敏地应对市场变化，一方面，应使Throughput Time最短期化，抑制不良库存引发的危险。另一方面，建立能够在更短Lead Time提供多样商品的体制，使销售机会丧失的危险最小化。

为了应对市场变化以及一直保持最优化的供应链(Supply Chain)[2]则需要尖端的管理。尖端管理具体来讲包括 ① 周密的管理计划 ② 以预测为基础的生产最少化 ③ 随着市场变化修改计划。④ 计划与实行的差别最小化 ⑤ 构造紧密的供给体系。

---

1) 欧美地区正在促进商业对话或者企业之间电子交易的标准化，民间团体等成为XML的供给主体。

2) 是与调配~生产~销售~物流等商品供应有关的连锁发生的一系列活动的统称。

2) 提供全球化物流服务的EDI

如果要跨国实现调配～生产～销售～物流等的商品供给活动，随着Lead Time变长Throughput Time也会随之变长。因此为了使全球化供应链达到最优化，应该使Lead Time最小化。为此全球化物流服务基本上应该要确保 ① 低廉的运输费用 ② 正确而迅速的运输服务 ③ 运输的透明性(Cargo Tracing的可能性) ④ 货主的物流业务和连接性。为了可以提供具有优势的物流服务，应缩小货主的Lead Time，减小商品供给的危险。因此为了可以顺利地提供全球物流服务,通过货主·船公司(包括Carrier,航空公司)·托运人之间的EDI来流畅的实现信息交换是理所当然的。事实上，现在一些先进的货主企业和物流业主正在充分地灵活地运用EDI。

例如，如果某一托运人在充分考虑到货主进口的某种制品的库存信息和运输途中的库存量，还可以提供确切的交货日期(ATP: Available To Promise)， 那么大部分的货主企业都会想将货物委托给这个托运人。因此为了提供这样的服务，托运人应该完善可与货主及船公司之间流畅交换信息的系统。从这个角度来看，今天EDI已成为了从事物流业务企业的必需条件。今后货主企业在选择国际物流服务托运人的时候，该企业是否使用EDI将成为重要的判断标准。

2. EDI的发展和国际物流服务的机会创造

1) EDI的发展背景

以前，为了使出入库指示等作业实现效率化、提高客户服务水平，物流业者在公司内部网以外，将与本公司有密切贸易关系企业的信息系统终端设置在本公司办公室内的情况很常见。在这种情况下，物流企业需在本公司内部设置交易企业信息终端机，以及在公司内部网络里双向重复地输入同样的数据。把自身公司内部网络的主(Host)计算机和交易公司的主计算机直接连接起来，以此来提高信息输入效率化。然而，随着交易伙伴的增加,物流业者在连接到相对交易企业的系统时，需要的转换程序也就随之增加，物流效率性会相对下降。

因此，为了确保信息的共享和加工、信息交换的效率性，随着“企业间的商业交易信息协商的标准规则，进行计算机间的信息交换”的必要性的增加出现了EDI。起初EDI是以电子相关行业的程序革新为目的开发的，然而随着EDI的普及，企业的外部采购也呈现加速化趋势，以某些产业为中心的阶层型产业结构开始转变为以市场为中心的富有弹性的网络型产业结构。在这种变化过程中起到了牵引作用的便是EDI。并且，EDI不仅使相关的资料业务处理无纸化，也使现在用电话和传真进行的咨询业务成为EDI化的对象。[3)]

对EDI的灵活运用，使今后的国际托运人实现假想企业化(Virtual Enterprise)。使之能够在接受货主国际物流活动的委任后展开先进的物流外部采购业务。

2) 新国际物流业务机会的创造

通过EDI及应用组件(Package)有效地开展国际物流服务的趋势正在持续。之前由于物流企业只运用自身所拥有的资源来提高物流服务，当然会在某种程度上受到制约。然而最近全球化物流企业通过EDI与海外的合作公司进行流畅的信息交换，从而展开了名副其实的覆盖全世界的国际物流服务。

通过EDI化增加了国际业务合作的可能性，物流业务正面对着尖端化、高附加值化的机会。新创立的国际物流商务形态，大致可以分为“水平式(Horizontal)业务合作”和“垂直式(Vertical)业务合作”两种。前者是

---

3) 观察UN EDI/FACT或ANSI X.12的Message种类及其体系可以了解此类内容。

通过与海外托运人的业务合作来提供国际物流服务的商务形态。后者则是依据服务领域的扩大(货主企业的物流业务授权代理)和通过EDI合作实现的信息(货物预约或货物追踪信息等)附加值化的一种商务形态。

(1)水平式业务合作

水平式业务合作是以EDI为基础的，与海外托运人缔结的同种企业间的业务合作。通过利用EDI与许多海外托运人合作并建立紧密地合作关系，使公司本身能够提供复杂的全球物流服务成为可能。特别是包括货物追踪等许多领域的信息交换也使用了EDI。

(2)垂直式业务合作

垂直式业务合作指的是为了提高物流服务的附加值，通过国内外货主企业的信息交换进行的不同企业间的业务合作。通过货主的库存管理、流通加工、分类、送货业务等的管理，从而有效地提供国际物流服务。举例来说，最近DHL、Fedex等公司正在提供以美国为中心的综合物流管理业务。货主企业的库存管理等信息通过EDI变得开放化，物流业者以这样的信息为基础，可以自由运用货主的系统。

并且，通过EDI与众多船公司(Carrier)进行信息交换也可以创造出物流服务的附加值。例如，近期外港船公司通过EDI可以提供从预定舱位到货物追踪的一切信息。通过提供国际标准的EDI，使与众多船公司进行此类信息交换时以同一格式进行。美国的OCEAN或Sealink公司通过因特网，可以提供众多船公司的船舱预定状况和货物追踪信息。因特网的迅速普及和技术发展使这样的新物流商务成为可能。

3. 国际物流信息系统

1) 国际物流信息系统

国际物流，简而言之，指的是企业在不受国境限制的条件下对从原产地到最终目的地的货物流(包括原材料, 半成品, 成品)进行管理为主要目的一种程序。在此类程序中，包括很多横穿大陆的大规模“实物流”的情况。因此不单将要面对各国政府的通关程序等方面的法律法规，更要面对有关方面的许可或许可制度。除此之外也可能会发生许多预想不到的问题。因此，在设计国际物流信息系统时，需要考虑多方面的因素。

(1) 国际物流信息系统的进化

事实上, 虽然物流信息系统的重要性在很久前就已经被意识到了，但却很难找到对系统进行全面构建的例子。特别是构建国际物流信息系统的例子并不多。妨碍物流信息系统构成的因素有以下几点：① 物流活动主要偏重于商品供给；② 系统本身不包含调配－生产－销售等许多领

域的业务；③ 由于调配－生产－销售等各领域间合作与协助的不足，导致信息共享的不足；④ 能够承担所有物流关联业务的物流管理组织不存在；⑤ 由于费用与指示传达体系的不灵活性，对于已有系统的维持及维修水平偏低等。

考虑到这些因素，在设计国际物流信息系统时，需要从根本上完全不同于传统型物流信息系统。在这里为了区别于新概念下的物流信息系统，把以前的系统命名为传统型物流信息系统。两者的区别如下：传统型物流信息系统主要是对从订购到发货的整个货物流程进行控制，以提高从接受订货到发货部门效率性为目的而设计的物流信息系统。特别是以通过各部门间的分工来追求物流业务的最优化为特征。与此不同，新概念物流信息系统是通过调配－生产－销售的一体化来提高业务的效率为目的，是以在削减总费用、扩大营业额、开拓新市场等方面取得成果为前提的。

物流信息系统的设计，是根据涉及到调配－生产－销售等全领域企业的国际物流战略来进行的。然而海外子公司和总公司的物流信息系统并不一定要达到同等水平。由于海外子公司具有独立的运营体系，因此要更快的满足市场需要应与总公司有一定的连接性，但对于国际物流信息系统的构建方面，并不需要把统合化程度提高到与总公司同等的水平。相反，总公司需要把物流信息系统提高到很高的统合化水平。特别是对于总公司而言，如果要在确保当地的灵活性的同时谋求国际物流的统合化，在构建这类信息系统的阶段，导入能够反映地区性和地区市场要求的附加系统也是非常重要的。

企业间的数据库(DB)是在80年代后半期出现的。从前大部分的大规模数据库都是企业内部DB (Inhouse Database)。然而如果观察近年来企业使用的主要数据，主要包括因素数据、核心技术数据、商用服务数据等。

(图 15-2) 海外活动企业国际物流信息系统的统合化

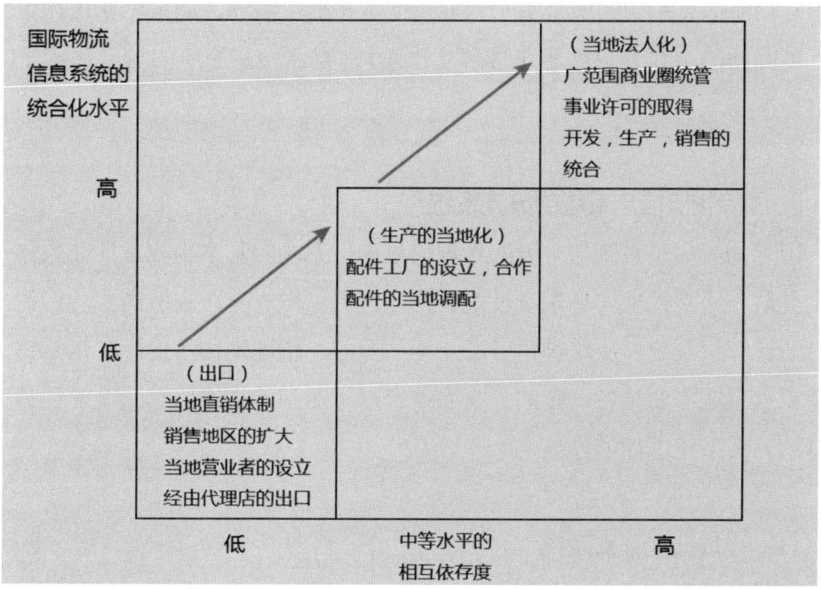

因素数据是把企业的实际运营情况以数值化信息的方式体现的数据，例如各种产品的生产实际情况或客户的购买经历等。核心技术数据，是指通过个人的工作过程获得的信息及业务核心技术，以不固定格式的文字型数据形式将数据在组织内部传播及共享为目标的数据形式。商用服务数据可分为参照型和原始资料型两类。前者是为了参照原始资料数据的二次资料；后者是以参照数据为根据，为了检索原始资料数据的资料。近年来为了即时处理大量的信息正在推进信息的电子化，同时也正在迅速地实现数据库(DB)的普及。

如上所述，为了有效率的利用日渐庞大化的数据库，需要在检索尖端化及快速化、数据提供的迅速化、以及可利用核心技术的积累等方面有所提高。

根据企业类型的不同，国际物流信息系统的统合化和复杂性程度会有所不同。如果企业的国际商务战略处于在本国生产并出口的初期阶段，国际物流信息系统的统合水平只能是低水平的。然而，如果企业正在进行国际间的合作并已处于全球化生产阶段，物流信息系统的统合化水平将会很高。

2) 国际物流信息系统的分支系统

国际物流信息系统与一般的管理信息通信系统的基本构成条件在大体上类似。通常管理信息系统被定义为即时提供做管理决定所需要一切信息的计算机系统。从这种角度看，为了及时、快速地传达信息，国际物流信息系统需要具备一定的分支系统。以下对国际物流信息系统需要具备的分支系统进行了分类。

(1) 订货处理分支系统

订货处理系统，主要是起到企业组织和客户间的连接作用。订货处理分支系统在处理程序上可以使下一个阶段的分支系统运行。订货处理分支系统在担当原材料需求计划(MRP: Material Requirement Planning)与流通资源管理计划(DRP: Distribution Resource Planning)的同时，有能够使分支系统和预测分支系统运行的作用。

(2) 生产与库存管理分支系统

该系统主要负责执行工作现场的生产计划、库存管理、制定日程(Schedule)与管理等。该系统是从订货处理系统开始执行预测和收集主要信息等任务，是生产计划的基础。

(3) 调配分支系统

该系统负责调配国内外供应商提供的原材料。使本国和贸易对象国双方工厂运行所需要的经营资源管理计划系统紧密地连接起来。该系统还包括对于外部加工厂家、运输工具等的选择或监视。

(4) 物流所有量计划的分支系统

该系统主要负责针对客户的交货日程拟定、运输货物的追踪、仓库的库存管理。是以贸易对象国的公司及共享数据库为媒介，具有能够共享适当信息的DRP等物流所有量计划的分支系统。

第三节 国际物流信息系统的必备条件

为了确保国际物流信息系统的有效性所必备的条件如下：

① 订货处理系统。通过订货即时在线检索处理，可以显示出价格、交货条件、交货所需的订货至交货时间。因此，这个系统不仅要与生产及库存的下层结构相联结，还要将全部产品有关的订货至交货时间等信息输入至该系统。

② 参考数据库。具备对所有国家可调配的原材料、配件、半成品、成品的转包商及相关条件等做详细记录的功能。并且提供承运人、运输代理人等流通渠道相关业主的信息。因此前述内容及相关的所有信息必须输入到参考数据库中。总之，DB是买方及运输管理者在选择转包商和承运人之前，在讨论阶段作为参考来使用的。

③ 货物跟踪系统。是不受地点的局限，在任何地方都可以通过在线的方式跟踪物品位置的系统。该系统是在增强国际物流信息系统有效性方面必不可少的必备条件之一。最近，Federal Express，PIE Network 等大部分的运输公司在全世界范围内都正在应用这类货物跟踪服务。跟踪系统是利用发送和接受双向卫星通讯线路而实现

的。

④ 决策支持系统(DSS)。是对选择成本最低的调配渠道和流通渠道等运营方面的问题进行多方面的研究，从而实现业务最佳化的系统。DSS可以应用到根据物流系统建模及货物代理业务建模、统计式工厂管理、配车计划及选定路线、复数选择标准等进行的承运人及转包商的选择建模等方面。这种DSS是以公司整体的公用数据库存在为前提的。

⑤ 订货业绩报告的拟定能力。该能力是选择流通业主及审定程序的必备条件。

⑥ 系统网络化也是重要的条件之一。确定特定的物流信息系统后，试图使海外转包商及代理商构建同类的系统而进行联网作业。此类系统联网具有加强流通渠道及对其他公司形成壁垒的功能。

⑦ 有必要采用与贸易对象国的书面格式相符的标准格式。标准格式的采用对于适合与各国实际情况的书面化普及具有很大意义。然而，应当经常应对各国标准化及书面格式的变化。

⑧ 要求进行信息更新。例如，必须更新现行汇率等信息。

⑨ 国际物流信息系统需要具备能够有效进行自我测定的方法。即，信息系统内需要能够轻松的计算出包括库存周转率、资本收益等共同尺度的检测系统。

参考文献

1. 国内文献及材料

金德洙，随着韩中两国建交我国西海领域的自由港设置的可能性，『贸易商务』，1994年。
金仁宙，关于航空公司战略合作的国际网络形成的研究，韩国航空大学，2000年。
金昌浩，一棵白菜也需要包装并且收取包装费用，『朝鲜月刊』1997年11月号。
金弘燮 译，自由港的作用及先决条件，韩国港湾研究会，1992年。
东亚学会，东亚研究，1997年。
每日经济 1997年10月7日版。
物流期刊 1997年4月号，5月号，6月号及7月号。
朴明燮，交通经济学，韩国学术振兴财团翻译丛书57，大光文化社，1998年。
———，国际经济会社，萤雪出版社 1995年。
———，国际海运论，法文社，1997年。
———，釜山自由贸易港 救援方案，釜山商会，1995年。

釜山发展系统研究所，关于投资自由区域设施的特别措施法(内)，『釜山圈的投资自由区域设施方案政策研讨会』，1994年4月。

釜山商会，研讨会材料外国人投资进出区域，釜山，1994年。

行业研究院，KIET商品经济，1997年9月24日。

李东烈 译，物流革新战略，21世纪书籍，1995年。

李廷龟，为了增强铁路运输的设施及管理系统的改善方案，『交通物流』第15号，1997年。

田日秀 外，关于我国港湾开发及投资政策的研究，海运行业研究院，1991年。

—— 外，关于我国港湾开发及投资政策的研究，『海运行业研究院』，1991年。

郑义光，朴明燮 外，釜山经济综合发展对策研究，釜山发展系统研究所，1995年。

朝鲜日报 1997年10月8日版。

朱明建，建设首尔港，月刊朝鲜，1997年6月号。

韩国海洋水产开发院，海洋水产动向，1997年6月。

韩进交通物流研究院，交通物流动向 第18号，1997年3月及1996年冬季号。

洪正植，关税法(II)，斗南，1996。

作者简历

朴明燮

成均馆大学贸易学科本科、硕士、博士课程结束 (ABD)
英国利物浦大学 经济学博士
釜山水产大学、国立釜庆大学贸易学科教授
美国国务省邀请“Summer Institute in the U. S. Economy and Public Policy for Foreign University Teacher”已修
日本神户大学 经营学部 外国研究员(Japan Foundation Fellow 神户港研究)
大韩商事仲裁院 仲裁人
外交通商部 通商交涉本部 咨询委员
海洋水产部 WTO/DDA 民间对策协议会 委员
建设交通部 物流改善企划团 咨询委员
韩国贸易学会 副会长
韩国安保通商学会会长
现任成均馆大学经营学部教授

【著作、译作】

服务贸易(译作)，比峰出版社，1993.
交通经济学(译作)，大光文化社，1989.
贸易学概论(共著)，法文社，1992.

国际海运论(著作)，法文社，1997.
IT革命与物流相遇之际(译作)，时代之窗，2001.
国际物流的理解和实例(著作)，法文社，2005.
全球化贸易的理解(著作)，Academy Press, 2010.

【主要论文】

Participation of Developing Countries in World Shipping, Ph.D. Thesis, Univ. of Liverpool, 1991.

A Plan for Cooperation in Transport between South and North Korea, Transport Reviews (SSCI Journal), Vol.16, No.3, 1996.

关于韩国中小企业3PL的应用实态及应用要素的研究(日文)，日本海运经济学会志33号，1999.

关于欧洲海运服务自由化的研究(韩文)，韩国海法学会志，第27卷，第2号，2005.

The U.S. Trade Policy in Transition: An Over view，通商法律第69号，2006.

Future Impacts of RFID on Supply Chain Management and Redesigning the Distribution Structure of Seafood in Korea，贸易商务研究，第32卷，2007.

Multimodal Transport and Land Bridges in the Global Supply Chain, Journal Of Korea Trade 第12卷，第2号，2008.

An Empirical Study on the Effect of Organizational Learning on Logistics Service of 3PL Companies，欧洲科学研究，第8卷，2009.

東北Asiaの國際物流における釜山港, 日本海运经济学会志, 第32号. 等英、韩、日文(SSCI 学术杂志) 论文多数刊登.

译者简历

朴 宇

中国辽宁科技大学 工学学士
国立庆尚大学经营大学院 经营学硕士
成均馆大学贸易大学院 经营学博士
成均馆大学国际物流通商研究所 研究员
现任成均馆大学贸易大学院 讲师

【主要论文】

博士论文：A Study on the Opening of China's Legal Market after WTO Accession(韩文)，成均馆大学，贸易大学院，2010.

硕士论文：关于中国企业经营理念的研究(韩文)，国立庆尚大学，经营大学院，2006.

关于中国电子签名法的研究(韩文)，因特网法律，第40号，2007.

China's Electricity Law toward Renovation of the Electric Power Industry(英文)，通商法律，通卷，第88号，2009.

A Study on the China' s Law Related with China' s Enterprises M&A by Foreign Capital(韩文)，CHINA研究，第7集，2009.

关于中国物流安保法制的考察(韩文)，安保通商研究，第3卷，第2号，2009.

中国能源安全有关法律制度的研究(韩文)，安保通商研究，第4卷，第1号，2010.

译者简历

陈争辉

中国洛阳外国语大学 学士
成均馆大学贸易大学院 硕士
成均馆大学贸易大学院 博士研究生
韩国EBS广播电台“特别中国”栏目 主持
韩国KBS广播电台“中国经济聚焦”栏目 嘉宾
韩国TBS广播电台“畅游首尔”栏目 嘉宾
韩国KBS国际广播电台“今日经济”栏目 主持
现仁荷工业大学 讲师

【主要论文】

硕士论文：中国第三方物流的发展问题与改善方向的研究(韩文)，成均馆大学，贸易大学院，2006.

A Study on the Development of Civil Aviation Industry and Civil Aviation Law of China(韩文)，贸易商务研究，第42卷.

A Study on the Development of Chinese Port System and the Improvement of China`s Port Law 2004(韩文)，贸易学会志，第35卷，3号.

快递服务顾客感知质量与再使用意愿关系研究, 兰州学刊, 2010, No.10.

译者简历

王 倩

大连外国语大学 学士
成均馆大学贸易大学院 硕士
成均馆大学贸易大学院 博士研究生
历任韩国安阳大学讲师
历任韩国网络大学讲师
成均馆大学国际物流通商研究所 研究员

【主要论文】

硕士论文：大连港发展战略研究(韩文)，成均馆大学，贸易大学院，2006.